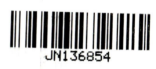

慶應義塾大学
東アジア研究所叢書
KEIO INSTITUTE OF EAST ASIAN STUDIES
KIEAS

北朝鮮を解剖する

政治・経済から芸術・文化まで

礒﨑敦仁｜編著｜
ISOZAKI Atsuhito

慶應義塾大学出版会

はじめに

礒﨑敦仁

朝鮮民主主義人民共和国（以下、北朝鮮）が隣国である以上、われわれは関心を持たざるを得ない。日本社会では、拉致問題、ミサイル発射実験などに関する報道を通じて個々人に相当な知識が蓄積されてきた。誰もがこの「近くて遠い国」に対して何らかのイメージを持っているはずである。

北朝鮮は、政治、外交・安全保障、そして経済について多くの話題を提供してきたが、2600万もの人口を擁する一つの国家である以上、そこには独自の文学や音楽、映画、そして韓国とは異なる言語文化も存在する。これらを含む北朝鮮の全体像を概観する手引書はほとんど見られないものの、同国に対する研究は冷戦後に飛躍的な発展を見せ、裾野を広げてきたことは注目されるべき事実である。

北朝鮮研究者の鐸木《すずき》昌之は1992年に出版した自著において、「日本における現代朝鮮政治（南北朝鮮）研究は、中国、ソ連、ベトナムなどの近隣諸国に対する研究と比較して、はるかに低い水準にある」として、4つの問題点を指摘していた。

第1に歴史研究の蓄積が少ないこと、第2に一次資料がほとんど使用されず実証性に乏しく、また多くの文献が日本語に翻訳されるため朝鮮語原資料で裏付けがとられない場合が多いこと、第3に南北朝鮮のイデオロギー対立が日本国内にまで持ち込まれ懺悔意識や思い入れが強く、研究の客観性を阻害してきたこと、第4に個別研究が少ないことであった[1)]。

この指摘から30年以上が経ったいま、わが国の北朝鮮研究に限定したとしても研究領域の広がりは顕著であり、個別研究の蓄積は著しい[2)]。一次資料を用いずに研究することはいまや考えにくく、実証性の問題にも進展が見られる。朝鮮語学習の環境整備が進んだばかりかAI翻訳も活用可能となり、北朝鮮研究の言語障壁は相当に低くなった。多くの課題が克服されているのであり、今後も留意すべきは、第3に指摘された南北のイデオロギー対立や「思い入れ」ではなかろうか。

編者は、依然として克服すべき課題を念頭に置きながら、特に北朝鮮研究の裾野が広がっていることに着目して時限的な研究プロジェクトを立ち上げた。コロナ禍中での研究会の開催は容易ではなかったばかりか、複数の研究者が参加を辞退するという事態にも直面した。詳細について述べるのは控えることにするが、日朝間に横たわる極度の相互不信、ひいては長年にわたる南北朝鮮の対立と研究が不可分ではないことを再認識するのに十分であった。研究体制は小規模なまま推移し、構成者は若手・中堅の日本人研究者のみとなったが、それは結果として日本人による北朝鮮研究を発信する契機になったと前向きに考えている。

本書は、共同研究の成果として、北朝鮮の政治・経済・科学技術、さらには芸術・文化など各分野についてそれぞれどのようにとらえるべきかを考察したものである。本書執筆の段階において、北朝鮮文学に造詣が深い鈴木琢磨さんにも加わっていただいた。学部生や一般読者のほか、新聞記者ら実務家もターゲットに想定しており、北朝鮮に関して卒業論文やレポートを執筆する際にも参考になるよう心掛けた。

編者は旧知の記者とともに北朝鮮の概要を知るための入門書、『最新版　北朝鮮入門』（東洋経済新報社、2024年）を上梓したが、とりわけ芸術・文化には踏み込めていない。同国をより深く知ろうとすれば、各分野の専門家による手引きも必要である。そこで本書では、各分野の全体像を整理したうえで、それぞれの専門にもとづいた論考を平易な記述で執筆していただいた。読みやすさを重視するため、共同研究者には学術論文でなされるべき先行研究の検討や注釈の簡略化をお願いするなど、かなりの無理を強いている。各分野をより深く知るには各章末に厳選していただいた参考文献リストのほか、本文や注釈で紹介された資料にも当たることをお勧めする。

さらに、北朝鮮研究との出会いについての各章執筆者のコラムも付した。外国である北朝鮮に日本人がいかにして関心を持ったのか、個人的なエピソードを並べたのは例を見ないであろう。清水透・横山和加子・大久保教宏編著『ラテンアメリカ　出会いのかたち』（慶應義塾大学出版会、2010年）からヒントを得たものである。

研究遂行にあたっては高橋経済産業財団から多大なご支援を賜ったほか、出版にあたり慶應義塾大学東アジア研究所、および慶應義塾大学出版会の乗《よつのや》みどりさんにご尽力いただいた。研究プロジェクトの機会をくださった高橋伸夫先生やオブザーバーとして研究会に参加してくださった先生方を含め、お世話になったすべての方々に、この場を借りて深く御礼申し上げたい。

1) 鐸木昌之『北朝鮮—社会主義と伝統の共鳴』東京大学出版会、1992年、1-3頁。

2) わが国における北朝鮮研究の到達点として、小此木政夫『朝鮮分断の起源—独立と統一の相克』慶應義塾大学法学研究会、2018年；平岩俊司『朝鮮民主主義人民共和国と中華人民共和国—「唇歯の関係」の構造と変容』世織書房、2010年；三村光弘『現代朝鮮経済—挫折と再生への歩み』日本評論社、2017年など。

目　次

第Ⅱ部　芸術・文化

第Ⅰ部　政治・経済・科学技術

第Ⅰ部は、一般的に国家政策と考えられている分野について扱う。北朝鮮研究や関連報道において、従来から比較的重視されてきた分野でもある。

通読することでこれらの分野が相互に連関していることが実感できるはずである。対外政策が内政の延長上にあることは言うまでもないが、それらを読みとくためには、経済、科学技術政策の実情を把握することが不可欠であり、北朝鮮法に触れることは同国社会の実像を知る重要な手がかりになる。

第1章「政治」では、『労働新聞』や最高指導者の「労作」といった重要資料の読み解きについて述べる。北朝鮮において政治は経済、外交のみならず、音楽、映画、言語などあらゆる分野に多大な影響を及ぼしている。北朝鮮は非常に「政治」的な国だと言える。

第2章「外交・安全保障」では、北朝鮮が自主外交や核保有を志向した歴史的背景を振り返るとともに、金正恩政権がサイバー戦の能力向上に強い意思を示してきたことに着目し、その実態に迫る。従来の外交・安全保障研究とは一線を画した重要な新領域であると言える。

第3章「経済・法律」では、政治・外交分野ほど研究が進んでいない現状とその理由について触れたうえで、北朝鮮経済、北朝鮮法についてその特徴や見方を紹介する。政治・外交分野とは異なり、日本語で読める入門書がほとんど見られないことから、これらの分野を概観するために大きく役立つはずである。

第4章「科学技術」は、北朝鮮における新型コロナウイルス感染症への対応事例に迫る。北朝鮮でも学術雑誌などの基礎資料がデータベース化されるなかで、科学技術分野に明るい研究者と協同することの重要性を実感させてくれるものでもある。第2章と合わせて読むことで、北朝鮮の現況を正負両面から理解するという相乗効果を得られるであろう。

（礒﨑敦仁）

第1章　政治

金正恩の「お子さま」をめぐる『労働新聞』論調分析

礒﨑敦仁

はじめに

1948年9月の建国以来、北朝鮮では親子三代にわたる統治が継続され、その期間は69年間で歴史の幕を閉じたソ連の寿命をとうに超えている。冷戦が終結して金日成《キム・イルソン》が死去した頃、北朝鮮もソ連・東欧社会主義諸国のように体制崩壊するだろうとの主張が台頭した[1)]。しかし、北朝鮮は崩壊どころか、中国やベトナムのように改革開放路線に転換することもなく、個人支配体制を維持している[2)]。金正日《キム・ジョンイル》が死去して20代の金正恩《キム・ジョンウン》が「最高領導者」になった際にも崩壊論は再浮上した[3)]。なぜ体制崩壊しないのか、逆に言えば、なぜ体制長期化が実現しているのかは、多くの北朝鮮研究者にとって重要な問題意識でありつづけている。

2022年11月から北朝鮮メディアに金正恩の「お子さま」が登場している。体制長期化を図る動きの一環ではないかと観察されているが、本章脱稿時点（2024年7月）でそのように断言するまでの材料は揃っていない。

本章では、北朝鮮政治研究の現況について資料の所在を軸に概観したうえで、体制の根幹に関わりうる金正恩の「お子さま」について、同国の支配政党である朝鮮労働党中央委員会の機関紙『労働新聞』がいかに描いてきたかを中心に初歩的な検証を試みる。それにより、北朝鮮政治研究で多用されてきた『労働新聞』の論調を分析する効用と限界の一端を示すことになる。

1　北朝鮮政治研究の現況[4)]

北朝鮮研究は、特に1990年代から2000年代初頭にかけては日本でも活況を見せ、先行研究の整理が進んだ[5)]。日本人研究者による実証的な通史や入門書も整備されてきた[6)]。

韓国では北朝鮮研究に特化した学会が発足して研究動向が整理された[7)]。韓国の論文データベースを活用すれば、1987年の民主化以降に北朝鮮資料へのアクセス制限が大幅に緩和され、北朝鮮研究が質量両面で飛躍的な発展を見せたことが分かる[8)]。韓国では複数の大学に「北韓学科」が設立され、北朝鮮の歴史と現状を基礎から学ぶための環境整備も進んだ。北朝鮮と同一の言語を用いる韓国では「北韓学」への参入障壁が低いばかりか、政府による財政支援も大きい。研究方法論についての議論も盛んである[9)]。ただし、何らかの理論に基づいて論考を展開するという型の重視は評価されるべきであろうが、「北韓」に対して当事者意識が強いばかりか、研究分野が過度に細分化されていることは否めない。

北米地域においてはソ連・東欧文書を用いた研究が際立ち、外交・安全保障分野に関する研究や北朝鮮をとりまく国際関係に関するものが多い[10)]。政治研究については特に制約が大きい中国においても2000年代に入ってから進展が見られ、研究動向の整理も進んだ[11)]。

活用可能な資料の拡大

政治分野に限らずとも北朝鮮研究において資料的制約という前提が存在する以上、入手可能な資料をもってどこまで事実に接近できるかが重要となる。北朝鮮による公刊資料を検証、分析するのが実証研究の第一歩であり、体制長期化に伴って活用可能な資料は必然的に増加の一途を辿っている[12)]。日韓では史料集の発刊も行われてきた[13)]。フィールドワークについても、とりわけ北朝鮮国内での調査は依然として困難であるが、一部の分野では成果が出ている[14)]。

今世紀に入って活用が本格化した研究材料としては脱北者・亡命者による証言がある。韓国に入国した脱北者の累計は2024年3月までに3万4,000

人にのぼっており、それは政府高官、外交官、記者、研究者を含む多様な層の証言を入手できるようになったことを意味するが、政治分野の研究では慎重に利用せざるを得ない。脱北者のほとんどは貧困から逃れてきた地方出身者であり、生涯で一度も首都に行ったことすらない者も多いのが現実だからである。

また、「内部文書」の国外流出にも一定程度の注意を払う必要があろう。北朝鮮国内の「学習」などの場で用いられる、いわゆる「内部文書」が外部社会に流出しはじめたのは1990年代からであるが、真贋の判断に慎重さを要することや網羅性が欠如しているといった難点もある。

限定的ではあるが各種法令の対外公開も進んだ[15]。また、従来活用されてきた北朝鮮の新聞や出版物がインターネット上に公開されることにより利便性が格段に高まった。柳京《リュギョン》コンピュータ編集社によるポータルサイト「広野《クワンヤ》：朝鮮民主主義人民共和国ホームページ総合案内」(http://www.dprkportal.kp/) では、『労働新聞』「朝鮮中央通信」など対外的に公開されているホームページが紹介されている。

『労働新聞』と最高指導者の著作

北朝鮮政治研究で特に重視されてきたのが『労働新聞』である。普段は全6面であるが、時に8面、10面、12面、14面など特別構成も見られるほか、党大会開催時などにはオールカラーの冊子版「付録」が刊行されることもある。同紙は党と党員、ひいては国家と国民を結ぶ役割を担っており、新聞のなかでも格別の意義が付与されている。農場の作業班や地域の人民班など所属単位ごとに「読報」会が開催され、事実上すべての国民にこの新聞の講読義務が課されているからである[16]。同紙は北朝鮮国内で意思伝達の手段として重視されているからこそ同国の論理を読み取るうえで必須の資料となる。党の月刊理論誌『勤労者』も北朝鮮政治研究に活用されてきたが、これらはプロパガンダである以上誇張や虚偽も含まれうるため、「北朝鮮当局が発行する主観的な資料を一つひとつ丹念に客観的に読み代える」という作業が必要になる[17]。

北朝鮮政治研究では、「党報」の『労働新聞』や政府（最高人民会議常任委員会および内閣）機関紙『民主朝鮮』とともに「軍報」の『朝鮮人民軍』（国防省機関紙）、「青年報」の『青年前衛』（社会主義愛国青年同盟中央委員会機関紙）も基礎資料として活用されるべきだろうが国外搬出規制がかかっている。また、『平壌《ピョンヤン》新聞』（平壌市党委員会機関紙）を含む地方紙についても、特に2001年以降のバックナンバー入手は難しい。

『社会科学院学報』『歴史科学』など北朝鮮の主要学術雑誌に掲載された論考についてはKPM（朝鮮言論情報基地、dprkmedia.com）でも閲覧可能である。北朝鮮では党・国家の方針に反した出版が不可能である以上、これらの定期刊行物は先行研究ではなく一次資料として活用されるケースがほとんどである。北朝鮮資料のデータベース化が進むなか、中国政治研究などで見られる定量分析の手法を導入することも有用であろう。

定期刊行物のほか政治分野での研究に不可欠なのが金日成、金正日、金正恩の名で発表された「労作」である。最高指導者の「労作」や「お言葉」「教示」が北朝鮮国内でいかに重視されているかは、北朝鮮の人々が常に指針としなければならないとされる「10大原則」の記述から明確である。

2013年6月に定められた「党の唯一的領導体系確立の10大原則」は、「白頭《ペクトウ》山絶世偉人達の肖像画、石膏像、銅像、肖像徽章（バッジ）、お姿作品と、出版宣伝物、現地教示版とお言葉、永生塔、党の基本スローガンを丁寧に扱い、徹底的に守らなければならない」（第3条第4項）としている。また、「偉大な金日成同志の教示と金正日同志のお言葉、党の路線と政策を事業と生活の指針、信条とし、それを物差しとしてすべてのものを計測し、いつでもどこでもその要求通りに思考し行動しなければならない」（第4条第2項）、「偉大な金日成同志と金正日同志の労作と党文献、白頭山絶世偉人達の革命の歴史を体系的に、全面的に深く研究体得しなければならない」（第4条第3項）、「報告、討論、講演をしたり、出版物に載せる文章を書くときには、いつでも首領様（注・金日成）の教示と将軍様（注・金正日）のお言葉、党文献を丁重に引用し、それに基づいて内容を展開し、それと不整合に話したり文章を書くことをなくさなくてはならない」[18)]（第4条第6項）との規定もある。「労作」学習が重視されている事実は、『労働新聞』上でも確認できる[19)]。

金日成の著作としては、①『金日成選集』（1954年版［第1版］）全4巻、

②『金日成選集』(1960年版［第2版］) 全6巻、③『金日成著作選集』全10巻（1967年～)、④『金日成著作集』全50巻（1979年～)、⑤『金日成全集』全100巻（1995年～）がすでに完結している。さらに金正恩政権下では、⑥『金日成全集（増補版)』の刊行が2017年から開始された。

金正日の著作としては、①『金正日選集』が1992年から2007年までに第15巻まで刊行（第1巻は1964年～1969年の「労作」を収録。第2巻までは外国文出版社より日本語版も刊行)、②『金正日選集（増補版)』は2009年から2015年までに全25巻を刊行（第1巻は1960年～1964年の「労作」を収録)、③『金正日全集』は2012年から刊行（第1巻は1952年～1960年の「労作」を収録）されている。このように金日成と金正日の著作集は加筆修正が施されつづけているのである。

金正恩の著作としては、巻号を付した『選集』や『全集』は未刊行であるものの、『労働新聞』や『勤労者』を通じて演説、談話といった「労作」が断続的に発表されており、これらのうちいくつかは単行本として販売されている。厳格な経済制裁により日朝間の貿易額は2010年以降輸出入ともにゼロであるが、こうした単行本の一部は日中韓の専門書店で入手できるほか、外国文出版社が開設したホームページ「朝鮮の出版物」(http://www.korean-books.com.kp/ko/) からダウンロードも可能である。また、主要な「お言葉」「教示」については、ラヂオプレス発行の『RP北朝鮮政策動向』(1979年創刊）によって整理されている。

支配政党の正史も平壌の朝鮮労働党出版社から公刊されている。金日成政権下では①『朝鮮労働党歴史教材』(1964年)、②『朝鮮労働党略史』(1979年)、③『朝鮮労働党歴史』(1991年）が出版された。書名は異なるが、その内容と構成から改訂版であることは明白である。『朝鮮労働党歴史』については、1991年に初版が刊行された後、金正日政権下で④2004年と⑤2006年に改訂版が出版されたものの、④と⑤の内容はほぼ同一である。金正恩政権下では分冊となり、⑥『朝鮮労働党歴史』第1巻が2017年に、第2巻が2018年に刊行された。『朝鮮労働党歴史教材』を初版とすれば、第6版の党正史だと言え、これら連続性が顕著な出版物については記述の変遷を検証することも有効である。資料的制約という前提条件があっても、これらの一次資料を読み解く余地は十分に残されている。

2　金正恩の「お子さま」に関する『労働新聞』論調分析

本節では2022年11月に北朝鮮メディアに突如登場した金正恩の娘が後継者と呼ぶべき存在かどうかを検証しながら、『労働新聞』論調分析の効用と限界の一端を示すことにしたい。『労働新聞』は、金正恩の娘を「愛するお子さま」「尊貴であられるお子さま」「尊敬するお子さま」などと表現し、父親とのツーショット写真を数多く報じてきたが、本章脱稿までに彼女が「後継者」であると明示したことはなく、表舞台に登場した背景について説明したこともない。

そこで本節では、『労働新聞』における「お子さま」登場とその後の過程を振り返り、その背景を考察し、さらに次節においてこの問題で留意すべき点を指摘する。まずは『労働新聞』がいかに「お子さま」を報じたかという事実関係を時系列で羅列することになるが、それは『労働新聞』から何を読み取ることができ、何を見誤っていたかを後に精査するための素材にもなりうる。毎日発行されている『労働新聞』は定点観測に適しているが、ここでは背景説明のため朝鮮中央テレビでの報道ぶりなども部分的に活用する。

「お子さま」登場の経緯

金正恩の娘が『労働新聞』に初めて登場したのは2022年11月19日付であった。新型ICBM（大陸間弾道ミサイル）の発射実験を指導するため、金正恩が「愛するお子さまと女史とともに」現場に到着したと報じられたのである。「女史」は妻の李雪主《リ・ソルチュ》を意味する。ミサイルを背景にした父娘の写真が添えられたことから、軍事力を担保とした体制長期化の意思が示されたと言えるものの、外部社会では彼女が後継者であると判断するには時期尚早だとの見方が大勢を占めた[20]。

しかし、朝鮮中央テレビの映像では、実験に立ち会った娘がストップウォッチを手にしていることが確認できたため、単に父親に同行しているのではなく、後に「革命活動」を行ったと説明する布石が打たれたようにも捉えられた。過去の『労働新聞』を遡ると、「お子さま」という表現は金日成の子供を指す際に頻繁に使われてきたものであることも分かる[21]。当時、韓国の情報機関である国家情報院はこの女児について「長女（第2子）『キム・ジュエ』」だとの判断を国会の情報委員会に報告したことが明らかになっている[22]。

『労働新聞』は、ミサイル発射実験に貢献した者たちと金正恩が記念写真を撮ったとの報道で、同席した娘に対して「尊貴であられるお子さま」との言い回しも使った。「尊貴であられる」という修飾語は金正恩に対してたびたび用いられてきたものである[23]。

次の注目点は、2023年2月8日に開催された閲兵式（軍事パレード）をめぐる報道であった。金正恩とともに閲兵台に立った娘が「尊敬するお子さま」と称されたためである。「尊敬する」という修飾語は、後継者として登場した頃の金正恩や、金日成時代には金聖愛《キム・ソンエ》夫人らに対してのみ使用されてきた[24]。金正恩の母親に対しても「尊敬するお母さま」との呼称が使われていたことが判明しているが、妹の金与正《キム・ヨジョン》にこのような尊称が公に用いられたことはない。李雪主に対しては、夫人外交を展開した2018年に付されたこともある[25]。閲兵式の報道で特に重要なのは次の一文であった。

「朝鮮労働党中央委員会政治局常務委員会委員であり党中央委員会組織書記である趙甬元《チヨ・ヨンウオン》同志と、朝鮮労働党中央委員会書記である李日煥《リ・イルフアン》同志、金才龍《キム・ジエリヨン》同志、全賢哲《ジヨン・ヨンチョル》同志が尊敬するお子さまを戴いて貴賓席に着いた。」

党政治局常務委員を含む筆頭幹部たちが「尊敬するお子さまを戴いて……」との表現は、彼女が金正恩に準じる存在として扱われていることを示すものであった。そればかりか閲兵式では、従前見られなかった「白頭（の）血統、決死擁護」とのスローガンが叫ばれるとともに、「尊敬するお子さまが最も愛する駿馬」が金正恩の愛馬に続いて登場した。閲兵行進の先頭に立った名誉騎兵縦隊で、金正恩の権威の象徴である白馬とともに娘の馬が紹介されたのである。

閲兵式について報じた翌日付の『労働新聞』は、娘に対して「尊敬するお子さま」という尊称のみならず、「愛するお子さま」との表現も併記した。これにより、二つの表現は格上、格下の関係にはなく、主語が国民なのか金正恩なのかという視点の違いによるものであることが明らかになった。

『労働新聞』は閲兵式を前に催された祝宴についての記事で、「尊敬するお子さま」との表現を初めて用いていた。複数の掲載写真で李雪主の同席も確認できるが、記事では「女史」に触れられていない。一方、娘については父親とのツーショットのほか、両親の間に着席した写真も掲載された。

続いて2月18日付は、金正日の誕生日を記念して開催されたスポーツ大会を父娘が観覧したことについて報じた。二人の写真が大きく掲載された第1面の最終段落には、「全参加者は、敬愛する金正恩同志と愛するお子さまを同じ場所に戴いて喜びと喜悦に溢れ」たとのくだりがあった。

この時期、北朝鮮では娘が収まった写真を配した記念切手が複数発行されたほか、娘は経済分野での動静報道にも登場するようになった。2月25日には平壌の「新しい通りの建設着工式」に金正恩が「愛するお子さま」とともに参加して鍬入れを行ったのである。同時に「最も愛する方」という表現も用いられた。

韓国では依然として彼女が後継者であることに懐疑的な見方が強く、国家情報院は金正恩が娘を公式行事にたびたび同行させていることについて、「4代世襲を印象づける目的の可能性が最も高い」との分析を国会の情報委員会に報告しつつも、後継者とみなす見方については否定的な考えを示していた[26)]。

着工式報道を最後に『労働新聞』では「尊敬する」との尊称が半年間用いられず、8月末まで父親目線の「愛する」という修飾語だけが用いられた。重要イベントへの娘の随行は立て続けに見られたにもかかわらず、文章化されずに掲載写真だけで随行の事実が明らかにされることが多くなったのである。つまり、2023年3月から8月にかけては娘についてどのように宣伝・扇動していくか調整が行われた時期だと考えられる。

例えば、3月9日に金正恩が軍事訓練を視察した際の報道では「お子さま」について一切触れられていないが、『労働新聞』1面トップに掲載された写真には娘がはっきり写っていた[27)]。同月16日に実施されたICBM発射訓練を金正恩が指導したとの記事も同様であり、『労働新聞』では写真でのみ娘の立ち合いが確認された[28)]。続いて18日、19日の両日に実施された軍事訓練について報じた記事でも、「お子さま」について触れられなかった一方、手をつないだ父娘の写真が第1面に掲載された[29]。4月13日には、金正恩が妻子を伴ってICBM発射実験を現地指導したことが翌日付の掲載写真でのみ確認できた[30]。16日には、金正恩が金日成誕生日記念のスポーツ大会を観覧した。金正日誕生日の際と同様に父娘が観覧席の中央に座っていることが複数の写真から確認できたものの、「お子さま」への言及はなかった[31]。

さらに4月18日に実施された国家宇宙開発局への現地指導については、『労働新聞』では父娘二人の写真が従前以上に目立ち、かつての金日成と金正日、もしくは金正日と金正恩の写真掲載と構図がよく似ているように見受けられた。娘は記事に添えられた9枚の写真のすべてに映っている[32]。5月16日に衛星発射準備委員会を現地指導した際にも娘は同行している[33]。また、7月12日のICBM発射実験については、娘の立ち合いを示唆するだけの例外的な報道ぶりであった。娘は写真にも一切登場していないが、金正恩と李雪主のもの以外にもう一つの椅子が置かれていることが確認されるばかりか、姿の見えない誰かの方向に李雪主が笑顔で拍手している写真が掲載されたのである[34]。

8月29日付でようやく「お子さま」との表現が再び使われるようになる。金正恩が海軍司令部を訪問した時の『労働新聞』の報道で「愛するお子さま」と表現された。朝鮮中央テレビは、海軍の幹部たちが娘と丁寧に握手をしている様子を映し出していた。

『労働新聞』9月9日付は、民兵組織による閲兵式に金正恩が「尊敬するお子さま」と出席したことを大きく報じた。父娘の大きなツーショット写真も添えられ、「お子さま」がきわめて特別な存在であることが視覚的に示された。外国人が参加する行事に初めて登場したという意味もある。朝鮮中央テレビの映像を見ると、高齢の朴正天《パク・ジョンチョン》党軍政指導部長が片膝をついて、着席している「お子さま」に話しかけていた。2月の閲兵式に比べると、娘の存在感はわずか7カ月の間に格段に大きくなったことが分かる。

11月23日に金正恩が国家航空宇宙技術総局（前述の「国家宇宙開発局」を再編した組織）を訪ねた際にも「尊敬するお子さま」が同行した。12月1日付では、金正恩が「愛するお子さま」とともに空軍司令部と飛行連隊を訪問したことが報じられ、「尊敬するお子さま」「愛するお子さま」双方の表現が同時期に現れることが再確認できた。この記事には「お子さま」が中央に収まる構図の写真も添えられた。しかしその後、娘の姿が写真で確認できても記事では「お子さま」に触れられないという現象が再び見られた[35]。これらについてどのような方針が立てられているのか、法則性を見出して探ることができない。

一方この頃には、後継者説に懐疑的だった韓国政府も踏み込んだ見方を発信するようになった。国家安保室長が「後継者と考えて検証しなければならない」「本当に後継者なのか突き詰めてみる段階だ」と述べたのが典型例である。統一部長官も「体制を率いる四代目として有力な後継者」と発言したほか、娘が後継者となる可能性を「排除できない」としたうえで、「体制に緩みが生じており、早めに登場させて世襲の意思を示すことで、内部の結束を固める意図がある」との見解を披露した[36]。

2024年元日付は、金正恩による慶祝公演観覧を大きく報じた。金正恩とともに「尊敬するお子さま」が貴賓室に着席した。金正恩は前年にも同様の新年慶祝公演を観覧しているが、家族は帯同していなかった。

次に新たな段階に入ったと考えられたのは1月5日付である。金正恩による軍需工場への現地指導報道で、「尊敬するお子さまが同行された」という一文が挿入されたのである。わずか一文とはいえ「お子さま」の動静が初めて単独で紹介されたことになる。記事は、その後に「趙春竜《チヨ・チユンリヨン》同志、趙甬元同志、李日煥同志、金与正同志をはじめとする党中央委員会幹部とミサイル総局指導幹部が同行した」と言及しており、娘にのみ金正恩と同等の尊敬語を用いて特別扱いしたことも分かる。養鶏場への現地指導を報じる1月8日付の記事においても、「尊敬するお子さまが同行された」との一文が挿入された後に金徳訓《キム・ドックン》内閣総理や金与正らも「同行した」と報じられた。2月8日に金正恩が国防省を訪問したことについての記事でも「尊敬するお子さまが同行された」と報じた後に「党中央委員会の書記たちが同行した」と続けられた。

なお、養鶏場への現地指導については翌月に早速壁画（「お姿美術作品」）

表１　『労働新聞』に登場した「お子さま」

報道日	種類	記事タイトル	娘の単独紹介	「愛するお子さま」	「尊敬するお子さま」	「尊貴であられるお子さま」	「最も愛されるお子さま」
2022/11/19	動静記事	核には核で、正面対決には正面対決で．朝鮮労働党の絶対不変の対敵意志厳粛に宣言：敬愛する金正恩同志が朝鮮民主主義人民共和国戦略武力の新型大陸間弾道ミサイル実験発射を現地で指導された		○			
2022/11/20	政論	朝鮮労働党の厳粛な宣言		○			
2022/11/27	動静記事	敬愛する金正恩同志が新型大陸間弾道ミサイル「火星砲 17」型実験発射成功に寄与したメンバーたちとともに記念写真を撮られた				○	
2022/11/27	一般記事	党中央に捧げる忠誠と信念の誓い					○
2022/12/8	一般記事	「自らに聞いてみよう」：城石か、盛り上げて残った城石か				○	
2023/2/8	動静記事	敬愛する金正恩同志が建軍節に際して人民軍将官たちの宿所を祝賀訪問されて記念宴会に参席された			○		
2023/2/9	動静記事	朝鮮人民軍創建 75 周年慶祝閲兵式盛大に挙行		○	○		
2023/2/18	動静記事	敬愛する金正恩同志が意義深い 2 月の名節を記念して開催されたスポーツ競技を観覧された		○			
2023/2/26	動静記事	平壌市西浦地区新たな道路建設着工式開催：敬愛する金正恩同志が激動的な演説で青年前衛たちを鼓舞激励してくださり着工の鍬入れをされた		○			
2023/3/21	一般記事	祖国よ、命令だけ下されよ！：人民軍隊入隊、復隊を嘆願した全国各地青年たちの高揚する心情を伝える		○			
2023/8/29	動静記事	敬愛する金正恩同志が海軍節に際して朝鮮人民軍海軍司令部を祝賀訪問された		○			
2023/9/9	動静記事	朝鮮民主主義人民共和国創建 75 周年慶祝民防衛武力閲兵式盛大に挙行			○		
2023/11/24	動静記事	敬愛する金正恩同志が国家航空宇宙技術総局を訪ねられ偵察衛星発射成功に貢献した科学者、技術者たちとともに記念写真をお撮りになった			○		
2023/11/24	動静記事	偵察衛星発射成功を慶祝する宴会開催			○		
2023/12/1	動静記事	敬愛する金正恩同志が航空節に際して朝鮮人民軍空軍司令部と第 1 空軍師団飛行連隊を祝賀訪問された		○			
2024/1/1	動静記事	2024 年新年慶祝大公演盛大に開催：敬愛する金正恩同志が公演を観覧された			○		
2024/1/5	動静記事	敬愛する金正恩同志が重要軍用台車生産工場を現地指導された	○		○		

2024/1/8	動静記事	敬愛する金正恩同志が新たに立ち上がった光川養鶏場を現地指導された	○		○		
2024/2/9	動静記事	敬愛する金正恩同志が建軍節に際して国防省を祝賀訪問された	○		○		
2024/2/9	動静記事	朝鮮人民軍創建 76 周年慶祝宴会開催	○		○		
2024/2/9	動静記事	敬愛する金正恩同志が建軍節に際して国防省を祝賀訪問された	○		○		
2024/3/16	動静記事	偉大な為民献身の長征の上に聳え立った眩い社会主義財宝：敬愛する金正恩同志が江東総合温室竣工及び操業式に参席された		○			
2024/5/15	動静記事	文明富強なわが国家の未来像が凝縮された青春大記念碑：前衛通りの竣工式が盛大に開催：敬愛する金正恩同志が自ら竣工テープをカットされた		○			

出典：筆者作成

のモチーフとなったが、そこには娘の姿が描かれていない[37)]。「お子さま」が公式的な称揚対象までには至っていないことを示すものである。

3 月 16 日付では金正恩が温室の竣工・操業式に出席したとの記事において父娘のツーショット写真も数多く添えられたが「お子さま」は主語にならず、「敬愛する金正恩同志が愛するお子さまとともに竣工および操業式場に到着されるや……」と述べられるにとどまった。ただし、文中には「嚮導《きょうどう》の偉大な方々が、党と政府、軍部の幹部とともに江東《カンドン》総合温室をご覧になった」との一文が挿入された。父娘を指すと見られる「嚮導の偉大な方々」という表現は初出であった。

「お子さま」登場の背景

金正恩の動静報道を除いて『労働新聞』が「お子さま」に言及した例は限定的であり、そのことが娘を登場させている意味を読み解くことの妨げにもなっている。娘が初めて登場した翌日の『労働新聞』政論（政治論評）は、「（金正恩が）重要戦略兵器実験の発射場に愛するお子さまと女史とともに自ら出向かれ……」と触れるにとどまった。一切の解説を欠いた記事である。

国防科学院ミサイル部門の職員から金正恩への「忠誠の決議の手紙」では一言だけ、「ご自身が最も愛されるお子さま」との表現で娘に触れられたが、同行者として「お子さま」だけが紹介され、「女史」が抜けていたのは目を引いた。このICBM発射立ち合いについてはその後の『労働新聞』が李雪主を外して述べていることから、娘のお披露目は単純な「同行」ではなく、当初から何らかの政治的意味が付与されていたと考えるべきであろう。

2022年12月8日付では、金正恩の動静報道を除く一般記事としては初めて「尊貴であられるお子さま」との表現が登場した。「尊貴であられる」との尊称はこの頃にだけ用いられた。それ以降、金正恩の動静記事を除いて「お子さま」が登場することはほとんどなくなり、娘の存在に対する解説が意図的に抑制されていることは明らかであった。

「お子さま」に直接言及した記事でなくとも、後継者問題との関連可能性が考えられる表現についても考察すべきであろう。例えば、2023年4月25日付の社説において「思想の血統、信念の血で受け継がれる朝鮮革命の前途は明るく洋々たる」とのくだりが見られた[38)]。しかし、『労働新聞』が「白頭血統」について言及した回数は、2020年に3回、2021年に0回、2022年に1回、2023年に3回、「白頭の血統」についても2020年に18回、2021年に8回、2022年に26回、2023年に16回であり、娘が登場した2022年を境に大きな変化があったとは言えない。

2022年12月10日付は、「白頭の革命伝統はわが党と革命の歴史的根源であり、世代と世代を繋ぐ血筋であり、億万の金を与えても得ることのできない革命の万年財宝、大百科全書である」などと解説した[39)]。革命の継承を訴えるこのような記事はいずれも従来の論調から外れるものではなかった。

三代世襲による権力継承が実現してすでに10年以上が経過しており、北朝鮮メディアが「白頭の血統」を強調するのはいまさらの感がある。現指導者が健在のなかで後継者を早々に登場させる必然性に乏しい。つまり、「お子さま」を早期に登場させたことについては、必ずしも合理的な理由が見いだせないのである。

一方、金正恩が十代前半にして軍部隊を現地指導したという宣伝教育が、北朝鮮国内で進んでいるという事実もある。父親の金正日が突然の病に倒れた時、金正恩はまだ24歳だったが、迅速に後継者として内定されたことが体制長期化に資する結果をもたらした。その意味では、金正恩が「お子さま」を後継者と考えているならば、男性優位の儒教文化が根強い北朝鮮社会において、十分な時間をかけて女性指導者の誕生を既成事実化させようとの意図が働いた可能性も考えられる。

また、2021 年 1 月に朝鮮労働党規約が改正されて党中央委員会第 1 書記という「総書記の代理人」のポストが新設されていたことから、体制長期化に向けた制度設計が進んでいる可能性もある。ただし、これらは筆者の推論に過ぎない。そもそも北朝鮮メディアは党規約改正についてすら詳細の公表を控えており、今後も同国における重要決定が公開されない可能性があることには留意したい。

「お子さま」は軍事分野での動静報道に偏って姿を現し始めた。そもそも金正恩の動静報道は軍事関連が多いのだが、これは金正日や金正恩の前例がそうであったように、継承者としてまずは軍の掌握を重視して体制長期化を図るという考え方が作用したものと見られる。

さらに考えておくべきことは、北朝鮮のような個人支配体制では権力が一個人に集中するため、内政、外交、経済などの重要政策がリンケージしている可能性が高いという点である。前述の通り、2024 年に入ってから『労働新聞』は「尊敬するお子さまが同行された」との一文を挿入して彼女を単独で紹介するまでに至った。同時期に金正恩は対南・統一政策の大転換を図り、韓国とは別個の国家として北朝鮮を死守する姿勢を示した。それとともに、疲弊しきった地方経済と平壌との間の格差是正を強く訴えはじめた。韓国からの干渉を排除して現体制を護持し、自国民から真の意味での忠誠心を引き出すための策を講じることで体制の安定化を図る動きであると考えられ、次世代に「革命のバトン」を渡すための中長期的な準備と捉えることもできる。

3 「お子さま」検証をめぐる留意点

前節のような現状分析的な観察において筆者が強く懸念しているのは、韓国の情報機関や韓国メディアが発信する「情報」に振り回されることである。「お子さま」が登場して以来、彼女が「第 2 子」の「ジュエ」だという未確認情報が大いに独り歩きした。発信源は国家情報院とそれを伝達した韓国メディアにほかならないが、第 1 子に男児がおり彼が後継者の本命であるならば、なぜその子の名前すら噂レベルでも流れてこないのか、その男児を本命として秘匿するために第2子を表舞台に出してきたとするならば、なぜ第3子も一緒に公表しないのか、といった検討は行われず、金正恩に3人の子供がいるとの「情報」が繰り返し報じられて既成事実のように定着してしまった。

2023年2月の閲兵式で「尊敬するお子さま」が大きく登場しても、韓国統一部長官は娘の後継者説について国会外交統一委員会で「金正恩の年齢、北朝鮮体制の家父長的性格などを考慮すると、女性にすぐに世襲することが合っているのかという疑問も多い」と述べていた[40)]。翌月には国家情報院側が「金正恩の第1子が息子であるとの諜報があり、引き続き確認中」「具体的な物証はないが、情報から息子である可能性が高いと見て外国の情報機関と情報共有を通じてそのように考える立場」だと国会情報委員会で証言していた[41)]。これらはあくまでも「可能性」を述べたものであり、ファクトではなくオピニオンに近い。

しかも「ジュエ」という名は、2013年9月に金正恩から直接「ジュエ」を紹介された米国の元プロバスケットボール選手（Dennis Keith Rodman）の証言に依拠したものである。それ以外の検証可能な証言がゼロである限り、朝鮮語を解さない彼が女児の名を聞き誤った可能性も含めて保留すべき点である。平壌で13年間も寿司を握ったとされる「金正日の料理人」（藤本健二）が金正恩の名を発音の異なる「金正雲」、母親である高踊《コ・ヨン》（容）姫《ヒ》の名を「高英姫」とそれぞれ聞き間違えていたことが想起されるからである。

周辺国のメディアから出される「情報」の真贋を見極めていくことも必要である。米国の自由アジア放送（RFA）は、「平壌の消息筋」の話として、2023年11月の偵察衛星打ち上げ後に党幹部を対象にした講演会で「宇宙強国時代の未来は『朝鮮の新星、女将軍』によって今後さらに輝くだろう」との発言があったと報じた。後継者問題の進展自体は事実であっても、クロスチェックが不可能なこの類の報道については慎重に取り扱うべきである。

金正日は1980年10月まで、金正恩は2010年9月まで、それぞれ表舞台に姿を現さずに後継内定者として活動した助走期間があったが、金正恩の娘の場合はすでに何度も父親の「革命活動」に随行している姿が北朝鮮メディアで報じられてきた。「尊敬するお子さま」などの呼称も公式化していることから、内部講演においてわざわざ「新星、女将軍」といった別の言い回しを用いる必然性がない。しかも、金正恩時代における個人崇拝の手法は過去のものとは異なる側面もある。事実を誇張するものの、金日成時代や金正日時代のような完全な捏造、いわゆる神話づくりには必ずしも積極的でないこととの整合性も考えなくてはならないのである。

また、金正恩が後継者として登場する過程において、日本のメディアでも金正恩の顔写真が複数回誤報された[42]。事実関係を振り返ったうえで結果的に誤った考察をしてしまうのと、「情報」自体が誤っているのには大きな違いがあると言わざるを得ない。

平壌発の報道にも注意を払う必要がある。金正日の後継者問題がクローズアップされている渦中の2009年9月、共同通信平壌支局が行ったインタビューで、金永南《キム・ヨンナム》最高人民会議常任委員長は「革命の伝統を継承する問題は重要だが、これと後継者問題は関係なく、現時点では論議されていない」と述べたと報じた。現在では、当時から後継準備作業が進展していたことが明らかになっているため、意図的に歪曲された平壌のプロパガンダを日本のメディアが垂れ流したと言われても仕方ない。2008年9月の建国60周年閲兵式に金正日が欠席したため重病説が出回った際にも、「(金正日の健康は)問題ない」との金永南発言を共同通信がそのまま報じたが、現在は北朝鮮の文献でも金正日が健康問題を抱えていたことについて触れられている。

北朝鮮政治、とりわけ後継者問題という同国にとってデリケートな話題については、北朝鮮メディア自ら公式発表しない限りにおいて確証を得るのは困難であることを示す前例である。しかも、それらに誇張や虚偽も含まれうることが北朝鮮政治の読み解きを難しくしているのである。

おわりに

北朝鮮研究においては、政治そのものを主題としなくても、あらゆる分野で政治を意識せざるを得ない。「10大原則」に則り、北朝鮮の出版物はそれが「論文」と称するものであっても最高指導者の「お言葉」「教示」の引用から始まり、それに依拠して論が展開される。

金正恩政権にとって体制長期化は諸政策の前提となっているが、それを実現するには最高指導者が権力を掌握している間に後継体制の整備を進めるのが得策であり、北朝鮮メディアが早い段階で「お子さま」を表舞台に登場させたことは理にかなっている側面もある。

北朝鮮が体制存続においてソ連を凌駕する歴史を持ち、様々な政治事象に前例が蓄積されている以上、それらを参照することも有益であろう。例えば、金正日や金正恩もそれぞれ父親の「革命活動」に幼少期から随行していたことが後年になってから公開されている。1948 年 10 月に金日成が軍官学校の卒業式に出席した際に 6 歳の金正日を同行させているほか、朝鮮戦争休戦後の兵器展示会などに 10 歳前後の金正日を連れていたことも公開されているのである 43)。

本章では金正恩の「お子さま」をめぐる『労働新聞』の論調を検証した。『労働新聞』が「お子さま」について報じたという事実そのものを整理することは、その意図や背景を探るための基礎的な素材となることを示し得たであろう。一方、そこからは北朝鮮政治、特に体制長期化と後継者問題を観察するうえでの限界を次のように指摘することができる。

第一に、北朝鮮が個人支配体制である以上、最高指導者個人の意向により政策が大きく変更される可能性があるという前提条件である。ある時点で金正恩が「お子さま」を後継者と考えていたとしても、その考え自体が変わってしまう可能性は排除できない。

第二に、情報のクロスチェックが困難だという点である。金正恩が後継者として浮上した時期には、金正日父子をよく知る「金正日の料理人」の証言が有益であった。米国に亡命した金正恩の叔母やスイス留学時代の友人によるものをはじめとして、成人する前の金正恩についての証言は複数存在する。しかし、最高指導者になってからの金正恩やその娘についての核心的な証言が皆無の段階では、北朝鮮メディアによる報道の意図や背景を正確に把握することは不可能であり、何らかの重大な見誤りをしている可能性を否定できない。

『労働新聞』が「お子さま」についての解説記事を控えていることも状況

を見えにくくしている。「お子さま」の存在感が大きくなっていることは論調分析や掲載写真の検討で看取できても、その意図や背景については初歩的な考察を立てるしかない。見えない部分が大きいからこそ、ファクトとオピニオンを明確に区別するという基本姿勢が重要になる。

参考文献リスト

礒﨑敦仁・澤田克己『最新版 北朝鮮入門―金正恩時代の政治・経済・社会・国際関係』東洋経済新報社、2024年。

坂井隆・平岩俊司『独裁国家・北朝鮮の実像―核・ミサイル・金正恩体制』朝日新聞出版、2017年。

鐸木昌之『北朝鮮首領制の形成と変容―金日成、金正日から金正恩へ』明石書店、2014年。

平岩俊司『北朝鮮―変貌を続ける独裁国家』中公新書、2013年。

藤本健二『金正日の料理人―間近で見た権力者の素顔』扶桑社、2003年。

1) 例えば、木屋隆安『北朝鮮の悲劇―「金王朝」崩壊のシナリオ』泰流社、1986年；佐藤勝巳『崩壊する北朝鮮―日朝交渉急ぐべからず』ネスコ、1991年。金日成死去直後の「『金正日体制』をこう見る」『日本経済新聞』1994年7月18日付によると、「新政権の寿命は6カ月と見ている」「長続きするとは思えない」「自重しなければ、新政権は短命で終わるだろう」など、複数の専門家が金正日政権の早期崩壊を予測していた。

2) 拙稿「北朝鮮の個人支配体制」『法学研究』第89巻3号（2016年）、161–184頁。

3) アンナ・ファイフィールド（高取芳彦・廣幡晴菜訳）『金正恩の実像―世界を翻弄する独裁者』扶桑社、2020年、24頁。

4) 本節は、拙稿「北朝鮮政治体制研究で活用すべき資料」『紀要国際情勢』第93号（2023年3月）、17–27頁の一部を加筆修正したものである。

5) 室岡鉄夫「日本における北朝鮮研究―20世紀最後の10年間を中心に」『現代韓国朝鮮研究』創刊号（2001年）、23–32頁；室岡鉄夫「韓国の『北韓研究』、日本の『北朝鮮研究』」『東亜』2005年12月号、8–9頁；和田春樹・高崎宗司編著『北朝鮮本をどう読むか』明石書店、2003年。

6) 例えば、小此木政夫編著『北朝鮮ハンドブック』講談社、1997年；和田春樹『北朝鮮現代史』岩波新書、2012年；平岩俊司『北朝鮮―変貌を続ける独裁国家』中公新書、2013年；礒﨑敦仁・澤田克己『最新版　北朝鮮入門』東洋経済新報社、2024年。

7) 北韓研究学会編『分断半世紀北韓研究史』ソウル：図書出版ハヌル、1999年；高有煥「分断70年北韓研究の傾向に関する考察」『統一政策研究』第24巻1号（2015年）、29–54頁。

8) 韓国の代表的な学術論文データベースとして、DBpia（dbpia.co.kr）；KISS（kiss.kstudy.com）；教保文庫スカラー（scholar.dkyobobook.co.kr）。1989年には韓国国土統一院（当時）によって北韓資料センターが設立され、2003年には「特殊資料取扱認可証」制度も廃止された（『統一白書2005』ソウル：統一部統一政策室、2005年、242–247頁）が、その後も政権交代に伴って政策変更が続いている。

9) 慶南大学校北韓大学院編『北韓研究方法論』ソウル：図書出版ハヌル、2003年；北韓研究学会企画・チョヨンジュ編著『北韓研究の新たなパラダイム―観点・方法論・研究方法』ソウル：ハヌルアカデミー、2015年。「北韓学」の問題点など研究動向の把握に資するものとして、宮本悟「北朝鮮の外交・安全保障の研究方法論と試論」『現代韓国朝鮮研究』18号（2018年）、1–12頁。

10) 五味洋治「米国における北朝鮮研究」『紀要国際情勢』83号（2012年）、15–24頁は、米国の主たる北朝鮮研究者を紹介している。

11) 朴鍵一主編・馬軍偉副主編『中国対朝鮮半島的研究』北京：民族出版社、2006年。

12) 北朝鮮資料を網羅的に整理したものとして、宋スンソプ『北韓資料の収集と活用』坡州：韓国学術情報、2011年。

13) 小此木政夫・徐大粛監修『資料北朝鮮研究Ⅰ政治・思想』慶應義塾大学出版会、1998年；徐大粛編『北韓文献研究―文献と解題』全6巻、ソウル：慶南大学校極東問題研究所、2004年；金光雲『北朝鮮実録―年表と史料』、ソウル：ソニン、2018年〜。

14) 北朝鮮におけるフィールドワークの限界については、拙著『北朝鮮と観光』毎日新聞出版、2019年、30–31、213–217頁。

15) 例えば、『朝鮮民主主義人民共和国法典（大衆用）』平壌：法律出版社、2004年。

16) 「党は呼ぶ、みなが万里馬時代の英雄となって主人公になろう：全国に読報熱風が続く」『労働新聞』2019年7月23日付；「現実発展の要求に合わせて思想教養事業をさらに深化させていこう：読報時間と午睡を利用して」『労働新聞』2019年7月29日付；『2000北韓社会』ソウル：統一教育院研究開発課、2000年、441–442頁；『2020北韓社会』ソウル：統一教育院研究開発課、2019年、256頁。

17) 「鐸木昌之君学位請求論文審査報告」『法學研究』第68巻7号（1995年7月）、209頁。

18) 『党の唯一的領導体系確立の10大原則』平壌：朝鮮労働党出版社、2013年、19–28頁。

19) 「社説―敬愛する金正恩同志の綱領的文献を深く学習しよう」『労働新聞』2012年4月28日付。

20) 「北朝鮮　キム総書記の娘が登場した背景には何が？」NHKホームページ（https://www.nhk.or.jp/kaisetsu-blog/900/477163.html）。

21）例えば、「星のように輝かしく生きようと仰って」『労働新聞』2005年6月22日付；「縁深い杉の木を眺めてみれば」『労働新聞』2022年7月8日付。

22）「少女は正恩氏長女—韓国分析第2子『ジュエ』」『読売新聞』2022年11月23日付。

23）例えば、「敬愛する父金正恩元帥様のお姿をモチーフにしたモザイク壁画を万景台革命学院に奉った」『労働新聞』2023年9月19日付。

24）『北朝鮮政策動向』No.621（2023年第3号）、39頁。

25）「尊敬する李雪主女史が党と政府の幹部とともに第31回4月の春親善芸術祝典に参加した中国芸術団の公演を観覧された」『労働新聞』2018年4月15日付；「文在寅大統領の夫人が玉流児童病院と金元均名称音楽総合大学を参観—尊敬する李雪主女史が同行された」『労働新聞』2018年9月19日付。『労働新聞』が「尊敬する李雪主女史」の動静を単独で報じたのはこの2回だけである。

26）「正恩氏の娘同行『世襲の印象づけ』：韓国の情報機関」『読売新聞』2023年3月8日付。

27）「敬愛する金正恩同志が重要作戦任務を担当している軍部隊を現地指導されて火力襲撃訓練をご覧になった」『労働新聞』2023年3月10日付。

28）「朝鮮民主主義人民共和国戦略兵器の超強力対応態勢についての示威—大陸間弾道ミサイル『火星砲17』型発射」『労働新聞』2023年3月17日付。

29）「核反撃仮想総合戦術訓練実施」『労働新聞』2023年3月20日付。

30）「朝鮮民主主義人民共和国戦略兵器の絶えぬ発展状況を見せつける威力的実体がさらに出現—敬愛する金正恩同志が新型大陸間弾道ミサイル『火星砲18』型の初の試験発射を現地で指導された」『労働新聞』2023年4月14日付。

31）「敬愛する金正恩同志が太陽節に際して開催された内閣と国防省職員たちとの間のスポーツ競技を観覧された」『労働新聞』2023年4月17日付。

32）「敬愛する金正恩同志が国家宇宙開発局を現地指導された」『労働新聞』2023年4月19日付。

33）「敬愛する金正恩同志が偵察衛星発射準備委員会事業を現地で指導された」『労働新聞』2023年5月17日付。

34）「朝鮮民主主義人民共和国戦略兵力の強化発展行路に刻まれたもう一つの意義深い大事変—新型大陸間弾道ミサイル試験発射断行：敬愛する金正恩同志が大陸間弾道ミサイル『火星砲18』型試験発射を指導された」『労働新聞』2023年7月13日付。

35）「朝鮮民主主義人民共和国戦略兵器の超強力報復意志と絶対的力の明確な誇示—大陸間弾道ミサイル『火星砲18』型発射訓練断行」『労働新聞』2023年12月19日付；「敬愛する金正恩同志が大陸間弾道ミサイル発射訓練に参加したミサイル総局第2赤い旗中隊の軍人たちと党中央委員会本部庁舎で会われ祝賀激励してくださった」『労働新聞』2023年12月21日付。

36）「金正恩氏の娘登場『世襲示し結束固める意図』—韓国統一相」『朝日新聞』2023年12月13日付。

37）「人民生活向上のためのもう一つの貴重な財富を用意してくださり―光川養鶏場に宿った敬愛する総書記同志の不滅の領導業績を刻んで」『労働新聞』2024 年 2 月 5 日付。

38）「社説―抗日パルチザンの崇高な精神がしっかりと継承される主体革命は永遠に常勝長駆するだろう」『労働新聞』2023 年 4 月 25 日付。

39）「革命伝統教養の大綱領は全面的国家発展の強く威力ある武器である」『労働新聞』2023 年 12 月 10 日付。

40）「権寧世『金正恩の息子がいるか確認できない』―『金ジュエ浮き彫りにして 4 代世襲準備』後継者説には慎重な立場を見せ」『朝鮮日報』2023 年 2 月 16 日付。

41）「国情院『金正恩の第一子は息子…第三子はまだ性別確認できない』朝鮮日報ウェブ版、2023 年 3 月 8 日、https://www.chosun.com/politics/assembly/2023/03/07/5QOLIN-2GORB4XHEEMYF2WOQASY/。

42）「正銀氏、初の近影―金正日総書記に寄り添い、製鉄所視察」『毎日新聞』2010 年 4 月 20 日付。先立って 2009 年 6 月 10 日にはテレビ朝日が別の男性の写真を金正恩だと誤報していた。

43） 鈴木琢磨「正恩氏、娘後継へ布石？―北朝鮮軍行事でお披露目―祖父踏襲か」『毎日新聞』2023 年 2 月 14 日（夕刊）；鈴木琢磨「北朝鮮秘蔵写真の『封印』解く―4 代目？存在感増す正恩氏の娘」『毎日新聞』2023 年 11 月 30 日（夕刊）。北朝鮮における過去の権力継承については、拙稿「北朝鮮における世襲による権力継承」『教養論叢』141 号（2020 年）、1–29 頁。

(北朝鮮研究との出会い)

朝鮮語で用いられる文字に関心を持ったのは小学3年の時であった。ちょうどその年に開始されたNHKテレビのハングル講座を偶然目にした私は、独特な文字に心を奪われたのである。小5の時に投稿した「おたより」は当時180円だった講座テキストに掲載され、今でも記念に取ってある。学界はおろか海外そのものに全く縁がない家庭環境だったため、朝鮮半島との出会いはテレビのおかげだと言える。

中学生になると興味は韓国歌謡に移る。1987年秋に始まったフジテレビの深夜番組「Seoul Soul!」に夢中になった。韓国歌謡を紹介するこの番組を録画して、毎日何時間も繰り返し視聴した。やはりテレビの影響は大きい。

38度線の北に関心を抱くようになったのは、当時は池袋サンシャインシティ内にあった韓国文化院の図書室で崔銀姫《チエ・ウニ》・申相玉《シン・サンオク》『闇からの谺《こだま》』(文藝春秋、1989年)を手に取ってからであろうか。それから北朝鮮マニア生活を送ることになるが、インターネットもSNSもない時代だったためどこまでも孤独な趣味であった。

大学では商学部に入学して一度は公認会計士を目指したが、北朝鮮をより深く知りたいとの思いを強くし、大学院から政治学専攻に鞍替えした。北朝鮮研究の重鎮方から『労働新聞』の論調分析の手法などについて手ほどきを受けることができ、それが現在の研究活動に生きている。ソウル留学や北京での日本大使館勤務も北朝鮮研究に大きく資するものがあった。

10年間の大学院生活を経て職を得ることができたのは、ひとえに指導教授や先輩、周りの方々に恵まれたおかげである。ただ、中国語と朝鮮語を兼担する語学教員としての採用であったため、今でも所属先で専門科目や「ゼミ」を持つことはできない。

趣味的な関心を仕事に繋げることができたものの、40代半ばになって南北朝鮮への関心はやや薄れてしまった。朝鮮半島を研究することで貴重な機会を得た一方、ストレスも抱えざるを得ない。仕事として研究している以上これは仕方ないことであり、乗り越えていくしかないのだろう。近年学習に没頭してきたベトナム語を活かして、研究活動上のストレスを分散しながら探求心を継続させることができないか、模索中である。

(礒﨑敦仁)

第2章　外交・安全保障

サイバー安全保障からみた北朝鮮の「非対称戦略」

松浦正伸

はじめに

北朝鮮の外交・安全保障をどうみるか

北朝鮮の行動様式は予測可能性が低く、複雑怪奇と言われる。その全体像を理解するには、先ずは国際政治学一般の理解が欠かせない。リアリズムの泰斗である高坂正堯[1)]の言を借りれば、国家とは「力の体系」、「利益の体系」、「価値の体系」であり、国際関係はこれら3つのレベルが絡み合う複雑な関係である。北朝鮮もこうした体系に包摂されており、その時々の外部環境の変化に対応しながら、したたかに外交・安保戦略を遂行している。

このような3つの体系を前提としながらも、北朝鮮の外交・安全保障の特殊性や固有性への理解が求められる。例えば、北朝鮮は通常の国家とは異なり、朝鮮労働党という政党が国家の行政機構より上位の権力を有する。このため、党規約は国家規範である憲法に優先される。

労働党の対外政策の基本理念は「自主、平和、親善」であり、「反帝・自主勢力との連帯強化」、「外国との善隣友好関係発展」、「帝国主義の侵略と戦争策動への反対」、「世界社会主義運動の発展のための闘争」であり、帝国主義の弊害に反対し、平等で公正な社会の実現を目指す社会主義の理念が底流にある。朝鮮人民軍についても党の軍隊に位置づける点が特徴的である。党の最高目標は「革命」であることから、「革命の主力軍」として「すべての軍事生活活動を党の領導の下行う」ことが党規約に明記されている。

次節では、こうした北朝鮮対外・軍事戦略の根底にある特殊性や固有性、さらには国際政治の力学を視野に入れながら、冷戦期から現代までの北朝鮮外交・安全保障の主要な出来事を概観する。

1　北朝鮮外交の変遷

自主外交の模索

冷戦期の北朝鮮外交は、社会主義を標榜する旧東側諸国、さらに西側諸国にも東側諸国にも属さない第三世界や途上国を含む非同盟諸国との関係構築を中心に進められてきた。体制競争を展開する韓国に対しては、社会主義と反帝国主義理念から鋭く対立し、北朝鮮主導の南北統一戦略が打ち出されてきた。

1948年の政権樹立から朝鮮戦争の休戦協定が締結された1953年にかけて、北朝鮮は主要な共産主義国家と矢継ぎ早に外交関係を樹立した。1948年にはソ連、翌年には中国と修交し、その後、東欧諸国等12カ国と大使級の外交関係を構築する。1953年にスターリン（Iosif V. Stalin）が死去しフルシチョフ（Nikita S. Khrushchev）が政権を掌握すると、ソ連はこれまで体制競争を繰り広げてきた西側諸国との間で「平和共存路線」を宣言した。ソ連の対外政策の転換は、対米関係をめぐる社会主義陣営内の対立を顕在化させ、北朝鮮の外交空間を拡張させる契機となった。

朝鮮戦争の結果、中国の影響力が増加する中で、北朝鮮はソ連が提唱する「平和共存路線」から徐々に距離を置き、「非同盟主義」を掲げる国家との関係構築を模索した。1961年の朝鮮労働党第4回大会で金日成《キム・イルソン》は、社会主義国家との親善・団結にとどまらず、国際社会で進展した脱植民地化を踏まえながら、アジア、アフリカ、ラテンアメリカの新生独立国家との友好関係発展を外交政策の基軸に据えた[2)]。1966年には「内政不干渉と相互平等」を標榜した自主路線を宣言し、途上国を中心に非同盟国外交がさらに加速した。

冷戦期の安全保障に関しては、1960年の日米新安保条約の締結や韓国で発生した軍事革命に対処するため、北朝鮮は中ソ両国との間で「自動軍事介入」条項を含む軍事同盟条約を締結させた。ところが、1962年に発生した「キューバ危機」をめぐるソ連の威信低下や、日韓関係の懸念材料であった「北朝鮮帰国事業」が縮小に転じた結果、日韓国交正常化の妥結が目前に迫り北朝鮮外交は苦境に立たされる。こうした国際情勢に危機感を募らせた北朝鮮は、朝鮮労働党中央委員会第4期5次全員会議で国防建設と経済建設の「並進路線」を採択し、「全人民の武装化」、「全国土の要塞化」、「全軍幹部化」、「全軍現代化」から成る「四大軍事路線」を打ち出す。

1970年代に入ると、中国を共産政権として敵視していた米国の対外政策が大きく旋回した。特に、1972年「ニクソン訪中」を契機に、米中国交回復の動きが加速し、日中国交正常化の実現等、地域の緊張緩和を意味する「ミニ・デタント」が出現する。急速な対米接近を推し進めた中国の対応は北朝鮮の対中不信を増長させるとともに、1973年の「第一次オイルショック」によって中ソ両国からの経済援助が大きく減少したことを受け、北朝鮮は1960年代半ばから進めてきた西側諸国との関係改善に強い意欲を示した。しかし、1970年代後半の韓国に対する軍事的挑発や外債返済問題、偽造貨幣、外交官密輸事件が明るみに出ると、西側諸国との外交関係の改善は暗礁に乗り上げた。

他方で、非同盟諸国との関係改善は北朝鮮外交の成果であった。1970年第5回党大会では「国際革命勢力の団結」が政策基調であったが、1980年の第6回党大会では「反帝・自主勢力の団結」が外交政策の基調になった。また、前回大会からの10年間で66カ国と修交関係を結ぶことで非同盟諸国との間で外交的地平が広がった。大使級の外交関係を結んだ国家は101カ国にのぼり、非同盟諸国との関係構築が北朝鮮の国際的位相の押し上げに寄与した。

1980年代に入ると、社会主義国の多くが経済低迷に苦しむ中、北朝鮮も資本主義陣営からの技術導入と資本誘致を目的に、西側諸国との親善や経済協力関係拡大のための動きをみせた。しかし、韓国の全斗煥《チョン・ドゥファン》大統領一行の暗殺を狙った1983年の「ラングーン事件」や、大韓航空所属の旅客機が北朝鮮の工作員によって飛行中に爆破された1987年の「大韓航空機爆破事件」等によって、北朝鮮の国際的位相が低下した結果、西側諸国から経済援助を引き出すことは不成功に終わった。

冷戦の崩壊と非核化協議

1991年ソ連の崩壊で二極体制が終焉すると、国際社会は米国一強の脱冷戦期に突入した。社会主義国間での友好価格制度とバーター貿易制度が消失し、北朝鮮では外交と経済の両面から変革の必要性が生じていた。冷戦期を通じて体制競争を繰り広げてきた韓国との経済格差は拡大の一途を辿り、1990年に韓ソが国交を正常化すると、北朝鮮は外交的孤立を解消するために、外交理念の再構築に迫られた。北朝鮮国内では1992年に憲法が改正され、資本主義打倒と社会主義建設の国際協力を掲げた「プロレタリア国際主義」から「自主、平和、親善」という新たな外交理念が登場した。

北朝鮮は核・ミサイル開発を続けながらも非核化交渉を通じて、米国との関係正常化を体制維持の要諦と認識するに至り、米朝関係改善のための外交交渉に関心を示すようになった。特に、国際原子力機関（International Atomic Energy Agency、IAEA）の特別査察を拒否し北朝鮮の核開発疑惑が急速に高まった1993年の「第1次北朝鮮核危機」をきっかけに米朝対話が稼働すると、1994年には「米朝枠組み合意」が調印される。また1999年には北朝鮮が暫定的にテポドン・ミサイル発射実験計画の中止に同意した「米朝ベルリン合意」も締結された。

日朝関係に関しては、1990年自民党の金丸信・元副総理訪朝による「日朝3党共同宣言」とその後3回に及ぶ予備会談を経て協議内容が定まった結果、1991年から本格的に国交正常化交渉が稼働した。1992年の第8回交渉の非公式協議で日本側が「李恩恵《リ・ウネ》」問題を持ち出すと北朝鮮はこれに強く反発し交渉が中断するが、1995年には国交正常化会談の再開で合意し、北朝鮮は50万トンの食糧支援を引き出すことに成功した。これは朝鮮戦争休戦以降、最大規模となる飢饉が北朝鮮国内で発生していた時期と重なる。しかし、1998年に北朝鮮のミサイルが日本領空を通過したことを受け対北世論が悪化し、植民地期の清算をめぐる認識の懸隔や拉致問題が世論に認知され始めたことで、対話の糸口を見出すことができなかった。

他方で、北朝鮮との二国間協議に応じたクリントン（Bill Clinton）政権との間では、北朝鮮の核・ミサイル問題解決に向けた米朝交渉が進展した。2000年には金正日の特使である国防委員会第1副委員長趙明禄次帥がワシントン D.C. を訪問し、「米朝共同コミュニケ」と「反テロ共同声明」が採択された。ところが、2001 年の「9.11 事件」で米朝関係の潮目が変わった。

「非対称戦」をめぐる米国の安全保障観が大きく変容し、北朝鮮の核・ミサイル開発計画が東アジア地域の問題を超え、米国に対するテロ攻撃の根源と見なされる契機となった[3)]。「対テロ戦争」に乗り出したブッシュ（George W. Bush）政権は、北朝鮮を「悪の枢軸」と糾弾し、米国外交は国際協調主義からネオコンと呼ばれる政治集団が主導する単独行動主義的なアプローチへと旋回した。「正義の戦い」を支持する米国内の高揚感を背景に、米国議会も米朝国交正常化や対北経済制裁の解除を牽制した。

こうした変化は、北朝鮮の対米脅威認識を増長させる結果を招くとともに、間接的には対日アプローチの推進材料となった。すなわち、北朝鮮は強固な個人的信頼関係を基盤に「戦後最良」と評された日米関係を構築していた日本に接近した[4)]。日本国内では、拉致問題の関心が芽生えていたことも日朝首脳外交が稼働する要因であった。2002 年と 2004 年に小泉訪朝が実現したが、特に、2002 年の首脳会談で金正日は長年否定してきた日本人拉致を初めて公式に認め謝罪し、5 名の拉致被害者の帰国につながった。

また、北朝鮮は多国間協議の場において核問題を取り上げることを許容した。2003 年には核危機を克服するために日・米・中・ロ・韓・朝による六者会合が開催され、非核化交渉に進展もみられた。北朝鮮は 2006 年に第 1 次核実験を強行したが、それと前後して、朝鮮半島の検証可能な非核化を再確認した「9.19 共同声明」が採択され、2007 年には初期段階措置に合意した「2.13 合意」と「10.3 合意」が締結された。

2000 年代以降、北朝鮮は韓国や EU 加盟国等との関係改善を目指す「全方位外交」に重点を置き、対米関係改善を優先しつつ、伝統的友好国である中露との外交復元も試みた。具体的には、金正日は中国を 8 回公式訪問し、ロシアも 3 回訪問して首脳会談を開催した。2000 年にはロシアのプーチン（Vladimir V. Putin）大統領の訪朝が実現し、中国からも翌年に江沢民国家主席、2005 年に胡錦濤国家主席が訪朝した。この間、1996 年に失効した軍事行動を伴う「ソ朝友好協力相互援助条約」に代わり、自動介入条項を削除した「露朝友好善隣協力条約」が新たに締結された。

金正恩《キム・ジョンウン》の「並進路線」と冷戦メカニズムへの回帰

金正恩政権の戦略の核心でもある「並進路線」[5] は、経済と核武力の発展を同時に追求する政策であり、2013 年に実施された 3 回目の核実験後に党中央委員会全員会議で打ち出された。その後、金正恩は 2016 年 1 月に初めて水爆実験を行い、同年 9 月に核弾頭の爆発実験を実施した。日本の防衛省の試算によれば、2017 年の核実験は大陸間弾道ミサイル（Intercontinental Ballistic Missile、ICBM）の搭載を目的としており、広島原爆の 10 倍以上相当の威力を有した。北朝鮮が ICBM 発射実験に成功し、米国本土や在日米軍基地への核攻撃に言及する一方で、米国は戦略爆撃機の威嚇飛行や 3 個の空母打撃群等を朝鮮半島周辺に展開し、双方の間で軍事的な緊張が極度に高まった。

しかし、2018 年に入ると金正恩は「新年の辞」で「国家核武力の完成」を宣言し、対話路線に急速に旋回する。同年 2 月には平昌冬季オリンピックに特使団を派遣し、3 度に及ぶ南北首脳会談を梃子《てこ》に米朝対話が稼働する。同年 4 月には「社会主義経済建設の新たな戦略路線」が提示され、非核化・体制安定に向けた協議が加速した。急速な対話路線への転換を受けて、北朝鮮は 2018 年中に核実験やミサイル発射を実施せず、同年の党中央委員会全員会議で「並進路線」の終了を宣言した。

北朝鮮は、米朝首脳会談と中朝首脳会談、露朝首脳会談の場において非核化を外交議題に取り上げる一方で、自らの体制保障も同時に提起した。2018 年 6 月にはシンガポールで、また 2019 年 2 月にはハノイで米朝首脳会談が開催されたものの、短期間での「完全かつ検証可能、不可逆的な非核化（Complete, Verifiable, Irreversible, Dismantlement、CVID）」を求める米国と「見返り」を得ながら段階的措置を望む北朝鮮との間で折り合いがつかず、板門店での両首脳の面会を経て、協議は物別れに終わった。中朝関係は、2013 年習近平政権の発足直前に実施された 3 回目の核実験と安保理決議をめぐる対立や、対中関係を重視していた張成沢の粛清、さらには 2015 年モランボン楽団の北京公演中止や 2016 年の 4 回目の核実験等で冷え込んでいたが、2018 年から 2019 年まで習近平と 5 回の首脳会談が行われ、中朝関係のほころびが修復された。2019 年 4 月には、ロシアとの関係回復のためプーチン大統領との間でも首脳会談が行われ、ハイレベル交流および協力関係が持続した。拉致問題の解決を求める日本との間では、2015 年と 2018 年に外相会談を開催したが、その後政府間の公式協議再開の目処《めど》が立っていない。

上述したような、2018 年から 2019 年にかけて相次いで行われた南北・米朝首脳会談では、金正恩が期待した制裁問題の解決には至らなかった。このため、北朝鮮は 2021 年の第 8 回党大会で再び経済と核武力の発展を同時に追求する戦略へと回帰した。対外活動の自主的原則の下、戦略的対米関係、社会主義国家との関係、反帝自主力量戦略強化が強調された。特に、中朝親善関係の発展が社会主義発展の重要な軸であるとされた。「並進路線」という表現は使用されなかったが、「強対強、善対善」が対米関係の原則に据えられた。

また、核武力の建設に拍車をかけ、制裁を前提に自力更生と自給自足を通じて経済発展を成し遂げる従来路線への回帰を印象づけた。金正恩は、北朝鮮の核保有国化によって「大国がわが国家と民族の利益を好きなように交渉してきた時代を永遠に終わらせ（中略）共和国の対外的な地位が飛躍的に上昇した」と自信を覗かせつつも、「強力な国家防衛力は決して外交を排除するものではなく、正しい方向へと誘い、その成果を担保する有効な手段」であると表明しており、米朝協議の可能性にも含みを残した形である[6)]。これに対して、米バイデン（Joe Biden）政権は「前提条件なしの対話」やコロナウィルスをめぐる人道支援協議を呼びかけてきたものの、非核化に向け北朝鮮に不可逆的な行動を求めていることから、米朝協議進展の見込みは薄いと金正恩は判断しているものと思われる。

2022 年ロシアによるウクライナ侵攻に関しては、北朝鮮はいち早くロシア支持を表明した。外交面では、ロシアによる侵略を糾弾し撤収を要求する国連総会決議にベラルーシ、シリア、エリトリアとともに反対し、ドネツクとルガンスク地域の独立を承認した。また、ウクライナ国防省によれば、北朝鮮はロシアに対し 20 種類以上の武器・弾薬を提供し「最大の武器供給国」となっているとされる。2024 年には 24 年ぶりにプーチン訪朝が実現した。「包括的戦略パートナーシップ条約」が締結され、有事の際にあらゆる手段で軍事援助する条項も盛り込まれた。

対中関係では中国共産党創立100周年にあたる2021年以降、新年や国慶節等の主要記念日に祝電・親書をやり取りする「祝電外交」を通じて、台湾問題に関する米国の関与政策を批判するとともに、社会主義理念に基づく伝統的友好関係復元の動きも見られる。露朝急接近と中朝関係の改善を同一の文脈で論じることには慎重であるべきだが、朝鮮半島をめぐる国際関係は冷戦構造に回帰しつつある。

資料ガイドと課題

厳しい情報統制を敷く北朝鮮の史資料に関しては、信頼性や価値が一定ではなく、いつ誰がどのような政策判断に基づいて作成したものなのか多角的に検討しなければならない。

このため北朝鮮の外交・安保をひもとくには、社会科学的な視点から理論的に分析する「鳥の目」、北朝鮮地域を内在的に考察する「虫の目」、政策やトレンドの変化を捉える「魚の目」の3つの視点を交錯させながら、長い年月の風雪に耐え現代においても読む価値を認められた古典的研究と現代の研究成果を咀嚼し、一次史料を分析する必要がある。

基本的な一次史料としては、北朝鮮の内政や国際社会の動向と密接に関連する『労働新聞』、『金日成全集』等の公式文献、国営通信社である朝鮮中央通信社が発行する『朝鮮中央年鑑』や「朝鮮中央テレビ」等のメディア、北朝鮮国内の大学で出版された論文集、映画、単行本等に表れる情報がある。

また冷戦期等、分析対象の時代によっては豊富な外交史料が公開されている場合がある。ワシントンD.C.にあるウィルソン・センター（Wilson Center）では、北朝鮮を含む旧共産圏の生の史料を閲覧できるデジタルアーカイブを提供している。ただし、米国や韓国等の北朝鮮外部で生成された文献のみに基づいて解釈を行うことは、外交・安保の理解を歪めることになりかねない点には留意されたい。

外交・安保の全体像の把握には、平岩俊司『北朝鮮』（中央公論新社）、ドン・オーバードファー（Donald Oberdorfer）、ロバート・カーリン（Robert Carlin）『二つのコリア』（共同通信社）、礒﨑敦仁・澤田克己『最新版　北朝鮮入門』（東洋経済新報社）、エイドリアン・ブゾー（Adrian Buzo）『世界史の中の現代朝鮮』（明石書店）等が有益な視座を提供してくれる。

北朝鮮外交が国際関係の「体系」に包摂されることを想起すれば、国際政治学や外交安保政策論的な視点も欠かせない。その意味において、北朝鮮の軍事行動を体系的に分析した道下徳成『北朝鮮瀬戸際外交の歴史』（ミネルヴァ書房）や、中戸祐夫／崔正勲編著『北朝鮮研究の新地平』（晃洋書房）等の理論的地域研究が参考になる。

遠回りのようにも思えるが、ケネス・ウォルツ（Kenneth N. Waltz）、ロバート・コヘイン（Robert O. Keohane）、ジョセフ・ナイ（Joseph S. Nye Jr.）、アレクサンダー・ウェント（Alexander Wendt）等をはじめとする国際関係論の古典的名著や、ジョン・ミアシャイマー（John J. Mearsheimer）やジョン・アイケンベリー（G. J. Ikenberry）等の定評ある理論書を読むことで、内在的アプローチだけでは描出し難い北朝鮮外交を取り巻く国際構造を理解できる。このような3つの視点を相互補完的に援用することで、北朝鮮の外交・安保の理解が深まるだろう。

2　サイバー安全保障からみた北朝鮮の「非対称戦略」

北朝鮮のサイバー戦能力

情報通信技術（Information and Communication Technology、ICT）や人工知能（Artificial Intelligence、AI）に代表される先端技術は、北朝鮮問題をめぐる国際政治にどのような変化をもたらすのだろうか。先端技術をめぐっては、サイバー空間での軍事転用による安全保障上のリスクが指摘されて久しい。また、サイバー空間における国際法の適用や自発的かつ非拘束的な規範の形成、さらには軍縮に関する研究や政策論議が学界や政策コミュニティで活発に繰り広げられている。

不確実性を低下させ予測可能な安全保障環境を生み出すための試みがなされる一方、日本にとって喫緊の課題となるのが、北朝鮮によるサイバー攻撃である。飢餓や貧弱なインフラ、独裁国家特有の尊大な振る舞いからは想像もできないが、実際には、北朝鮮はランサムウェア攻撃、標的型攻撃による機密情報の窃取、サプライチェーンの弱点を突く多様な攻撃手法を獲得しつつある。

ハーバード大学のベルファーセンター（Belfer Center）は、2022年の国家別サイバー力量指標（National Cyber Power Index、NCPI）において、北朝鮮が暗号資産の奪取や金融機関へのサイバー攻撃能力を急速に向上させており、金融ハッキング部門において世界1位の水準にあると分析した[7]。また、米国のティモシー・D・ホー（Timothy D. Haugh）サイバー軍司令官は、上院軍事委員会の場で、北朝鮮国内と国外居住双方の北朝鮮サイバー部隊の能力が向上し続けていると警鐘を鳴らした。具体的には、北朝鮮がサイバー領域においてインテリジェンス収集や制裁回避、さらには仮想通貨の奪取を通じて違法資金を生み出し、核・ミサイル開発に使用していると指摘した[8]。

北朝鮮がサイバー領域をどう認識し、いかに活用しようとしているのか。それは朝鮮半島や東アジアの国際秩序にいかなる変容をもたらすものだろうか。以下では、北朝鮮のサイバー脅威に関する現状と課題について論じたい。

「脅威」の変容

サイバー安全保障に詳しいリチャード・クラーク（Richard Clark）によれば、サイバー戦は、損害や混乱をもたらすために、国家が他国のコンピュータやコンピュータ・ネットワークに侵入する行為と定義される[9]。一般的に、サイバー攻撃のアトリビューション（属性）を特定することは困難であるが、政府がサイバー攻撃の実行者とその背後の国家機関を特定して公表することを「パブリック・アトリビューション」と呼ぶ。

北朝鮮のサイバー活動は、対外工作機関である朝鮮人民軍偵察総局が主体となっており、偵察総局は、キムスキー、ラザルスグループ、ビーグルボーイズ等の複数のサイバー部隊を傘下におさめている[10]。キムスキーの主な攻撃対象は韓国の組織であり、国防、教育、シンクタンク等の組織にマルウェアを送り付ける手口が一般的である[11]。

欧米各国は北朝鮮のサイバー部隊を「世界で最も危険な集団」と名指しで批判しており、FBIの最重要指名手配リストに「ラザルス」の名前が掲載されている。2021年には米国議会調査局によってサイバー安全保障を主題にした初の報告書が公表されたが、この中で、ロシア、中国、イランに加えて、北朝鮮のサイバー攻撃が「進化し続ける脅威」と明記された。日本でも2022年に政府がラザルスを名指しの上で注意喚起を行い、金融庁が資金凍結の制裁対象に加える異例の措置を講じた。

国際社会からの非難を受けながらも、北朝鮮はサイバー攻撃への関与を一度も認めたことがない。例えば、2013年の「3.20ハッキング攻撃」では、朝鮮人民軍総参謀部の報道官が公式に関与を否定した[12)]。米国政府が北朝鮮のハッキング攻撃を批判した2017年も、北朝鮮外務省は「いかなるサイバー攻撃にも関与していない」との声明を発表し、「世界最大のサイバー脅威であり、サイバー犯罪に関連して最も多くの汚名を背負う米国がサイバー安全について話すこと自体が言語道断であり、国際社会に対する愚弄」と反発を強めている[13)]。

1990年代以降、サイバー空間が急速に拡張する中で、北朝鮮の「脅威」の質が大きく変容してきた。国際政治学における「脅威」は、主体（国家・非国家主体・個人）に危害や損害を与える「意図」と「能力」が結びつかなければ生じ得ない。この意味において、サイバー領域における総合力が高い国家は、サイバー手段を用いて国家目標を追求しようとする意図と、それらの目標を追求し実現するための能力を必要としており、北朝鮮はその両方を備えつつある。

北朝鮮の体制維持と技術革新

サイバー領域は、兵器開発の導入コストが低く、高い強度の経済制裁を受ける北朝鮮にとって参入障壁が低いため、体制競争を繰り広げる韓国との間で通常戦力の差を効果的に縮小することができる。ネットワークに接続されたコンピュータとコンピュータやネットワークに関する知識さえあれば、サイバー攻撃を容易に行えるからである。すなわち、これは劣勢をカバーする有効な軍事上の手段の一つとなり得る。

北朝鮮は体制維持と経済発展を両立するための手段として、常に先端技術に着目してきた。金正日時代には、金日成総合大学、金策工業総合大学、平壌科学技術大学、美林大学においてコンピュータ工学に関する高等教育が整備された[14)]。特に、1990年代初頭の湾岸戦争をきっかけに、朝鮮人民軍総参謀部傘下に「指揮自動化局」と「電子戦研究所」が設置されたことで、サイバー部隊の育成が本格的に推進された[15]。また、2001年、2006年、2011年の訪中を通じて、金正日は中国のIT関連企業を視察し、情報技術分野の強化に意欲を示し続けた。

サイバー攻撃は、費用対効果に優れた現代兵器であるが、必ず「人（ハッカー）」が介在する。北朝鮮では、各地域から知能指数（IQ）の高い子どもを17歳で選抜し、IT教育を施している。中でも優秀な学生を上述した大学に入学させ、数学やプログラミングの基礎を学ばせる。ハッキング等の攻撃手法については、サイバー部隊に引き抜かれた後に学ぶという。また、中国等に留学させてサイバー攻撃を学ばせるケースもある[16]。

北朝鮮のサイバー部隊の規模については不明な点が多いが、韓国国防部はサイバー要員を6,800人程度と推定している[17]。また、北朝鮮の威興共産大学コンピューター工学科で教授を務めた脱北者の金興光は、約5,000人程度であったと証言している[18]。2022年に発足した日本の自衛隊のサイバー部隊が540人態勢であることを踏まえれば、北朝鮮は日本の約9倍から12倍の要員数を抱えていることになる。また、北朝鮮国内の研究所や大学で応用研究が行われているため、情報統制の強度が高い同国においては技術開発の状況を外部から検証することは容易ではない。

金正恩時代のサイバー兵器の重要性

2011年に最高指導者の地位を継承した金正恩は、サイバー戦の能力向上に強い意思を示してきた。2013年にはサイバー戦を「核、ミサイルとともに人民軍隊の無慈悲な打撃能力を担保する万能の宝剣である」と述べ、先代の遺産をさらに発展させる決意を示した[19]。

2015年には北朝鮮で朝鮮人民軍の対南・海外工作業務やサイバー戦の担当者を激励する「偵察イルクン大会」が初めて公式に開催された。朝鮮中央通信は、金正恩がこの大会に自ら書簡を送り、出席者と一緒に記念写真を撮影したと伝えた。報道によれば、金正恩は「第一次偵察イルクン大会は、激戦前夜の先鋭な情勢の要求に合わせて偵察情報事業を改善強化する上で転換的局面を切り開く重要な契機」と評価した上で、「偵察情報イルクンと戦闘員は堅実な革命家、わが党の真の根幹であり、目と耳、双眼鏡、鉄の拳となり、社会主義祖国を頼もしく守っている」と激励し、「偵察情報イルクンと戦闘員は、最も難しく危険な偵察情報戦線を守り、青春も家庭も生命も全部捧げて戦っている。（中略）必ずや敵を打ち負かし、この地に白頭山統一強国を立ち上げる使命を果たしていく」と部隊を鼓舞した[20)]。具体的なサイバー作戦について報じられることはなかったが、インテリジェンスや物理攻撃の前段階で敵の重要システムを不能にするサイバー攻撃の能力増強に期待を寄せる金正恩の意思が確認される。

『労働新聞』紙上にも、サイバー安全保障の重要性に関する記事が掲載された。2019年の米軍によるイラン軍へのミサイルシステムに対するサイバー攻撃について触れる記事では、「サイバー空間が国家間の対決場に、テロの性格を帯びたもうひとつの戦線に変貌している」との認識が示された[21)]。また、「情報戦と世論戦を進められ、サイバー武器により相手側の情報通信系統と武装装備を攻撃し、その機能を麻痺させることができ、電力体系のような国家の下部構造を破壊できる。（中略）テロや環境問題よりも脅威であると評価する専門家もいる」とするなど、サイバー兵器の軍事的な重要性が伝えられた[22)]。

サイバー攻撃の目的と非物理兵器のコスト

北朝鮮の関与が濃厚とされるサイバー攻撃を分析した韓国のシンクタンクによれば、北朝鮮によるサイバー攻撃は2004年にはわずか5件に過ぎなかった。ところが、2021年には1,462件となり292倍に急増した。上述したような金正恩の演説を裏付けるように、北朝鮮のサイバー攻撃が活発化したのである。

短期間でのサイバー攻撃急増の背景には、サイバー攻撃能力の飛躍的な技術向上に加えて、経済制裁による影響が作用したものと推測される。2006年から2017年の11年間にかけて、国連安保理では実に11本もの対北制裁決議が全会一致で採択され、同時に、日米韓等の個別国家による経済制裁も強化された結果、人的往来、貿易、金融、海上・航空輸送等に大きな制限が加えられた[23)]。

対北制裁による締め付けが強化される中で、金正日政権末期から金正恩政権期にかけて新たに注力したのが、外貨獲得のための仮想通貨市場や関連企業への攻撃、多目的ランサムウェア攻撃、国防力発展のための先端技術奪取、対北・対外戦略情報入手を目的とする専門家・脱北者へのハッキング、資金洗浄等であった[24)]。いわば金正恩政権は、サイバー攻撃に核開発がもたらす制裁コストを相殺する役割を見出している。

周知の通り、サイバー兵器には、核兵器等による物理兵器攻撃ほどの威力がない。確かにサイバー攻撃が生じれば、空港や鉄道が閉鎖され、電力網や水処理施設等のインフラが遮断されるだろう。また、軍用コンピュータが麻痺すれば、大きな影響を避けられない。しかし、通常戦力や核戦力に比べれば物理的被害が限定的であり、システムの入れ替えやソフトウェアの復旧に関する費用であれば、財政的被害も抑えられる。また、核兵器であれば広島・長崎への原爆投下のように歴史の教訓が共有されているが、サイバー領域においては将来の被害規模を想像させるような集合的記憶が存在しない。新技術であるがゆえのこうした特徴は、サイバー領域における国家間の行動をめぐる予測可能性を著しく低下させている。

加えて、ミサイル攻撃であれば発射地点をすぐに特定できるが、サイバー攻撃ではどこから仕掛けられたものなのか特定するのに時間を要する。このことは結果的に、被害国の政策決定に不透明性と複雑性のコストを増大させる。朝鮮戦争後、朝鮮半島では、北方限界線（NLL）をめぐる局地的紛争が発生したことがあったものの、総じて、米韓による対北抑止が成立してきた。しかし、サイバー領域では、北朝鮮がエスカレーション・ラダーをどのように上がろうとしているのか、真の攻撃目標が何であるのか、非常に曖昧な中で周辺国は政策を決定しなければならない。仮に、北朝鮮のサイバー攻撃に対してサイバー空間から物理的報復に踏み込むことになれば、不要なエスカレーションを招来することにもなり得る。

DDoS 攻撃と APT 攻撃

実際のサイバー攻撃にはどのような特徴があるのだろうか。北朝鮮は2000年代から攻撃的なサイバー能力を獲得するため、実に多様なサイバー作戦を実施してきた。2012年までは「分散型サービス妨害」(Distributed Denial of Service、DDoS)攻撃という最も基本的なパターンが多く見られた。これらの攻撃を通じて、韓国の政府機関や金融機関のウェブサイトを遮断することに成功したが、ほとんどの場合、不正アクセスは短時間にとどまり、サーバーも比較的短時間で復旧するため、限定的な攻撃手段であった。一例として、2009年に米韓の両政府やメディア等を一斉攻撃した「7.7DDoS攻撃事件」が知られている。この攻撃について、韓国の国家情報院は、朝鮮人民軍総参謀部偵察局所属のハッカー部隊「110号研究所」がプログラム開発等を請負い実行しているとの認識を示した[25)]。

一方で、DDoS攻撃それ自体は深刻な被害をもたらすことはないため、一般的には、サイバー戦の中でも下位に位置づけられる。このような低強度のサイバー攻撃は、攻撃を受けた国が容易に強力なサイバー反撃や経済・武力報復を行いにくくする作用が働く。DDoS攻撃は、軍事的緊張を引き起こすリスクが低く、北朝鮮には好都合である。

ところが、2010年以降、北朝鮮のサイバー部隊は、持続的標的型攻撃(Advanced Persistent Threat、APT)と呼ばれる高度技術を採用するようになった。APT攻撃は、主に、国家主導の攻撃でスパイ行為または妨害工作を遂行するために組織へのサイバー攻撃が行われる。高度な手法を用いて長期間検知されず、持続的に標的の情報窃取を行える。2011年韓国農協へのハッキングでは、システムの保守技術者に対するAPT攻撃が検知された。

サイバー・セキュリティ企業や米国政府による分析によれば、北朝鮮によるサイバー攻撃は、IPアドレスの帯域が中国遼寧省地域の移動通信に割り当てられたものが多い。これは中国と隣接している北朝鮮地域で北朝鮮のPCを使ってWi-Fiの電波を利用できる帯域であるためと考えられる。2017年に脱北した男性によれば、ハッキングに成功すると、家族に報奨や米等の食糧の配給も行われるという[26)]。

3　多様化・深刻化する北朝鮮サイバー能力の脅威

外貨獲得のための新たな手段

2010 年代半ば以降活性化してきたのが、国際金融市場における不正送金や暗号通貨の獲得を狙ったサイバー攻撃である。北朝鮮の違法な外貨獲得は、これまで 100 米ドル紙幣の超精密な偽札である「スーパーノート」や外国たばこの偽造、ミサイルや銃器の密売、麻薬密輸が知られる。ところが、2016 年に北朝鮮のサイバー部隊が、バングラデシュ中央銀行が使用する国際銀行間金融通信協会（Society for Worldwide Interbank Financial Telecommunication、SWIFT）ネットワークへのアクセスに利用する認証情報を窃取し、大規模な不正送金を行った。

また、近年増加しているのが、暗号通貨取引所や関連企業へのサイバー攻撃である。暗号通貨資産はブロックチェーン[27] 上にすべての取引情報が記録されるが、取引当事者である実際の個人や組織を特定することは困難であるため、サイバー攻撃側にとってコストとリスクの両面で参入障壁が低い。

実際、対北制裁決議の履行状況を監視する国連安全保障理事会北朝鮮制裁委員会の専門家パネルが作成した年次報告書によれば、北朝鮮は 2017 年から 2023 年にかけて、暗号通貨関連企業に 58 回にわたりサイバー攻撃を繰り返し、約 30 億ドル（約 4,500 億円）を窃取した疑いがある。実に北朝鮮の外貨収入の約 5 割を占める規模であり、専門家パネルは 2023 年の窃取額だけでも 7 億 5,000 万ドル以上と算定した上で、窃取した資金が「核・ミサイル開発計画の資金にあてられている」と指摘した[28]。

また、2023 年の露朝首脳会談以降、北朝鮮系のハッキンググループが不正に取得した暗号資産のロンダリングを行うために、ロシアの取引所の利用を促進しているとの分析もある。具体的には、米国のブロックチェーン分析会社であるチェイナリシスによれば、2022 年にブロックチェーンのハーモニープロトコルから窃取された 2,190 万ドル相当の暗号資産がロシアの取引所に移された。このような動きは、サイバー領域における露朝協力の一例であろう[29]。

防衛産業分野への攻撃

経済的動機によるもの以外でも、サイバー攻撃は多用されている。北朝鮮は軍事力強化を目的に2016年から2017年にかけて米航空防衛機器大手のロッキード・マーティン等の軍需企業をスピアフィッシングという手法で攻撃した。ロッキード・マーティンは、高高度迎撃ミサイル（Terminal High Altitude Area Defense Missile、THAAD）システムの製造を手掛けている。折しも、サイバー攻撃が実施されたのは、米韓政府協議と在韓米軍へのTHAAD配備が決定した時期と重なっており、韓国のミサイル防衛に関する情報の奪取を企図したものと推量される。

2021年の第8回党大会では「国防科学発展及び武器体系開発5カ年計画」と「5大課業」が発表され、北朝鮮は計画の推進に注力してきた。これを受けて2023年から金正恩が軍艦等を製造する造船所の視察を行い、船舶関連の課題として「原子力潜水艦と水中発射核戦略兵器の保有」を掲げた[30)]。こうした時期に、韓国の造船企業4社がサイバー攻撃を受けており、船舶の図面や設計資料等に関する情報が窃取された。国家情報院はこの攻撃が北朝鮮によるものと結論づけており、「5カ年計画」を発表した金正恩の指示や関心に応じて攻撃対象が設定されている。

2024年には韓国の防衛産業関連企業83社のうち10社がサイバー部隊ラザルス、アンダリエル、キムスキーによるサイバー攻撃を受けたことが韓国政府により確認された。これは2014年に原発運営会社「韓国水力原子力」へのサイバー攻撃で使われたIPアドレスと同一であったことから推定されたものである。また、北朝鮮のハッカー集団は標的とする企業のシステム等に直接侵入することが多いが、相対的にセキュリティーが脆弱な関連会社を先にハッキングし、その上で標的企業のサーバーアカウント情報を盗み出しサーバーに不正侵入する事例がある[31)]。

興味深いことに、以上のような攻撃は北朝鮮の友好国に対しても行われている。マイクロソフトの分析によれば、北朝鮮は情報収集のためにロシアの核と防衛産業、政府機関を標的としている。具体的には、ロシア航空宇宙研究所に悪性コードを流布させ、ロシアの原子力関連機関や大学をハッキングしたという[32)]。こうした分析が正しければ「新たな全盛期」とする露朝関係の実相は、複雑な面を抱えていることになる。

金正恩の指示に連動する動きは、国防分野に限った話ではない。例えば、食糧難の解決を求める指示の直後に韓国の農水産機関3カ所へのサイバー攻撃が行われ、2023年10月に金正恩が無人機生産の強化を指示した後に韓国の関連機関のエンジン資料のハッキングが試みられた[33)]。金正恩の「お言葉」とサイバー攻撃は密接に連動しているのである。

北朝鮮のサイバー防衛

北朝鮮国内のインターネット使用は、一部の階層だけに限られているが、2011年最高人民会議常任委員会政令第2039号「朝鮮民主主義人民共和国コンピュータ網管理法」が採択された。同法5章によれば、北朝鮮では「機関、企業所、団体は発展する現実の要求に合うように、コンピュータ網の体系を厳しく樹立しコンピュータ網を運営しなければならず、コンピュータ網の保安体系なしにコンピュータ網を運営することはできない」[34)]。すなわち、保安体系なしでネットワークを運営し、サービスを提供することが禁止されている。

金正恩は2016年から2019年にかけて通信保安能力の向上について繰り返し言及しており、その重要性について認識していることがうかがえる。具体的には、2016年に「通信網の保安能力を高めることは党と国家、軍事秘密を徹底して保障し国の尊厳と安全を守るための重要で責任ある事業」と述べ、2019年にも同様の表現を繰り返した[35)]。

金正恩の脅威認識の背景にあるのは、いかに閉鎖的なサイバー空間を構築しようとも、本質的には、防御側がコンピュータやネットワークの脆弱性を完全に排除することは困難であり、攻撃側が圧倒的に有利な状況にあることが関係している。すなわち、サイバー空間は、情報の伝達・拡散を自由かつ容易にすることを目的としており、安全保障を優先する制度設計にない。このため攻撃側が圧倒的に優位にあり、防御が困難な安全保障環境を作り出している。

こうしたことから北朝鮮は近年になって、通信、ネットワーク装備、保安技術等の開発を通じて、サイバー安全保障分野で対応能力を向上させる動きに出ている。情報通信分野に関する韓国の北朝鮮専門家によれば、アンチウィルスソフトやネットワーク保安等の従来の保安分野だけでなく、量子暗号通信技術についても北朝鮮は強い関心を示している[36]。

実際、北朝鮮もサイバー攻撃を受けてきた。例えば、2013 年 3 月、2014 年 12 月、2022 年 1 月には、『労働新聞』や朝鮮中央通信等の宣伝媒体が運営するウェブサイト（アドレスに北朝鮮を表すドメイン「. kp」がつくウェブサイト）が一時的に接続不能となる攻撃があった。2014 年、ソニー米国子会社のソニー・ピクチャーズ・エンタテインメントに対するサイバー攻撃を米国政府が北朝鮮の犯行と断定し、北朝鮮に対し「相応の対応を取る」とオバマ大統領が言及した後に北朝鮮へのサイバー攻撃が発生した。こうしたタイミングから、米国による報復攻撃の可能性が指摘されている[37]。

2016 年には米国の戦略問題研究所（Center for Strategic and International Studies、CSIS）が、サイバー空間において金正恩政権のアキレス腱である政権の正統性問題を惹起するため、外部情報を流入させる方法が効果的であると発表したこともある[38]。このような政策が現実のものとなれば、体制の安定性を揺るがしかねない深刻な影響をもたらすだけに、金正恩をして米国によるサイバー攻撃への保安措置の必要性を強く認識させる契機になったに違いない。

また、これまで金正恩がハッキングや盗聴等について直接指示を下した形跡は確認されてこなかったが、2017 年になって金日成総合大学が発行する学術誌にサイバー安全保障分野での対応能力の向上について金正恩の「お言葉」が掲載された。それによれば、「情報通信部門では先端暗号技術を開発・利用し、通信下部構造の保安水準を高めることで敵のハッキングと盗聴を徹底して防ぎ、通信の安全性と信頼性を確実に担保しなければなりません」とある[39]。金正恩の危機意識の一端が垣間見える。

軍事用生成 AI の出現

サイバー空間には近年、人間のハッカーが関与しなくても情報窃取やシステムを破壊する攻撃等が可能となる手法の構築に向けた技術革新が続いている。従来の AI は「学習済みのデータの中から適切な回答を探して提示する性質」を持っていたが、生成 AI は「0 から 1 を生み出す」性質が特徴的である。すでに学習したデータを参考に予測した答えを返すのではなく、AIが自ら学習を続け人間が与えていない情報やデータさえもインプットし、新たなアウトプットを人間に返すことができる[40]。

こうした先端技術を用いれば、AIが大量のデータを基に自ら学習する「ディープ・ラーニング（深層学習）」を通じて「攻撃の技術や手口を自動的に学び、育成しなくても優秀なハッカーが誕生」する。人間のハッカーであれば、手法や攻撃を仕掛ける時間帯で犯行を特定しやすかったが、「AIでは調査が難しく、攻撃側は追跡から逃れやすい」[41]。また、AIを用いればシステムの脆弱性を発見するのも容易になると考えられる。近年ではサイバー領域においてもAIを応用する方法を追求している[42]。

上記のような点から、北朝鮮が将来的にAIを活用したサイバー攻撃能力を保有する懸念が強まっている。ストックホルム国際平和研究所は、朝鮮人民軍と研究所等が軍事目的でAI開発に尽力していると発表した[43]。また、元在日米軍司令部サイバー・セキュリティー長のスコット・ジャーコフ（Scott Jarkoff）によれば、北朝鮮のサイバー部隊はすでに「AI技術を取得している可能性がある」[44]。

ChatGPTをサイバー攻撃に導入する動きもある。マイクロソフトとオープンAIの調査によれば、北朝鮮が大規模言語モデル（Large Language Models、LLM）を活用し、メールを使ったサイバー攻撃「スピアフィッシング」に資するコンテンツ作成に生成AIを利用していたことを明らかにした。防衛問題や北朝鮮の核兵器計画に関する海外の専門家を特定するためにLLMに基づく電子的な情報収集活動も確認されており、幅広い目的にサイバー攻撃が用いられている[45]。これらは工作員を使用した伝統的なヒューミントに比べはるかに手軽である。ハングルを使用する韓国インターネット検索大手のNaverが開発した独自の生成AIもハッキング対象の調査等に活用されており、「ハッキング用AIの自国開発の兆し」も指摘されている[46]。

このような生成AIによるディープフェイク技術の高度化は、地域の安全保障問題を超えて民主主義に対する重大な挑戦になる恐れもある。北朝鮮が生成した偽情報は極めて説得力のある音声や映像コンテンツであるため、民主主義国家の選挙結果に影響を与える可能性を排除できない。こうしたことから北朝鮮ハッカーが生成AIによる偽の画像や文書作成を通じて、政治不安を煽り、混乱を生じさせていると、韓国の国家情報院は指摘している。政治不安と民主主義に対する国民の信頼を低下させるための手段として、すでにサイバー攻撃や偽情報戦術が活用されていると考えるのが妥当であろう。北朝鮮国防委員会偵察総局の元幹部（脱北者）は、2012年の韓国大統領選のサイバー作戦に自らが関与したと証言した。北朝鮮のサイバー部隊は保守派の朴槿恵《パク・クネ》と中道派の安哲秀《アン・チョルス》両候補への批判を政治ニュースのコメント欄に投稿する世論操作工作を行った。北朝鮮に有利と思われる大統領候補者に有権者を誘導し、韓国政治の分裂を引き起こす狙いだったという[47]。

おわりに

国際政治学のリアリズムの視点に立脚するならば、アナーキーな国際社会で自国の生存と安全保障に懸念を抱く北朝鮮は、先端技術の開発を促進することはあっても止めることはないだろう。この結果、北朝鮮によるサイバー攻撃の意図と能力の向上は、国際社会に対してサイバー空間における防衛能力の継続的な強化と実装を要求することになる。

サイバー領域では、覇権国を中心に国際管理の動きが加速している。サイバー・セキュリティや暗号通貨のハッキング等、広範なサイバー攻撃に対抗するための国際的な連携も強まっている。米国政府は北朝鮮のサイバー攻撃に関する専門部署を新設した。EUでも2019年に制定された法規により、対北サイバー制裁が強化された。これに伴い北大西洋条約機構（North Atlantic Treaty Organization、NATO）は2022年に新戦略概念を採択した際に、サイバー攻撃を今後NATOが対応しなければならない主要な安保脅威として選定した。ASEAN拡大国防相会議でもサイバー安保分科会議が開催され、ハッキング等の新たな脅威に共同対処する国際遠隔訓練が初めて実施された。また、2022年には米国を中心に「ランサムウェア対策会議」が開催され、国際的な協調の枠組みが構築されたようにも見えるが、核兵器をめぐる国際レジームと比べれば、2カ国間多国間の枠組みは十分とは言い難い。

冷戦期の核兵器には戦略兵器制限条約や国際的な不拡散体制の枠組みが存

在したが、北朝鮮のサイバー能力が急速に進化を続ける中で、現状ではサイバー兵器を規制する国際ルールや規範が形成されていない。また、本質的には概念領域に属すサイバー兵器が政策決定過程において不透明性と複雑性のコストを増大させる点に鑑みれば、北朝鮮のサイバー攻撃や新技術の開発は同国の核兵器開発史の単なる第二幕にはならないだろう。

日本や韓国が重要インフラをサイバー攻撃から守り続けることは、財政的な側面から防御側にとって著しく不利な状況が続くことを意味する。より構造的には、サイバー等の先端技術を含めた形で北朝鮮に対する安定的な抑止体制を構築し、誤算のリスクを軽減するための新たなルール・規範の形成が必要になると言えよう。

参考文献リスト

平岩俊司『北朝鮮』中央公論新社、2013年。

ドン・オーバードファー／ロバート・カーリン『二つのコリア―国際政治の中の朝鮮半島』共同通信社、2015年。

礒﨑敦仁・澤田克己『最新版　北朝鮮入門―金正恩時代の政治・経済・社会・国際関係』東洋経済新報社、2024年。

エイドリアン・ブゾー『世界史の中の現代朝鮮―大国の影響と朝鮮の伝統の狭間で』明石書店、2007年。

1）　高坂正堯『国際政治―恐怖と希望』中央公論新社、1966年。

2）　外国文出版社『朝鮮労働党第4回大会文献集』平壌、労働新聞出版印刷所、1961年。

3）　ドン・オーバードファー、ロバート・カーリン『二つのコリア』（第3版）共同通信社、2015年。

4）　松浦正伸「歴史和解の条件は何か」チョ・ユンス編『軌跡と歴史認識』ソウル、東北アジア歴史財団、2020年。

5）　これは1962年の金日成時代の「並進路線」を継承・発展させたものと見られる。礒﨑敦仁・澤田克己『最新版　北朝鮮入門』東洋経済新報社、2024年。

6）「朝鮮労働党第8次大会でなさった金正恩委員長の報告について」『労働新聞』2021年1月9日。

7）　企画管理官企画協力担当官室「進化する北朝鮮のサイバー攻撃」『韓国国会報道資料』2022年12月28日。

8) Posture Statement of General Timothy D. Haugh Commander, *United States Cyber Command Before the 18th Congress Senate Committee on Armed Services*, 10 April 2024.

9) リチャード・クラーク、ロバート・ネイク『核を超える脅威―世界サイバー戦争』徳間書店、2011 年。

10) キムスキーには、Thallium、Black Banshee、Velvet Chollima 等の別名がある。

11) マルウェアとは、不正かつ有害に動作させる意図で作成された悪意のあるソフトウェアや悪質なコードの総称であり、キムスキーは Gold Dragon、Babyshark、Appleseed 等を主に使用しているものとみられる。「脅威リサーチ」CISCO Japan、2021 年 11 月 28 日。

12) 「朝鮮人民軍総参謀部代弁人、南朝鮮ハッキング攻撃事件を『北仕業』に捏造した者たちに警告」『朝鮮新報』2013 年 4 月 13 日。

13) 朝鮮民主主義人民共和国外務省談話「世界最多サイバー犯罪国の『サイバー脅威』口癖」外務省ホームページ、2022 年 3 月 4 日。

14) 小宮山功一朗「北朝鮮のサイバー攻撃能力―金正日の遺産、金正恩の戦術」『国際情報ネットワーク分析 IINA』2022 年。

15) ファン・ジファン「北韓のサイバー安保戦略と韓半島―非対称的、非戦闘的葛藤の拡散」『東西研究』第 29 巻第 1 号、2017 年。

16) 「コロナ禍は「最高の環境」」『讀賣新聞』2021 年 2 月 1 日。

17) 韓国国防部『国防白書 2022』2023 年。

18) 「コロナ禍は「最高の環境」『讀賣新聞』2021 年 2 月 1 日。

19) 「金正恩『サイバー戦は万能の宝剣』」『朝鮮日報』2013 年 11 月 5 日。

20) 『朝鮮中央通信』2015 年 6 月 18 日。

21) 「労働新聞『サイバー空間新たな戦線になっている』」『NK 経済』2019 年 10 月 12 日。

22) 「北韓労働新聞『サイバー空間が 5 番目の戦場』」『NK 経済』2019 年 7 月 16 日。

23) 三村光弘「朝鮮民主主義人民共和国に対する制裁の現状とその影響」『国際安全保障』第 48 巻第 2 号、2020 年。

24) キム・ボミ、オ・イルソク「北韓サイバー脅威の特徴と対応方案―金正恩時代を中心に」国家安保戦略研究院『INSS 研究報告書』2022 年。

25) 110 号研究所は、1990 年代初頭から平壌の高射砲司令部のコンピューター命令体系と敵軍の電波障害を研究していた人民武力部偵察局「121 所」を偵察総局隷下のサイバー戦局「121 局」に昇格させた。金興光「北韓の情報戦戦略とサイバー戦略」『月刊朝鮮』2011 年 6 月。

26) 「コロナ禍は『最高の環境』」『讀賣新聞』2021 年 2 月 1 日。

27) ビットコイン等の暗号通貨に用いられている基盤技術。情報通信ネットワーク上にある端末同士を直接接続し、暗号技術を用いて取引記録を分散的に処理・記録するデータベースの一種である。

28) 「北朝鮮が暗号資産企業へサイバー攻撃 58 回、4500 億円窃取か」『讀賣新聞』

2024年3月21日。

29）「ロシアと北朝鮮の共通サイバー攻撃インフラ」チェイナリシスホームページ、2023年9月18日。

30）「新たに建造した潜水艦進水式—金正恩総秘書参席」『労働新聞』2023年9月8日；「金正恩総秘書南浦造船所」『労働新聞』2024年2月2日。

31）「北朝鮮ハッカー集団が韓国防衛産業を連携攻撃」『聯合ニュース』2024年4月23日。

32）「北韓ハッカー、ロシア防衛産業ハッキング—米国、イスラエルも攻撃」『南北経協ニュース』2023年10月8日。

33）「北、国内公共機関一日129万件ハッキング」『東亜日報』2024年1月25日。

34）「朝鮮民主主義人民共和国法典」法律出版社、2021年。

35） ファン・チョルジン、パク・ソンホ「Androidを利用した閉域網通信体系実現に対する研究」金日成総合大学『総合大学学報』（自然科学）第62巻第3号、2016年；パク・ソンホ、ファン・チョルジン「網侵入検出体系の流れ—分割に基づく並列パターン整合に対する研究」金日成総合大学『総合大学学報』（情報科学）第65巻第1号、2019年。

36） カン・ジンギュ「北韓の保安と南北協力方案」韓国インターネット振興院『KISA Report』vol.5、2018年。

37）「接続不能だった北朝鮮運営サイト完全復旧」『聯合ニュース』2014年12月23日。

38） Jenny Jun, Scott LaFoy, Ethan Sohn, "North Koreas Cyber Operations: Strategy and Responses," CSIS, *A Report of the CSIS Korea Chair*, 2015.

39） パク・ソンホ、パク・ミョンスク、ホ・チョルマン「DoS攻撃防止と接近操縦を実現した改善されたIKEv2規約設計」金日成総合大学『総合大学学報』（自然科学）第63巻第4号、2017年。

40） 近藤嘉恒「生成AI（ジェネレーティブAI）とは？」『DOORS DX』2023年12月1日。

41）「中露、サイバー攻撃にAI活用」『産経新聞』2018年2月14日。

42） パク・ソンホ、ファン・チョルジン「網侵入検出で属性選択による性能改善」金日成総合大学『総合大学学報』（情報科学）第64巻第2号、2018年。

43） SIPRI, "The Impact of Artificial Intelligence on Strategic Stability and Nuclear Risk," *East Asian Perspectives*, 2019.

44）「中露、サイバー攻撃にAI活用」『産経新聞』2018年2月14日。

45） Microsoft Threat Intelligence, *Staying ahead of threat actors in the age of AI*, February 14, 2024.

46）「北、国内公共機関一日129万件ハッキング」『東亜日報』2024年1月25日。

47）「北朝鮮サイバー部隊、AI活用しフェイク画像や文章を作成」『Newsweek』2024年4月9日。

(北朝鮮研究との出会い)

朝鮮半島に関心を持ったきっかけは、中学生の頃にみた韓国映画『シュリ』であった。北朝鮮の特殊部隊と韓国情報機関の手に汗握る戦いに目がくぎ付けになった。

高校入学後の最初の英語の授業では、先生にどこの国に行ってみたいか尋ねられ、ボケを狙って「北朝鮮」と発言したが、まさかその後、実際に自分が北朝鮮の地に足を踏み入れ、研究者になるとは夢にも思わなかった。

進学先は地方大学だった。それまで海外を一度も訪れたことがなく、若いうちに留学したいと思った。当初の希望先は米国の大学だったが、提携校がなくひどく落胆した。それでも留学の夢を捨てきれず、偶然視聴した映画『猟奇的な彼女』に感化され、韓国の大学に 1 年間留学した。成績は芳しくなかったが、当時は今と違い韓国留学は人気がなく、手を挙げれば誰でも留学できる時代であった。

留学先では大衆酒場に足繁く通った。不真面目な学生だったが、とある講義で大学教授が日本を軍国主義国と教えていたことには大いに驚いた。日本と朝鮮半島の歴史認識ギャップの根底に何があるのか。問題意識が芽生えた瞬間であった。様々な本を手に取ってみたが、どうも腑に落ちず、悶々とした思いを抱えながら、大学院の門を叩いた。

修士課程では、朝鮮半島を内からみる地域研究の「面白さ」と「難しさ」の両面を体感した。特に、演習科目では、スラスラと朝鮮語文献を読み解く諸先輩方の姿が眩しく、このままではいけないと思った。折しも、大学院重点化により、院卒のワーキングプア問題が深刻化していたが、学部の韓国留学時代からお世話になっていた先輩に背中を押され、運命の糸にひかれるかのように韓国で博士課程に進学した。

2 度目の韓国留学では、理論的な視点から地域を見る方法を学ぶのに呻吟した。内在的な視点から北朝鮮を見る面白さに外在的な視点が加わったことで、北朝鮮との距離感も随分と変化した。こうした研究スタンスは、北朝鮮の地域専門家からすれば同国に対する理解・熱意が不十分に映るだろうし、国際政治学者からすれば不勉強と言われそうだが、どんな学問を志すのも、苦しいといえば苦しい。理論と地域を往還しながら、激しく移ろう北朝鮮と向き合う日々を楽しみたい。

(松浦正伸)

第3章　経済・法律

社会を見つめるツールとして

三村光弘

はじめに——朝鮮を理解するツールとしての経済や法律の知識

朝鮮民主主義人民共和国（以下、北朝鮮とする）において、経済や法律といった分野の研究は政治や外交、安全保障ほど研究が進んでいない。その主要な理由は、研究に必要なデータや法令、判例などが対外的に公開されていないためだ。

北朝鮮に関する学術研究に共通した制約として、外国人が読むことができる出版物が限定されていることが挙げられる。北朝鮮では国内で刊行される書籍のうち、外国向けに公開される書籍と、国内向けの一般書籍、公開に制約のある書籍がある。外国人は外国向けに公開される書籍しか手に入れることができない。北朝鮮の図書館に行けば、開架図書の中から、国内向けの一般書籍の背表紙を「見る」ことはできるが、それを手に取って「読む」ことはできない。大学の経済、経営（経済管理）や法学関係の教科書も同じだ。北朝鮮の一次資料、二次資料へのアクセスは非常に限られている。

北朝鮮に関する研究が進んでいない理由として、分析に必要な信頼に足る統計数値や法令、裁判例など、他国では普通に得られる基本的な資料が公開されていないことが挙げられる。多くの国が公開している、国内総生産（GDP）に代表される国民経済計算（SNA）や国勢統計、人口動態統計などの数値が公開されていない。これは北朝鮮が米国や大韓民国（以下、韓国とする）、日本などと政治的に敵対関係にあり、統計数値や各種法令、裁判例の公開は自国の状況を敵にわざと見せることになると考えているからだ。

北朝鮮経済研究は、1950年代以前や海外からの人道支援を得るために統計を限定的に公開した1990年代後半など、限られた統計数値のある年代や国連による人口センサス、海外からの人道支援を得るために出した数値にもとづくものは別として、経済の実情を数理的に推計したり、公式報道に出てくる断片的な情報を総合したり、北朝鮮に出入りする人の口コミや訪朝中のフィールドワークを通じて状況を判断したりするなどの方法で行わざるを得ない[1)]。

朝鮮法研究についても、資料的制約は大きい。北朝鮮が総合的な法令集である『朝鮮民主主義人民共和国法典』を対外的に刊行したのは2004年8月25日が最初だ。この法典は2012年に第2版が発行され、その増補版が2016年6月に出た。現在のところ入手できるのはそこまでである。投資誘致を目的として、海外直接投資（FDI）に関連する法令については、例外的に公開される率が高い。しかし、2017年に国連安保理決議に基づく国際的制裁が強化されてからは、北朝鮮との経済協力の多くの領域が制裁の対象となり、ビジネスが難しくなっていることから、新たな資料を出す必要性が減じたのか、新たな法令集は出ていない。

北朝鮮の政府および最高人民会議常任委員会機関紙である『民主朝鮮』には、新たに採択または改正された法律についての解説記事が時々掲載されるが、条文全文は掲載されない。また、裁判例は公開されていない。外国人が自由に北朝鮮の裁判所に行って、裁判を傍聴することができるわけでもない。したがって、北朝鮮で制定された法令がどのように適用されているかがわからない。

以上のような理由で、日本では北朝鮮の経済や法律についての研究が（欧米諸国に比べれば多いものの）あまり進んでいない。本章は、このような北朝鮮の経済や法律について、読者に基本的な情報を提供し、北朝鮮を理解する上での一助とするために書かれている。

本章では第1節から第3節までが経済を、第4節から第6節までが法律を扱っている。各部分の始めと終わり、すなわち第1節と第3節、第4節と第6節が経済と法律についての概説的な内容であり、それ以外が個別の事項を扱う内容となっている。経済や法律の詳しい内容よりは、北朝鮮を理解する上で最低限押さえておいてほしい内容を中心に解説を試みた。

1　北朝鮮経済とはどのような経済か

（1）北朝鮮経済の基本

北朝鮮の経済は、資本主義国のそれとは大きく異なるだけでなく、他の社会主義諸国とも異なる点が多い。中国やベトナム、ラオスはすでに市場化改革を終え、主要産業の国有は守っているものの、民営企業が法的にも認められており、外国からの資本導入もなされている。慎重に市場化改革を進めるキューバでも、自営業を広範な業種で認め、社員総数100人を上限としながらも中小の民営企業を限定的に認めている。北朝鮮は自営業については完全には否定しないが、生産手段の社会的所有にこだわりが強く、民営企業は認めていない。

北朝鮮において、経済における国家の役割は大きい。憲法上、「国家は、社会主義経済に対する指導及び管理で、政治的指導及び経済技術的指導、国家の統一的指導及び各単位の創意性、唯一的指揮及び民主主義、政治道徳的刺激及び物質的刺激を正しく結合させ、実利を保証する原則を確かに堅持する」（憲法32条）と規定している。経済は政治の従属変数であり、政治的目標を実現するための手段として経済がある、という発想から結果を重視する方向へと変化する過程にあるといえる。

具体的な管理方法としては、工業において各国営企業の中にある朝鮮労働党委員会の役割を重視する「大安の事業体系」、農業においては「農村経理を企業的方法で指導する農業指導体系」（憲法33条）が規定されていたが、2019年4月の改正で「国家は生産者大衆の集団的知恵と力に依拠し、経済を科学的に、合理的に管理運営し、内閣の役割を決定的に高める」に変更された。また、金正恩時代の経済改革の成果であり、国営企業の相対的な経営自主権を認める「社会主義企業管理責任制」が33条2項に追加された。

また対外経済関係については、貿易は「国家機関、企業所、社会協同団体が行う」（憲法36条）こととなっている。海外直接投資に関連しては、「国家はわが国の機関、企業所、団体及び外国法人または個人との企業合弁及び合作、特殊経済地帯でのさまざまな企業創設運営を奨励する」（憲法37条）と規定されている。

（2）所有制

北朝鮮の社会主義経済の基本となっている所有制だが、1948年の「朝鮮民主主義人民共和国憲法」では国家所有のほか、生産手段の個人所有を許容していた。1945年の日本の敗戦後、ソ連の占領期を経て、48年9月9日に朝鮮民主主義人民共和国が成立したときの国家所有の財産は、そのほとんどが日本の国家、企業、個人の資産を没収したものに由来する。北朝鮮は朝鮮戦争後に農業の集団化をはじめとする経済の急速な社会主義化を進め、1960年代には個人所有に基づく生産関係はほぼなくなったとされる。生産手段の社会的所有に基づく経済についての規定は、1972年の「朝鮮民主主義人民共和国社会主義憲法」から規定されており、その枠組みが現在も大きく変更されることなく維持されている。

民法は第2編で所有権制度を定めている。その所有形態により国家所有権、社会協同団体所有権、個人所有権に区分されている（民法37条）。

全人民的所有である国家所有権の対象には、制限が（憲法21条、民法45条）ない。天然資源、鉄道、航空輸送、逓信機関、重要な工場や企業所、港湾、銀行は国家のみが所有できる（憲法21条、民法45条）。

社会協同団体所有は当該団体に入っている勤労者らの集団的所有であり、個人所有の土地を集団化して作った集団農場（旧ソ連のコルホーズ、中国の合作社に相当する）がその典型である。土地、農機械、船、中小工場、企業所等は社会協同団体が所有することができる（憲法22条）。民法はこのほか、家畜、建物等、文化保健施設、その他経営活動に必要な対象物をも社会協同団体所有権の対象として規定している（民法54条）。

個人所有は公民の個人的で、消費的な目的のための所有で、労働による社会主義分配、国家及び社会の追加的恵沢、自留地経営をはじめ個人副業経営から得た生産物、公民が購入又は相続、贈与された財産、その他法的根拠により得られた財産で成立する（憲法24条、民法58条）と規定されている。個人所有に対する相続権は保障されている（憲法24条、民法63条）。また、住宅及び家庭生活に必要な各種家庭用品、文化用品、その他生活用品及び乗用車等の機材を所有することができる（民法59条）とされているが、ここに規定されている住宅とは、特に農村部に未だに存在する解放前から個人所有であった住宅のことであり、都市における住宅は国家所有として建設され、主に職場から分配され、使用権のみを持つことになるケースがほとんどである。

国家による所有を優先する規定は中華人民共和国憲法にも存在するが（中国憲法6条1項）、「国家は社会主義初級段階においては、公有制が主体となり、多種の所有制経済が共同で発展するという基本経済制度を堅持し、労働に応じた分配が主体となり、多種の分配方式が併存する分配制度を堅持する」（中国憲法6条2項）との但し書きが存在し、「法が定める範囲内の個人経済、私営経済等の非公有制経済は、社会主義市場経済の重要な組成部分である」（中国憲法11条1項）、「国家は、個人経済、私営経済等の非公有制経済の合法的権利及び利益を保護する。国家は、非公有制経済の発展を奨励し、支持し、及び導き、かつ非公有制経済に対して法により監督及び管理を実行する」（中国憲法11条2項）として民営経済を許容している。

ベトナム社会主義共和国憲法では、「ベトナムの経済は、社会主義志向の市場経済であり、複数の所有形式、複数の経済構成要素を認める；国家経済は、主導的な役割を果たす」（ベトナム憲法51条1項）、「各経済構成要素は、いずれも国民経済の重要な構成部分である。各経済構成要素に属する主体は、平等であり、法律に従って協力、競争する」（ベトナム憲法51条2項）としている。

ラオス人民民主共和国憲法では、「ラオス人民民主共和国の国家経済は、社会主義市場経済であり、長期的に持続発展する多種多様な経済要素、多様な形態の所有権で構成され、法の下での競争、協力は平等であり、継続的、安定的に国家経済を発展させるために、地域経済また国際経済との統合化をし、国民の物質的また精神的生活レベルの向上を図るため、持続的に社会開発と環境に関連性を持つ」（ラオス憲法13条）としている。

キューバ共和国憲法では、「キューバ共和国は、基本的な生産手段の全人民所有を主要な所有形態とし、社会の利益に従って経済を検討、規制、監視する計画的な経済運営に基づく社会主義経済システムによって統治される」（キューバ憲法18条）としているが、「私的所有：自然人または法人、キューバ人または外国人によって特定の生産手段に対して行使されるもので、経済において補完的な役割を持つ」（キューバ憲法22条d項）と、一定程度の生産手段の私有を認めている。

民営企業を全く認めていないのは世界の社会主義国家でも北朝鮮だけである。したがって北朝鮮経済の変化をみるうえでは、生産手段に対する所有がどうなるのかを常に注意してみる必要がある。

（3）自立的民族経済

自立的民族経済とは、憲法26条に規定されており、「人民の幸福な社会主義生活及び祖国の隆盛繁栄のための確固とした源泉」とされている。

北朝鮮の現在の経済政策の基本は、社会主義計画経済の堅持と自立的民族経済の拡大・発展だ。具体的には国内資源、原料による生産を重視し、国防産業を支えることができる産業基盤の整備の重要性の強調という方向性として現れる。朝鮮戦争において、武器弾薬を含む物資の不足により円滑な戦争遂行ができなかった経験から、朝鮮はその後、重工業を中心に国内の技術、原料、燃料で基本的なものは生産できるようにする政策をとるようになった。この傾向は、1990年代中盤に修正されるかに見えたが、その後復活し、2024年現在でも貫徹されている。日本を代表する北朝鮮経済の専門家である中川雅彦は、自立的民族経済建設路線もその主要な特徴である重工業の優先的発展も、それまでの経済政策の展開から帰納的に形成されたものであると見るべき、としている（中川雅彦 2011: 55–56）。朝鮮は建国後一貫して自立的民族経済を建設したと主張しているが、最初からそのようなグランドデザインがあったのではなく、個々の政策とその展開を遡ってみると、そのように見える、ということである。

（4）計画経済

また、「朝鮮民主主義人民共和国の人民経済は計画経済である」（憲法34条）という規定から、社会主義計画経済が経済管理の基本とされ、「国家は社会主義経済発展法則により蓄積及び消費の均衡を正しく捉え、経済建設を促し、人民生活を絶えず高め、国防力を強化することができるように人民経済発展計画をたてて実行する」と規定されている（憲法34条2項）。そして、「人民経済発展計画に従う国家予算を編成し、執行する」（憲法34条3項）こととなっている。

経済の運営については計画経済であることを標榜している（憲法34条）。計画経済とは国家がどのように経済を運営するかを決定し、経済計画を立案、実施する経済システムだ。同時に、国営企業の相対的な経営自主権を定めた「社会主義企業責任管理制を実施し、原価、価格、収益相当の経済的テコを正しく利用する」（憲法33条2項）とし、個別企業の創意工夫をある程度許容している。

中国では「国家は、勤労者の積極性及び技術水準を向上させ、先進的な科学技術を普及させ、経済管理体制及び企業経営管理制度を完全なものとし、各種の形式の社会主義責任制度を実行し、労働組織を改進することを通して、労働生産性及び経済効率を向上させ、社会的生産力を発展させる」（中国憲法14条1項）、「国家は、蓄積及び消費を合理的に均衡させ、国家、集団及び個人の利益にすべて配慮し、生産を発展させるという基礎の上に、人民の物質生活及び文化生活を徐々に改善させる」（中国憲法14条3項）、「国家は、社会主義市場経済を実行する」（中国憲法15条1項）と規定し、国家が経済に関与することを規定しているが、計画経済を標榜してはいない。長期国家計画（5年間）は存在し、それにしたがって国家による投資が行われているものの、それはあくまでもガイドラインということになっている。また、「国有企業は、法律の定めの範囲内において、自主経営の権利を有する」（中国憲法16条1項）と規定しており、国有企業に自主的な意思決定を認めている。

ベトナムでは「国は、市場の各規律の尊重を基礎として、経済体制を建設、整備し、経済を調整する」（ベトナム憲法52条）とし、市場の規律を前提とした国家による調整、管理を認めているが、計画経済は標榜していない。

ラオスでは「経済管理は、法律による調整を行った上で経済市場原理にしたがって行われ、中央レベルの当局に広域の管理責務を増やし、法律に基づいて、地方の管理当局と責任分担をしつつ、中央レベルにある各部局が中央集権的に統一して管理するという原則により実施される」（ラオス憲法18条）とされ、法律による調整が予定されているが、市場経済秩序を順守することになっており、計画経済を標榜してはいない。

キューバでは前述の通り、「計画的な経済運営に基づく社会主義経済システム」（キューバ憲法18条）が規定されており、「国家は経済活動を指揮、規制、監視し、社会の利益のために国家、地域、集団、個人の利益を調整する」「社会主義的計画は、経済的・社会的発展のための統治システムの中心的構成要素である。その本質的な機能は、戦略的な開発を設計・実施し、資源とニーズの適切なバランスを計画することである」（キューバ憲法19条）と、国家計画による経済の管理が規定されている。

世界の社会主義国家で計画経済体制を憲法上規定しているのは北朝鮮とキューバのみである。

2　北朝鮮経済の変化

（1）他の社会主義国の経済改革

前節で述べたように、北朝鮮経済は生産手段の社会的所有、自立的民族経済、計画経済を特徴としており、このうち所有制と計画経済については、旧ソ連のほか、中国、ベトナム、ラオス、キューバなどにも共通する点であった。中国は1978年から価格の自由化、農村部での生産責任制の導入による経営自主権の確立、都市部での海外直接投資の積極的な受け入れを柱とする「改革・開放」政策がとられるようになり、92年からは「社会主義市場経済」というスローガンで、社会主義体制下で市場経済を導入する政策を実施した。ベトナムは1986年から価格の自由化、海外直接投資の受け入れや生産性の向上をめざした思想面での変化を含む「ドイモイ」政策を実施し、社会主義指向型発展をめざしながらも、市場経済を受け入れた。ラオスは1986年から市場原理の導入、農民に対する長期的な耕作権の保障と自主権の確立、民営企業の承認、海外直接投資の受け入れなどを内容とする「チンタナカーン・マイ」（新制度）と呼ばれる経済改革を始めた。

(2) 旧ソ連・東欧の社会主義政権崩壊にともなう経済危機

北朝鮮とキューバはこのような市場化改革については極めて冷淡であったが、1980年代後半から旧ソ連崩壊や東欧の社会主義国における社会主義政権の崩壊にともなう社会主義国際市場（社会主義国同士で財を融通し合う市場）の喪失により、それまでバーター貿易などで比較的容易に手に入れられていたエネルギーや化学肥料、食料などが国際通貨（ドル、ポンド、マルク、円など先進国の通貨）による決済となり、調達が困難になった。これが経済危機を引き起こした。

キューバでは1990年〜93年が「平時における緊急事態」と呼ばれる経済危機の時代であった。この時期から96年にかけて部分的に市場原理に基づく経済改革を導入したり、都市農業を振興させたりして危機を乗り切ろうとした。

北朝鮮では1993年12月に終了した長期経済計画の第3次7カ年計画は一部指標が未達成であることが発表され、翌94年から96年を経済再建のための「社会主義建設の緩衝期」とし、同期間に「農業第一主義、軽工業第一主義、貿易第一主義」をとるという「党の戦略的方針」が提示された。その後の経済的苦境で、この緩衝期は結局、97年まで延長されることになった。しかし、経済危機は深刻化し、1996年〜2000年は「苦難の行軍」と呼ばれる経済危機の時代となり、数十万人の餓死者を出す結果となった。次の長期経済計画（「国家経済発展5カ年計画」）が出されたのは2021年であった。

(3) 商品経済の勃興

この時期以降、経済的苦境が継続する中、これまで国家制定価格によって供給が行われてきた食料や生活必需品が円滑に供給できなくなり、人々は国営経済の枠外でこれらを手に入れる必要が出てきた。1999年には、都市勤労者に対しても世帯あたり30平方メートルの自留地が与えられていることが報告された（文浩一 1999: 39）。しかし、国家以外の流通ルートが限られていたり、そもそも公的な給与所得以外に所得の源泉を持っていない人が多かったりしたため、北朝鮮国民全員が十分な食料や生活必需品を私的に入手できたわけではなかった。

人々は生きるために、個人間取引や生産者が余剰作物を販売する農民市場と呼ばれる場を利用して、必要な食料や生活必需品を手に入れた。そこでの価格は需要と供給の関係で売買当事者が同意して決めるのが普通であった。韓国ではこのような現象を北朝鮮の「市場化」と呼んでいるが、北朝鮮は生産手段の私的所有を認めておらず、財の価格が需給関係で決定される市場メカニズムが機能している「商品経済」と呼ぶのが正しいだろう。

北朝鮮の商品経済は、1980年代以降悪化しつつあった経済に対して人々が対応してきた過程で徐々に形成されていき、それが90年代に入っての国家による供給の停止によって一気に拡散したものであり、国家が国民の生活に責任を負う供給体制を復活しない限り、止めることができない性格のものだ。

北朝鮮において、食料の入手経路は私営経済の国有化、協同化が完成した1960年代以降、国家供給網による供給（配給）、農民市場における購入、個人間取引を通じた交換ないし購入であった。1990年代の社会主義国際市場喪失にともなう経済難で、国家による供給が困難になるなか、本来農民が生産した農畜産物しか取り扱えないはずの農民市場が工業製品も販売する闇市場と化した。

（4）経済改革の本格化

2002年7月に行われた「経済管理改善措置」では、コメやトウモロコシなどの主食も含めた価格改革が行われた。それ以後は、原価を補償する原則が貫かれることになった。03年6月から農民市場が総合市場（その後、地域市場に改称）として工業製品も販売できるよう改組され、地方政府（市、直轄市の区域、郡等）によって市場が設置され、「市場使用料」を納めて個人または国営企業、協同団体等が商品の販売を行うようになった。

地域市場においては、価格は国家が制定した範囲内で需要者と供給者との間での合意によって価格を定めることが許されるようになり、商品経済が広まっていったが、国営部門の一部では国家制定価格が残存した。その後、2009年11月の貨幣交換の際には後述するように市場が一時閉鎖され、外貨取引も一時禁止されるなどしたが、国家による供給力に不足があり、住民生活に多大な影響があることがわかると、再び市場の運営が許容されるようになった。

金正日、金正恩両政権において、地域市場における取引はあくまで国営商業網を補完する存在としてとらえられている。国家の供給能力の増大にともない、地域市場は消滅することが望ましいというのが2024年8月末現在においても北朝鮮の公式の見解だ。

中間財や資本財についても、2000年代初めから社会主義物資交流市場という名の相対取引で国営企業間での融通ができるようになってはいた。このような商品経済が発達するなか、筆者が北朝鮮の人々と接してきて感じたのは、地域市場を社会主義計画経済の「鬼っ子」であると考えてきたエリートたちも、生活のなかで地域市場の必要性について否定することが減り、むしろ市場価格での取引を基準として、他の商店の価格について高い、安いと感じるようになってくるほど、北朝鮮国民の経済生活において、市場は一定の役割を担うようになってきたということだ。筆者の友人たちの言によれば、2013年に国営企業や協同農場に一定の経営自主権を与える社会主義企業責任管理制が導入され、14年11月の「企業所法」改正で「社会主義企業責任管理制」が、同年12月の「農場法」改正で協同農場員のインセンティブ強化のための「圃田担当責任制」が明記された。社会主義企業責任管理制が実施されるようになってからは、国営企業や機関の一部門が独立採算の単位として認定され、さまざまな権限が付与される一方、部門長は自らの部門の事業とそのメンバーの生活に責任を持つことが期待され、相当なプレッシャーがかかるようになったようだ。エリートたちも、自らが責任のある立場に立てば、現実問題としてカネの問題を取り扱わざるを得なくなっている現実が、社会を急速に変化させていることに注目する必要があるだろう。

その意味で、北朝鮮における経済改革とは、社会主義世界市場の喪失とともに変化した現実を踏まえ、生産力を解放し、北朝鮮国民の暮らしをどのように支え、豊かにしていくのかを目的としたものだといってよいだろう。金正日時代（1997～2011年）には変化しつつある経済状況から生まれた商品経済をどのように社会主義計画経済を原則とする枠組みに位置づけていくのかが課題であったといえる。金正恩時代（2012年～）は、2016年までは、商品経済の拡大を所与の前提としつつ、変化した現状を制度化するために、生産手段の社会的所有を原則とする社会主義の枠内での限界を試す状況にあったといえる。

3　北朝鮮経済はどこへ向かうのか

「並進路線」と経済成長

2013年3月31日に開かれた朝鮮労働党中央委員会総会では、「経済建設と核武力建設の並進」路線を採択した。この路線は、核兵器を開発することにより、通常兵器よりも安いコストで抑止力が得られることから、浮いた費用で経済建設を行うことをめざしたものであった。この総会では同時に地方に海外直接投資を受け入れるための経済開発区の建設についても議論され、同年には「経済開発区法」が採択された。しかし、北朝鮮の核開発に反対する米国や日本、韓国、欧州諸国からの海外直接投資はほとんどなく、中国、ロシアからの投資が大幅に増えることもなかった。

2016年1月と9月の2度と17年9月の核実験、さらに17年7月と11月の大陸間弾道ミサイル（ICBM）試射の結果、17年には国連安保理でロシアや中国も賛成して、5つの対北朝鮮経済制裁を強化する決議が採択され、国際社会の対北朝鮮制裁は北朝鮮経済を封鎖するレベルに達した。米国のトランプ大統領は第72回国連総会での演説（2017年9月19日）で、北朝鮮の核・ミサイル開発問題が「思いもよらぬ人命の損失を招き、全世界を脅威にさらす」とし、「自国や同盟国を防衛することを余儀なくされた場合、われわれには北朝鮮を完全に破壊する以外の選択肢はない」と述べた。

北朝鮮は2017年11月29日のICBM試射成功の政府声明の中で、「国家核武力完成という歴史的大業、ロケット強国偉業が実現された」と宣言した。米国との衝突を避けるという意味があったのであろう。2018年1月1日の「新年の辞」で金正恩《キム・ジョンウン》国務委員長は韓国との対話の用意があることを表明し、同年2月に開かれる平昌オリンピック・パラリンピック大会に選手団を送る可能性があることを示唆した。これを受けて、1月3日に南北間のホットラインが再開し、韓国は高位級当局者協議の再開を提案し、北朝鮮は米韓合同軍事演習の実施を五輪後に延期することを条件に、協議再開を受け入れた。この延期は17年暮れに韓国の文在寅大統領が米国と協議して決めたことであった。1月9日に南北高位級当局者協議が開かれ、北朝鮮が平昌オリンピック・パラリンピック大会に参加することが合意された。平昌オリンピック・パラリンピック大会には、北朝鮮から選手団のほか、金永南最高人民会議常任委員会委員長を代表とする高位級代表団も送られた。

2018年4月20日に開かれた朝鮮労働党中央委員会第7期第3回総会では、13年に採択した「経済建設と核武力建設の並進」路線が発展的に解消され、「革命発展の新しい高い段階の要求に即して社会主義建設をより力強く推し進めるための党の課題」で、全面的な経済建設を推し進めることが決定された。核開発は完成したので、今度は経済建設を重視するというロジックであった。

短い「外交の季節」と自力更生への回帰

その後、同年には、3回の中朝首脳会談、3回の南北首脳会談、6月にシンガポールで第1回米朝首脳会談があり、米朝関係をどのように改善していくかについて、米朝の首脳が共同宣言に署名した。2018年は外交の季節であった。

翌19年2月末には第2回米朝首脳会談があり、経済制裁の緩和がなされるか注目されたが、米朝両国が折り合うことはなかった。その後、北朝鮮は長期的な経済制裁の継続に耐えうる経済体制を作ることを重視しはじめ、19年4月10日に開かれた朝鮮労働党中央委員会第7期第4回総会では、「社会主義建設で自力更生の旗印をより高く掲げていくことについて」が採択された。

その後、2020年に入ると新型コロナウイルス感染症（COVID–19）が中国で発生し、全世界に拡がっていった。北朝鮮は同年1月30日に「特別防疫体制」を宣言し、中ロとの国境を閉鎖し、航空便や鉄道便が停止した。2021年1月5日～12日まで朝鮮労働党第8回大会が行われ、23年ぶりの長期経済計画である「国家経済発展5カ年計画」が採択された。軍事部門では「国防科学発展及び武器体系開発 5カ年計画」が採択された。

これらの計画をみると、COVID–19による国境閉鎖の長期化や、経済制裁の中長期的な継続に耐えうる経済を作るため、国内での研究開発や国内原料の調達、発掘に力を入れようとしていることがわかる。また、米国や韓国に対する抑止力を強化するために、軍事力の近代化にも力を入れようとしている。長期経済計画の実行過程では、軍を建築現場や災害復旧などの現場に動員するなど、経済建設に力を入れていることも見て取れる。

COVID–19への対応としては、2022年の初夏にCOVID–19に罹患したと思われる患者が出たとの報道があり、毎日「発熱者」数や死者数が発表された。同年の夏以降、国内の職場でのマスク着用などが緩和された。2023年7月27日の朝鮮戦争休戦75周年（戦勝節）記念大会に中国とロシアの代表団を招待した。これが北朝鮮が外国との代表団の往来を始める契機となった。ロシアとの外交はこれを機に進展し、23年9月には金正恩国務委員長がロシアを訪問した。同年10月にはロシアのラブロフ外相が北朝鮮を訪問、2024年1月には北朝鮮の崔善姫外相が訪ロし、同年6月にはロシアのプーチン大統領が訪朝し、経済、文化、軍事など多方面に及ぶ「包括的戦略パートナー関係条約」が締結された。

北朝鮮が追い求めるものは何か

これらの経緯からわかることは、2018年に北朝鮮が求めていたのは、米朝関係を進展させ、朝鮮戦争を休戦から「恒久的な平和」すなわち終戦へと転換させ、北朝鮮が米国から一方的に攻撃されることがない状態を作ることであった。

北朝鮮にとって米国との関係改善は念願であり、これはおそらく現在でも変わってはいない。しかし、米国が北朝鮮との関係を改善しないままで、一方的に非核化を要求しても、北朝鮮はそれに応じることはないだろう。米中対立、ウクライナ紛争に対する米英欧日の対ロシア経済制裁、BRICSや上海協力機構（SCO）のメンバー増加などにより、米国や日本との関係改善がなくても、将来的に対外関係を結んでいける対象が増えつつあるからである。

北朝鮮としては、これまで育成してきた核抑止力を先に捨てない前提で、米国との関係改善が可能であれば、関係を改善し、そうできないのであれば、自力更生とロシアや中国、BRICS、SCO 諸国との対外経済関係を優先して発展させる方向で考えているのではないか。日朝関係については、過去に植民地支配を受けた経緯があり、賠償的性格を持つ経済協力を受ける「権利」が存在すると考えていること、現在中国に大きく偏っている経済関係のバランスをとることができること、日本は米国の同盟国であり、米朝関係改善時にはより積極的な支援を得られる可能性があることから、可能な限りにおいて国交正常化を含む関係改善を行っていく可能性が高い。

米朝関係、日朝関係の改善や国連安保理決議による国際的制裁の緩和などが実現し、北朝鮮経済の外延的発展が可能になった場合には、2012 年～16 年のように、経済成長を促進するために、1990 年代初頭の中国のように社会主義の定義そのものを再考する必要性が出てくるかもしれない。そうでない場合には、長期間の制裁継続を所与の前提とし、対象を絞った対外経済関係の拡大を試すレベルに止まる可能性が高い。

4　北朝鮮に法はあるのか――北朝鮮の権力観と法

北朝鮮の法と日本の法は、憲法や民法、刑法など制定法が基本となる大陸法系である点で共通している。したがって、形式的に見れば北朝鮮にも憲法があり、刑法があり、民法があり、刑事訴訟法や民事訴訟法も存在する。各法律の条文を見れば、その構成や規定する内容に共通点が多い。

しかし北朝鮮の法と日本の法が見た目は似ていても、法についての考え方は根本的に異なる。日本の法は立憲主義（単に憲法とその下に成立した法に基づいて統治がなされるべきであるというのみならず、政治権力が憲法によって実質的に制限されなければならないという考え）に立脚し、憲法が権力を抑制する機能を有し、国家権力が立法、司法、行政に分けられ、権力が乱用されないようにチェック機能が働くように設計されている。また、権力の乱用を防ぐために、国家機構外の報道機関や一般人が国家の活動を監視することができ、政治権力や政府で働く公務員の仕事について自由に批判することが前提となった制度設計になっている。

これに対して北朝鮮では、政治は執権党である朝鮮労働党が行うことになっている。何かを決定するとき、朝鮮労働党内では自由に討論して決定を行うことになっているが、いったん方針が決定した場合、「党員は、党組織に、少数は多数に、下級党組織は上級党組織に服従し、すべての党組織は党中央委員会に絶対服従する」（朝鮮労働党規約 11 条 2 項）民主主義中央執権制原則に従って行動することになっている。これは憲法でも「朝鮮民主主義人民共和国では、すべての国家機関は民主主義中央集権制の原則によって組織され、運営される」（憲法 5 条）と規定されており、北朝鮮の政治における基本原則となっている。また、「朝鮮民主主義人民共和国は朝鮮労働党の指導の下にすべての活動を進行する」（憲法 10 条）との条項も重要である。北朝鮮の政府だけでなく、国営企業や協同農場などの経済現場にも朝鮮労働党の組織があり、政府（内閣）を通じた管理だけではなく、これらの朝鮮労働党の組織における意思決定や党を通じた大衆動員も重要な要素となっている。

例えば、国営企業には日本の社長にあたる支配人がいる。そして、企業の中には党の組織があり、その責任者（書記）がいる。支配人が党の組織の代表を兼ねている場合もあれば、そうでない場合もある。一般的に人数の比較的多い組織の場合には、支配人と党組織の代表が別々であることが多い。このような場合、日常の企業の運営では支配人が采配を振るうとしても、重要な決定は工場の党組織が行うため、党組織の代表の方が支配人より「偉い」ことになる。また、党組織には経営者だけでなく、労働者の党員も参加するため、労働者が経営に参加するルートとしても重要である。以前は労働者の党員の権限が相対的に大きかったが、現在は経営については支配人の判断を極力優先するようになってきている。

北朝鮮では、国家のすべての活動について、朝鮮労働党の決定に基づき物事を進めていく。したがって朝鮮労働党員でなければ、重要な決定に参加することはできない。党員の中でも役付きの人とそうでない人がいるので、ヒラ党員ではできることが限られる。上が決めたことを粛々と執行することが求められる。もし文句があった場合には、それを上級に報告して改善を求めることができる。しかし上級がその問題を取り合わないと決めた場合には、従うしかない。もちろん北朝鮮も人間の住む社会なので、上級の人との関係（コネ）があれば、便宜を図ってもらうことも可能であり、あらかじめ情報を手に入れることもできる。日本と決定的に異なるのは、朝鮮労働党や政府の活動を公然と批判した場合には、程度にもよるが、党内あるいは社会の秩序を乱す行為として処罰の対象となることであろう。

以上のような違いを理解した上で、北朝鮮の法について考えていく必要がある。とはいえ、社会を規制するツールとしての法の機能、特に規範（ルール）を明示するという機能については共通している部分が大きい。ただ、日本においては公務員の行動は必ず憲法とその下に成立した法により規定されている範囲に限られる。法律に反した公務員の行為は無効であるのに対して、北朝鮮では朝鮮労働党が組織的に決定した政策を遂行する上で、法律に形式的に違反するような場合があっても、憲法よりも上位に朝鮮労働党が存在する。そのため法律違反をもってその政策の遂行が無効であるとはいえない（止めることができない）場合がある（法の整備や順守も朝鮮労働党の政策であるため、政策同士の衝突となり、調整が必要となる。行政や経済に関する法で、実情に合わない法はかなり頻繁に改正されているのも事実である）ということだ。

5　北朝鮮の六法

（1）憲法

前述したような違いを押さえた上で、北朝鮮の主要な法を見ていこう。まず憲法だが、朝鮮民主主義人民共和国が成立した 1948 年に制定された最初の憲法は、北朝鮮の社会が全面的な社会主義経済体制になかった（民営企業や自作農がメインで、国有財産は日本企業や日本人の所有であった工場や土地、親日派、地主などから没収した企業や土地だった）ので、生産手段の私有が許容されており、同時に将来的に社会主義への移行が考えられている人民民主主義憲法であった。金日成は首相であったが、1972 年憲法のように特別な存在ではなかった。

1972 年に憲法が改正され、「朝鮮民主主義人民共和国社会主義憲法」となった。これは 1950 年代に経済の社会主義化改造が行われ、生産手段の社会的所有（国有と協同団体所有）が完了したことにより、北朝鮮が社会主義経済を持つ国となったことによる。また、1972 年憲法においては、首相に代わり、国家元首としての「国家主席」が新設された。国家主席を中心として「中央人民委員会」が組織され、国家主席が国家の運営の中心的役割を担う体制となった。金日成は主席に就任した。これにより、金日成が朝鮮労働党総書記、国家主席、朝鮮人民軍最高司令官を兼任することとなった。

1992年4月9日に憲法が改正された。この憲法改正は、旧ソ連・東欧の社会主義政権が崩壊したことを受けて、東西冷戦後の状況に対応することが主たる目的だった。南北関係においては、72年憲法の「朝鮮民主主義人民共和国は、北半部で社会主義の完全な勝利を成し遂げ、全国的範囲で外勢をはね除けて民主主義的基礎の上で祖国を平和的に統一して完全な民族的独立を達成するために闘争する」（1972年憲法5条）を「朝鮮民主主義人民共和国は、北半部において人民政権を強化し、思想、技術、文化の三大革命を力強く推進し、社会主義の完全な勝利を成し遂げ、自主、平和統一、民族大団結の原則から祖国統一を実現するために闘争する」（1992年憲法9条）に変更した。駐韓米軍を「追い出す」べきであるという条項が削除された。また、対外関係においては「国家は、マルクス・レーニン主義及びプロレタリア国際主義原則で社会主義国と団結し、帝国主義に反対する世界すべての国の人民等と団結して、彼らの民族解放闘争及び革命闘争を積極的に支持、声援する」（1972年憲法16条3項）を「国家は、わが国を友好的に遇するすべての国家と、完全な平等及び自主性、相互尊重及び内政不干渉、互恵の原則において、国家的又は政治、経済、文化的関係を結ぶ。国家は、自主性を擁護する世界人民と団結してあらゆる形態の侵略と内政干渉に反対し、国の自主権及び民族的、階級的解放を実現するためのすべての国の人民の闘争を積極的に支持、声援する」（1992年憲法17条）に変更し、資本主義国との関係改善を可能にした（ここでは米国や日本を念頭に置いていたと考えられるが、これは未だに実現しておらず、この条項を引き継いだ1998年憲法期に欧州連合の国々との国交を結んだ）。また、はじめて外国からの直接投資を推奨する規定を置いた（1992年憲法37条）。1992年10月に「外国人投資法」が制定され、本格的な海外直接投資の受け入れに道を開いた。

1998年9月5日に憲法が改正されたが、これは1994年の金日成主席の死去にともない、1972年憲法で置かれた国家主席や中央人民委員会を廃し、行政は内閣に集中させた。また、地方の機構としての地方行政経済委員会が廃止され、中央級国営企業の管理は内閣が行うことになり、地方行政の主体としての地方人民委員会には、地方工業のみが残されることになった。国営企業に対する独立採算制の実施が憲法に規定され、「原価、価格、収益性のような経済的テコを正しく利用する」(1998年憲法33条2項)が追加された。また、「公民は居住、旅行の自由を有する」(1998年憲法75条)という条文が追加された。旧ソ連・東欧の社会主義政権崩壊後の社会情勢の変化を反映しているものと思われる。1998年憲法はその後、2009年4月9日、10年4月9日、12年4月13日、13年4月1日、16年6月29日、19年4月11日、19年8月29日、23年9月28日に改正され、現在に至る。19年4月の改正では、工場内党委員会に多くの権限を与えていた「大安の事業体系」が「社会主義企業責任管理制」に変更され(憲法33条2項)、金正恩時代の経済政策の最も大きい変更が憲法に書き込まれることになった。また、23年9月の改正では、前年に法令として採択された核ドクトリンを踏まえた序文や第4章(58条)に修正が加えられた。

(2) 民法

日本の民法は総則や物権、債権だけでなく、親族(家族法)、相続も含んだ構成となっている。これに対し、北朝鮮では民法は1990年民法が93年、99年、2007年に改正されている。家族法は1990年家族法が93年、2004年、07年、09年に改正されている。相続法については2002年相続法が存在する。国際司法としては「対外民事関係法」が1995年に制定されており、98年に改正されている。

(3) 刑法

最初の刑法は1950年に制定され、1974年、87年、95年、99年に改正された。その後、2004年刑法が罪刑法定主義の条項(4条)を加えて改正され、その後、2005年に3回、06年に4回、07年に2回、08年に2回、09年に3回、10年に1回、11年に2回、12年に2回、13年に3回、14年に1回、15年に2回、16年に2回、18年に1回、19年に2回、20年に1回、21年に2回、22年に1回改正されている。

(4) 民事訴訟法

最初の民事訴訟法は1976年に制定された。その後、大きな改正が1994年にあった。その後、2002年、04年、05年、07年、09年4月、09年12月、15年、16年8月、16年11月、17年、20年に改正が行われている。

(5) 刑事訴訟法

最初の刑事訴訟法は1976年に制定された。その後、大きな改正が92年に行われた。1992年刑事訴訟法は、2004年、05年、06年、08年、09年2月、09年3月、09年4月、10年、11年、12年、16年、20年、21年に改正されている。

(6) 商法

北朝鮮には民間企業が法律上許容されていない。したがって、商法典はまだ存在しない。国営企業や協同団体間の契約については、個人間の契約などと同じく、民法に規定がある。

(7) 行政法

1998年憲法期から、国内のさまざまな行政や経済運営にかかわる法律の制定が増加してきた。この傾向は現在でも継続している。初期には政府部内の行政法規（規則）として存在してきた包括的な内容を持つ規定類を法律として制定する例が多かったが、現在では新たな政策課題が出てきたときにその解決を目的として制定される法律も増加している。また、改正の必要がある法律は上述した六法以外でもかなり頻繁に改正されている。

(8) 外国投資関連法

外国投資関連法として最初のものは1984年の合弁法（合営法）だ。この法律の制定後に日本から在日朝鮮人が北朝鮮に対する投資を行う例が増えた。本格的なものとしては、1992年憲法に外国投資を推奨する条項が追加された後に制定された「外国人投資法」であり、これは合弁、合作、外国人独資の3つの類型を総括する外国投資関連の基本法といえる。南北経済協力に関連して、「金剛山観光地区法」「開城工業地帯法」が2002年に制定された。そのほか、羅先経済貿易地帯などの特殊経済地帯を規定する法律や2013年に制定された「経済開発区法」などが存在する。外国投資家に制度を知ってもらい、投資を受け入れる上での条件を示す必要があることから、北朝鮮の法律の中では公開されている法律が多い分野である。

6　北朝鮮社会を映す鏡としての朝鮮法

以上見てきたように、北朝鮮の法律は日本の法律とは異なる点が多いものの、立法される法律の種類や内容、あるいは改正の場合であればその内容を詳細に見ていくと、その時期の北朝鮮がなぜそのような法律の制定や改正を必要としたのかが見えてくる。

例えば刑法の改正を見ると、社会の変化により、さまざまな新しい「不適切な行為」が刑法典に追加されていくプロセスを見ることができる。貿易法の改正過程を見ると、貿易の現場でどのような「ごまかし」が行われ、それを未然に防止するために法律が改正されたことを偶然ではあるが知ることができた。

北朝鮮においても、法律は社会を規制するためのツールとして機能しており、その制定や改正の内容を見ていけば、その時期の北朝鮮社会の方向性を知ることができる。その意味で、朝鮮法は北朝鮮社会を映す鏡として利用することができるときがときどきあり、研究しているものとしては、それを発見できたときには大きな喜びを感じる。

おわりに――地域研究としての北朝鮮経済・法律研究

本章の内容を見て、北朝鮮経済研究や朝鮮法研究は、中国経済研究やベトナム経済研究、インド経済研究、あるいは中国法、ベトナム法、インド法の研究とはずいぶん異なることに気づかれたであろう。

一貫性のある統計データに基づいた分析ができる北朝鮮以外の多くの国々では、経済についての研究や基本的な法令が公開されており、裁判例の多くも公開されていることが多い。また北朝鮮以外の多くの国々の法律については、世界共通の研究手法で研究を行い、言語も文化も全く異なる国々の経済や法律についての比較研究を行うこともできる。

しかし、北朝鮮経済や朝鮮法に対するデータの不足は、他国の経済や法律に対する研究のような手法を使うことを完全に難しくしている。それでも経済や法律に関する書籍は若干ではあるが外国人に公開されており、朝鮮労働党大会や同中央委員会総会、最高人民会議等の朝鮮労働党や北朝鮮政府の会議についての報道も一部は公開されている。前述した『朝鮮民主主義人民共和国法典』に収録されている法令の多くは1回ないしは数回改正されているが、その改正内容を見ると、北朝鮮社会でどのような事象が起こっているのかを推測することができる。また、朝鮮労働党の会議や最高人民会議での審議の内容なども丁寧に見れば、北朝鮮経済や朝鮮法、北朝鮮社会にどのような変化があるのかを知る手がかりを見つけることができる。したがって北朝鮮経済研究や朝鮮法研究はデータが少なく、難しいが、より公開度の低い北朝鮮の国内事情を知るための「窓」となりうるケースもある。

日本や米国、欧州の国々は北朝鮮との経済関係がそれほど密接ではない。そのため、北朝鮮の経済や法律の研究に対する社会的需要も高くはないので、大学に北朝鮮経済や法律の講座がそもそも存在しない。ポストがない分野を研究しても、就職ができないので、北朝鮮経済や法律を研究しようとする若手研究者はとても少ない。筆者は学部時代、大阪外国語大学で朝鮮語を専攻し、朝鮮半島全体に関心があったうえ、北朝鮮がブルーオーシャン（未開拓市場）であることに魅力を感じて北朝鮮研究に「手を染めた」無謀な若者だったにもかかわらず、幸運にも研究職にありついたので、現在でも北朝鮮研究を続けている。しかし、一般的にいって、経済学や法学を研究しようとする若手が、北朝鮮を対象にするのは、その後の研究の進展や実務かあるいは研究者としての就職を考えれば、あまりにも無謀といえる。そのため北朝鮮を研究対象にすることには慎重になった方がいいというのが、筆者からのアドバイスだ。しかし、ブルーオーシャンであり、他の人がアクセスできない国の知識を得たり、その国に行ってみたりすることに魅力を感じるのであれば、朝鮮半島地域研究の一環として北朝鮮経済研究や朝鮮法研究をめざしてみるのも悪くないかもしれない。

参考文献リスト

大内憲昭『朝鮮民主主義人民共和国の法制度と社会体制』明石書店、2016 年。

中川雅彦『朝鮮社会主義経済の理想と現実』アジア経済研究所、2011 年。

三村光弘『現代朝鮮経済』日本評論社、2017 年。

文浩一「最近の農民市場に関する政策動向と経済理論研究」『月刊朝鮮資料』1999 年 2 月号、39 頁。

尹龍澤・青木清・大内憲昭・岡克彦・國分典子・中川敏宏・三村光弘編著『コリアの法と社会＝*Law and Society of North Korea/South Korea*』日本評論社、2020 年。

1） 例えば、三村光弘「変化期の北朝鮮経済研究の方法論を探る」『現代韓国朝鮮研究』18、2018 年、pp. 13–24（http://www.ackj.org/wp/wp-content/uploads/2018/11/%E5%A4%89%E5%8C%96%E6%9C%9F%E3%81%AE%E5%8C%97%E6%9C%9D%E9%AE%AE%E7%B5%8C%E6%B8%88%E7%A0%94%E7%A9%B6%E3%81%AE%E6%96%B9%E6%B3%95%E8%AB%96%E3%82%92%E6%8E%A2%E3%82%8B.pdf）を参照されたい。

（北朝鮮研究との出会い）

私が「北朝鮮」と遭遇したのは、1989 年。大阪外国語大学朝鮮語学科に在籍していたとき、学部時代の先輩（植田晃次氏、大阪大学大学院人文学研究科教授）が平壌で開かれた第 13 回世界青年学生祭典に行ってきたときの土産話を聞いたことがきっかけだった。その後、朝鮮半島には韓国だけでなく、北朝鮮も存在するということを常に念頭に置くようになった。大阪外大では、当時朝鮮問題研究所長だった申熙九先生の朝鮮の政治経済の集中講義や児童文学者の韓丘庸先生の朝鮮文学の講義などを受けるようになった。

学部卒業後は大阪大学法学部に 3 年次編入し、アジア法のゼミに入った。指導教員の西村幸次郎先生は中国憲法と民族法が専門だったので、学部時代は中国法を勉強した。大学院では朝鮮半島の法を研究しようと思っていたので、修士課程 1 年で研究課題を決めるときに、韓国法と朝鮮法の両方の分野の先行研究を調べた。韓国法はほとんどすべての法分野に碩学がいて、新規参入者には厳しいと感じた。朝鮮法は研究者が数人しかおらず、「ブルーオーシャン」のように感じた（若気の至りで、資料が少なく、研究しようがないので研究者が少ないとは思わなかった）。まずは朝鮮法を研究して、南北統一関連の法分野などから韓国法も後で研究していこうと思っていた。修士 2 年の 1996 年、「ピースボート」の北朝鮮クルーズで初めて北朝鮮を訪問した。新潟から「万景峰-92 号」で元山まで往復した。このときの私は、このクルーズが北朝鮮との出会いになるだけでなく、新潟との出会いになることは知らなかった。私にとっては、新潟は万景峰号に乗り降りするための街だった。

博士課程の 4 年目、2000 年の秋に前の職場であった新潟市にある環日本海経済研究所からお誘いを受け、面接を受けることとなった。翌 01 年 4 月から 23 年 3 月までの 22 年間、同研究所で北朝鮮経済と経済法を研究する幸運に恵まれた。同研究所では、南北朝鮮をはじめとして、中国、ロシア、モンゴルなど北東アジア各国に出張し、現地の研究者と交流する機会を得た。北朝鮮研究から北東アジア研究、ユーラシア研究と研究関心の拡がりを得た幸せな時間であった。

（三村光弘）

第4章　科学技術

保健医療へのIT活用
——COVID-19対応を中心に

上野　遼

はじめに

金正恩《キム・ジョンウン》総書記は、次のように述べている。

「科学技術の力ですべての部門を早く発展させ、人民の楽園を建てようというのが、わが党の決心であり意志です」(2015年「新年の辞」より)

朝鮮民主主義人民共和国（以下、北朝鮮）では「自主的国防力強化」のスローガンのもとに、軍事技術の開発が日々進められている。その動向はメディアを通して伝えられ、われわれ日本国民の間で広く知られるとともに、同国への主要な関心事項となっている[1)]。金正恩時代が始まった2012年以降、北朝鮮からは179発[2)]のミサイルが発射され、その多様化と技術向上が図られている[3)]。このほか、2021年1月の朝鮮労働党第8回大会で提示された計画に基づき、軍事偵察衛星の運用や無人偵察機の開発などが進められ、各国は神経を尖らせている。

その一方で、同国の民生部門における科学技術発展の取り組みは、日本での報道が少ない。金正恩総書記は、情報化時代や知識産業時代の到来を認識し、科学技術の重要性を事あるごとに強調している。経済の各部門では技術研究、開発、導入が進んでおり、特に情報技術、ナノ技術、生物工学などの先端科学技術への関心が高まっている。

北朝鮮の科学技術の民生利用に注目することは、日本にとっても意義がある。民生技術が軍事転用される軍民両用技術の発展は、軍事力の潜在的な強化につながるため、適切に評価することが重要だ。また、北朝鮮の科学技術の進展状況は、党と政府の経済運営に対する評価材料となる。技術革新が経済政策や国民生活にどう反映されているかを分析することで、北朝鮮政府が行う政策の成果や課題を把握し、将来の展開を予測する手がかりを得られる。これらの情報は、日本が対北政策を練る上での基盤となりうる。この章では、数ある科学技術の中でも、研究開発がさかんに行われている情報技術とその実用について、新型コロナウイルス感染症（COVID–19）への対応事例を取り上げ、同国での技術発展の方向と将来の展望を考察する。

1　概説：金正恩総書記と科学技術

科学技術強国を目指して

2011 年に金正日《キム・ジョンイル》総書記が死去し、権力を受け継いだ息子の金正恩は、一貫して科学技術の重要性を説いてきた。それは、国防や宇宙開発といった特定の分野のみならず、全方面にわたるものだ。

2012 年 4 月、彼は朝鮮労働党中央委員会の幹部への談話[4]の中で「新世紀の産業革命の炎を燃え上がらせ、わが国を知識経済の強国にしなければなりません」と述べ、金正日総書記の遺訓を受け継ぎ「科学技術を優先させ、科学技術と生産を緊密に結びつけ」「国の経済発展を科学技術的に確固として保証すべき」であると強調した。3 代目の指導者は、先代から行われていた科学技術の力を経済発展へとつなげる取り組みを継承しながら「新しい世紀の要求に即した」発展の道を探りはじめた。

科学技術と経済の一体化

金委員長（当時）は 2016 年 5 月の朝鮮労働党第 7 回大会で行った報告で「科学技術強国」の建設を「われわれが真っ先に達成すべき」重要な目標として提示し「近い将来に総合的科学技術力において世界の先進国の隊列に堂々と加わること」を見据えた。彼は「敵対勢力」による経済制裁を無力化し、経済の全部門を発展させる上で、科学技術を生命線としてとらえるべきだと強調した。情報技術や生物工学、宇宙技術などの先端科学の開拓、基礎科学の土台強化などで世界と競争すべきだとする一方、科学技術が経済強国の建設において「機関車の役割を果たすようにすべき」として、科学技術により経済建設での問題解決を図ることについて指摘し、科学技術と経済の一体化を推し進め、経済の現代化、情報化において科学技術部門が主導的な役割を果たすことを求めた。

大学の学部や研究所では、経済発展を助ける先端技術や製品の開発が行われ、各所へ導入されているほか、近年では「大学発ベンチャー」といえる企業も登場し、教育と科学研究、生産活動を一体化させるための取り組みが一層強まっている[5)]。

「全民科学技術人材化」

上の報告で彼は「人材がすべてを決定する」と述べ、科学技術人材の増強を呼びかけた。専門の研究者を増やすのはもちろん、工場や企業において科学技術開発陣を整えることにも言及している。

金委員長はこれに先立ち、社会のあらゆる構成員を、大学卒業程度の知識を所有する、知識型の勤労者、科学技術発展の担当者として準備させる「全民科学技術人材化」に関する思想を提示した。この思想は、1977年に金日成《キム・イルソン》主席が発表した「社会主義教育に関するテーゼ」の中で示されている「全社会のインテリ化」にその原点を見出せる。北朝鮮では、全社会のインテリ化を目指し、大学教育の品質改善や、大学の新設などの施策が進められた[6)]。また、「働きながら学ぶ」高等教育体系の強化のため、各工場や企業所に「工場大学」が建てられ、それぞれの生産現場で必要とされる専門知識を労働者が習得するための環境が用意された。

金正恩総書記は、先代の遺訓である人材育成政策を継承しつつも、その内容を情報化時代、知識経済時代の要求に即して更新したといえる。2010年代に入ると「工場大学」に代わり、図書館[7)]や各地の大学とコンピュータ網で結んだ「科学技術普及室」の整備が、各工場や企業所、農場において進められ、大学の遠隔教育課程も開講されるなど、科学技術人材の育成に情報技術が積極的に活用されている。

社会主義憲法と科学技術

「朝鮮民主主義人民共和国社会主義憲法」の中で、科学技術と関連する条文を掲載する。

第2章（経済）

第27条　技術革命は社会主義経済を発展させる鍵であり、科学技術力は国家のもっとも重要な戦略的資源である。国家は、あらゆる経済活動において科学技術の主導的役割を高め、科学技術と生産を一体化し、大衆的技術革新運動を強力に展開して経済建設を推し進めていく。

第3章（文化）

第40条　朝鮮民主主義人民共和国は、文化革命を徹底して遂行し、あらゆる人々を、自然と社会に関する深い知識と、高い文化技術水準を備えた社会主義建設者に作り上げ、全民科学技術人材化を推し進める。

第45条　国家は、1年間の学齢前義務教育を含む、全般的12年制義務教育[8)]を、現代科学技術の発展趨勢と、社会主義建設の現実的な要求に即し、高い水準で発展させる。

第46条　国家は、学業を専門に行う教育体系と、働きながら学ぶ、各種形態の教育体系を発展させ、教育内容と方法、教育条件と環境を絶えず改善し、有能な科学技術人材を育てる。

第50条　国家は、科学研究活動において主体性を確立し、先進科学技術を積極的に導入し、科学研究部門に対する国家の投資を増やし、新しい科学技術分野を開拓して、国の科学技術を世界的水準に引き上げる。

第51条　国家は、科学技術発展計画を綿密に作成して徹底的に遂行する規律を確立し、科学者、技術者と生産者の創造的な協調を強化するようにする。

（内容は2023年9月時点。直近の改正は2024年10月＝条文未公開）

「科学技術成果導入法」

2021年からの5カ年計画期間開始を控えた2020年12月、最高人民会議常任委員会第14期第2回総会が開かれた。総会では「反動思想文化排撃法」

をはじめとする各種法案のうちの一つとして「科学技術成果導入法」が採択された。同法は「科学技術成果が経済発展と人民生活向上に実質的に寄与するようにし、科学技術と経済の一体化を実現し、社会発展で科学技術の主導的役割を保障するのに貢献する」（第1条）ものである。各機関、企業、団体に対し、科学技術成果導入の目的と対象に応じた「科学技術成果導入計画」を作成・提出し、審議と承認を受けた上で確実に実行することを求めている。計画の実行率は定期的に関係機関の確認と統計機関の評価を受け（第20条）、計画を十分に実行しなかった場合には「人民経済計画の未達」として評価される（第21条）など、計画の厳格な遂行を目指している。科学技術成果の導入には、導入する単位（工場や企業など）が自ら開発を行う方法のほか、別の単位が開発した成果を導入する方法が示されている。この際、開発単位と導入単位は契約を結ぶ必要があり、条文では契約の詳細について定めている。

興味深い点として、同法が科学技術成果導入事業に対する優遇措置を定めている点を挙げたい。科学技術成果を導入した単位のうち、増産や節約で国家に利益をもたらした場合は、国家納付金の免除や奨励金支給といった特恵を与え（第35条）、成果の研究開発や導入に寄与した公民に対しては、成果を導入する単位や開発単位が賞金を支払う（第37条）よう規定されている。

導入事例の宣伝も強化されている。第38条では、出版報道機関および関連機関に対し、成果の導入事業で模範的な単位の成果と経験を紹介・宣伝することを求めている。近年の『労働新聞』を見ると、優秀な成果の導入に際して与えられる「国家科学技術成果導入証」を本文に含む記事が、2020年から2022年にかけては2件程度だったのに対し、2023年には26件と大幅に増えている。科学者が、自らの専門と異なる分野の技術開発に挑む様子を紹介した記事など、内容も多様で目を引くものとなっている。

新法がもたらした効果については、今後さまざまな形で明らかになっていくだろう。

毎年行われるITの展示会

国家情報化局（現在は情報産業省が主催）では、2016年から「全国情報化成果展覧会」を開催している。この行事は、国内の情報化と情報産業の発展において達成された成果を広く紹介・宣伝し、あらゆる部門と単位が「科学技術を生命としてとらえ、われわれ式の現代化、情報化を積極的に実現していくように」推進することを目的としている[9]。展覧会は2020年の中断を経て、2023年で7度目を数えた。展覧会の報道からは、北朝鮮国内における情報技術や製品の開発、導入の動向を垣間見ることができる。

対面形式から仮想空間へ

毎年数多くの機関が出展する展覧会は、平壌市内の会場にて行われてきた。COVID–19の影響で2020年は開催されず、2021年以降は国家網[10]上の特設サイトを利用した「仮想展覧会方式」での実施となった。サイトでは、3次元と2次元の展示場、人工知能プログラムコンテスト、発表会、群衆評価と交流スペース、感想記入ページを設けている。

ネットワークを通じてアクセスできる仮想空間を構築し、さらにコミュニケーションのための機能も備えていることから、この「仮想展覧会」は「メタバース」の一種であるといえる。時間と場所を問わず参加できる仮想空間での開催は国内初の取り組みであったが、参観者からは「とても便利だ」との反応があったとのことである[11]。特定の期間内に首都まで出向く必要から、参加できる人員が限られてしまうという問題を解消する「仮想展覧会」方式が、ほかの展覧会にも広がり、防疫態勢の緩和後も継続していることは、開催機関がその有用性を認識したといってよいだろう。2023年の展覧会では、クラウドサービスを利用し、展示されるプログラムを仮想環境で動作させ、参観者が直接体験できるようになったことが明かされている。今後も同様の方式で開催される場合、展示形式の改良がさらに進むだろう。

交流と普及活動の活発化

各年の展覧会では、国の情報化や情報産業の発展において、その年に達成された成果を紹介、宣伝するという目標が設定されている。2021年以降は「交流」「普及」という言葉が加わり、これまでより一歩進んだところが志向されている。この変化は、国の経済発展における技術交流や普及の必要性が増大していることを表している。

2021年10月22日の『労働新聞』に掲載された記事「優れた技術や経験、手段を積極的に共有、移転しよう」では、金正恩総書記による前月の施政演説[12)]を引き合いに「先行する部門や単位の優れた技術や経験、手段を共有、移転するための事業を広範囲に進めていくとき、人民経済のすべての部門と単位が同時に立ち上がり、国家経済全般を確固たる上昇軌道に乗せることができる」と指摘した上で、そうした事業が「個別的な部門や単位の範囲を超えて全国的な範囲で展開されてこそ生活力を発揮できる」としながら、ネットワーク経由で誰でも参加でき、資料の閲覧と経験の交流ができる「全国情報化成果展覧会–2021」を実例に挙げた。「仮想展覧会」方式の双方向性を最大限に活用し、出展者同士、参観者同士、出展者―参観者間での情報交換を促進することにより、地域や産業を超えた広範囲な情報技術の発展、さらには経済全般の発展へとつなげることが目指されている。

インフラと情報機器の普及

2016年から2021年までの、展覧会の終了を伝える記事をもとに、参観者の関心を集めた技術や製品を追跡する。

2016年と2017年には、生産と経営活動の知能化、情報化、デジタル化、自動化、機械化のための技術と製品が注目を集めている。また、教育支援プログラムや情報通信手段のほか、先端技術を導入したコンピュータやテレビなどの電子製品も関心を集めたとしている。2017年も教育支援プログラムや情報通信手段が記事に登場する一方、スマートフォンやタブレット端末向けのプログラムが新たに「強い関心を集めた」とのことである。2018年には、人工知能（AI）やビッグデータ分析、検索技術を利用したソフトウェア、独自の技術で開発した先端情報技術製品に関心が集まったようだ。翌2019年になると、オペレーションソフトウェア（OS）、ビッグデータ、認識、コンピュータビジョンといった技術が導入された製品が、参観者の関心として挙げられるようになった。そのほかに、生産工程の自動化と知能化で実現された成果、国産化された情報通信設備や測定設備が取り上げられている。仮想空間へと移行した2021年の展覧会では、2019年に注目を集めた各先端技術に加えIoT、クラウド計算の技術が導入された製品が人気を集めるようになっている。

特徴として、生産活動の自動化やスマート化に関連する技術や製品への関心が一貫して人気を集めているほか、製品に導入されている技術が、回を重ねるごとに多様になっている。

技術や製品が注目を集めることは、参観者や所属機関にそれらを受け入れる余地があるといえる。技術的に優れた製品でも、実際に使用できなければ意味がない。ソフトウェアの場合、動作条件を満たすコンピュータが必要で、機能が高度であるほど要求性能も高くなるが、国内に導入されるコンピュータの性能にはさまざまな理由で差が生じる。2017年にスマートフォンやタブレット向けプログラムが注目されたのは、これらの機器が普及していることを示唆している。ビッグデータ処理やクラウドの技術も、対応するインフラが整っていることが前提で、2021年の時点で北朝鮮国内において利用できる状態にあるとみられる。

筆者としては、展覧会のサイトをインターネット上にも開設し、自国の技術や製品を世界中に発信し、時には厳しい意見も受けながら、さらなる成長を目指してほしいと願うものだ。

2　北朝鮮における保健医療のIT活用

全世界的な保健危機

2019年末に中国・武漢市で発生した新型コロナウイルス感染症（COVID–19）。当初、日本の報道では「原因不明の肺炎」として伝えられ、2020年の1月15日には、武漢市から帰国した男性の体から、同ウイルスへの陽性反応が検出され[13)]、新型コロナウイルスに関連した国内初の肺炎患者となった。人々の移動に伴いウイルスが全世界へと拡散される中、最初に感染が広がった中国をはじめとする各国では、患者の治療と感染拡大防止に追われた。

COVID–19と関連して北朝鮮では、2020年1月下旬に国境を遮断する、入国者の隔離を行うなどの対策をとり、初期段階ではウイルスの「封じ込

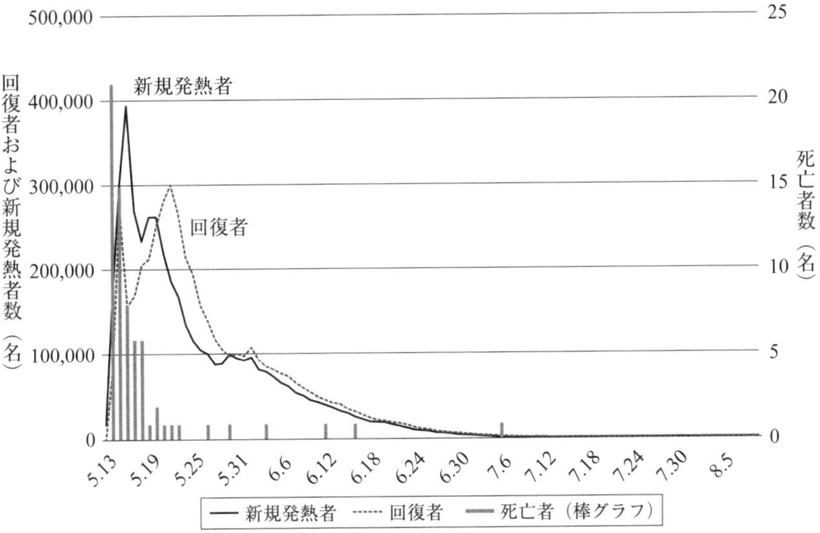

図 1　2022 年 5 月から 8 月までの北朝鮮における発熱者数ほか

出典：統一研究院 2022[14]、筆者が日本語訳

め」に成功したとみられる。その後、2020 年 7 月には開城市で、新型コロナウイルスに感染したと疑われる脱北者が軍事境界線を越えて戻ってくる「非常事件」が発生[15]し、同市が 3 週間あまり完全封鎖される事態となったが、2022 年までは安定した状態が維持された。

同年春には、国内に COVID–19 とみられる発熱者が急増し、防疫システムは「最大非常防疫体系」へ移行され、およそ 3 カ月にわたり感染症との戦いが繰り広げられた（図 1 は発熱者の推移＝詳細は後述）。

自力対応と情報への疑問

北朝鮮の COVID–19 対応には、複数の問題点が指摘されている。まず、2020 年 1 月からの 2 年間で感染者が一人も報告されなかったことが挙げられる。北朝鮮では、2020 年から 2022 年 3 月までの間に、同ウイルスの PCR 検査を 6 万 4,207 人に対して 18 万 2,968 回実施し、すべて陰性であったことが、世界保健機関（WHO）の当該部署に報告されたという[16]。同時期の検査人数は北朝鮮人口の約 0.25％[17]に過ぎず、回数では日本の約 0.30％[18]にとどまっている。検査態勢が十分であるとはいえず、件数自体も自己申告であることから、実際の検査状況は不明だ。

北朝鮮のCOVID–19対応へは、複数の国や国際機構が、ワクチンの提供をはじめとする支援を表明したが、その多くは実現されず、自力での対応を強いられた。国境封鎖措置に伴う物資搬入の遅れ、国際機構職員の出国などが影響した形だ。平時から医療物資が満足に供給されない中、外部との交易に頼らず感染症対応を行う過程では、報道を通じて民間療法を紹介する動向まで確認[19]され、その深刻度がうかがえる。

国内でCOVID–19の患者や死亡者がどれほど発生したかについても、正確な値が示されていない。図1に示された数字はあくまで発熱者であり、陽性反応が出た検査者でないことには注意が必要である。公式発表では累計死亡者が74人とのことであるが、477万2,813人の発熱者に占める死亡率は0.0016%であり、実際にはこの数倍に上るとの見方が報道の直後から出ている[20]。

調査の範囲

韓国をはじめとして、各国の機関と個人により、北朝鮮におけるCOVID–19への対処が議論されているが、ここでは、筆者が関心を持つ情報技術の観点から、2020年代の北朝鮮メディアによる報道をもとに、北朝鮮におけるCOVID–19対応において情報技術や製品が果たした役割を明らかにする。また、COVID–19対応の過程で得られた情報化の成果が、どのように応用されるかについても検討を行う。

ここでは、COVID–19の流行が始まった時期に合わせ、2020年1月1日以降に北朝鮮メディアから発信された報道をもとに調査を行う。主に、党機関紙『労働新聞』、内閣機関紙『民主朝鮮』、通信社ウェブサイト『朝鮮中央通信』、テレビ放送『朝鮮中央テレビ』、在日本朝鮮人総聯合会（朝鮮総連）中央常任委員会機関紙『朝鮮新報』の情報を参照した。このほか、北朝鮮の各団体が運営する対外宣伝用ウェブサイトも、写真や映像などの資料を参照するために閲覧したが、2024年1月の時点で閉鎖され、接続できない状況となっていることから、当該情報を引用する際には、同様の内容が記載されている他国のウェブサイトで代用することとした。インターネットの情報は、2024年5月31日に最終アクセスを行い確認している。

COVID–19の関連記事を検索するための単語として《감염증》［感染症］、《전염병》［伝染病］、《방역》［防疫］、《보건》［保健］を指定し、目視により他の感染症や伝染病に対する言及かどうかを判別した。北朝鮮の報道では、COVID–19について主に《신형코로나비루스감염증》［新型コロナウイルス感染症］、または《악성전염병》［悪性伝染病］の呼称を用いている。

先述のように、COVID–19に関連して北朝鮮から発表される情報に対しては、多くの疑問の声が上がっていることから、その利用には慎重にならなければならない。これはすべての分野に共通する話であり、注意が必要だ。その一方で、北朝鮮メディアの内容を「すべて宣伝のために嘘を伝えている」と断じるのも早計である。ここで扱う記事の中にも、社会主義医療制度の優越性を主張する記述や、いくつかの誇張表現がみられるが、ありもしない出来事や取り組みを、辻褄を合わせながら報じ続けるのは極めて困難であり、そうすることで国や党が得られるものもない。ここでは、情報技術や製品の導入動向を把握するという目的を達成するために、北朝鮮メディアを資料として用いることは妥当であると判断した。

3　コロナ以前の保健部門と情報技術

2016年の第7回党大会で人民経済の情報化が掲げられた[21)]のを機に、各部門において情報技術の導入が一層推進されており、保健部門も例外ではない。保健部門の情報化で代表的な例が、遠距離医療サービスシステムだ。

その登場は2008年まで遡る。『朝鮮新報』の解説[22)]によれば、同サービスは世界保健機関（WHO）との共同事業として開始され、2008年に金萬有《キムマンユ》病院（平壌市）、万景台《マンギョンデ》区域病院（同）、平安《ピョンアン》北道人民病院（平安北道・当時）の3カ所が接続、2010年2月時点では金萬有病院を拠点として、全国9つの道（地域）に所在する人民病院が100Mbpsの光回線で結ばれているとのことである。4つの機能——①患者診断、②遠隔手術指導、③医療相談、④医療関係者対象の遠隔教育——を実現するために、カルテの電子化、レントゲ

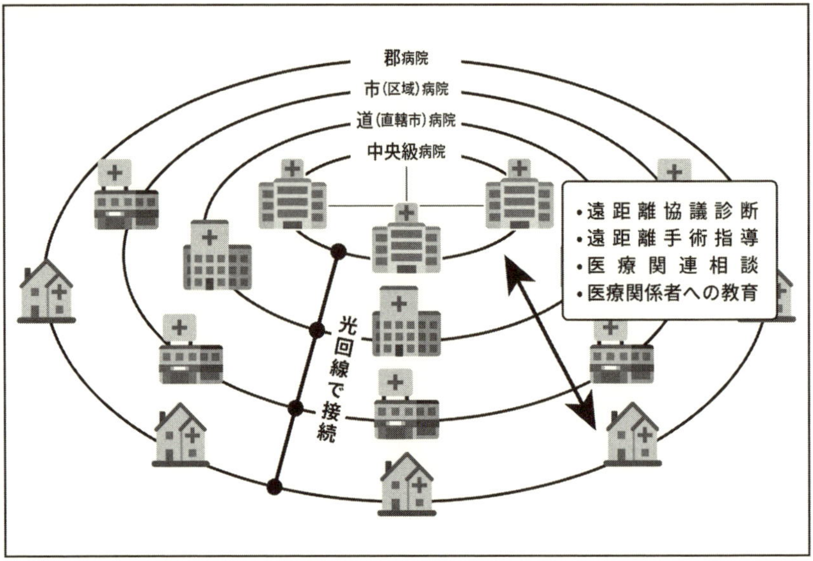

図２　遠距離医療サービスの模式図

出典：筆者作成

ン診断の協議をするためのプログラム作成などが合わせて行われた。

サービスは試験期間を経て2010年4月に開始[23]され、脳、心臓疾患などの急を要する最重症患者が自らの地方にある病院で受けられるようになったと、サービスの効果を宣伝している[24]。2012年にはサービス範囲が市(区域)・郡[25]の人民病院まで拡大されたほか、平壌産院が参加した[26]。その後も導入病院が増加、サービスの機能も独自に開発するなど、国際機構と連携しながら発展が続いている。後述する北朝鮮のCOVID-19対応においては、同国がこれまでに導入した医療関連の情報技術やサービスが活用されている。山地が多く、患者や医師、医療物資の往来が難しいという地理的特性を克服することに寄与してきた遠距離医療サービスは、人々の接触が避けられる感染症との戦いにおいても役割を果たすこととなった。

一方、これまでに挙げた記事では、サービスが「わが国の社会主義保健制度のもとでのみ実現できる」ものであるとして、自国の医療制度が「黄金万能」な資本主義社会の医療制度と比べて優れていることを主張している。システムを構築、運営するために初期投資や通信費、サービス費用がかかることを根拠としているようだが、北朝鮮の場合は導入にあたって国際機構の助力を得ている。

4　情報技術による感染症対応

2020年：指揮体系とインフラ整備

1月下旬には、外国人旅行者の入国禁止措置が取られたのに続き、防疫体系が「国家非常防疫体系」へと転換され、対内外でのCOVID–19対応が稼働した。「国家非常防疫体系」では、中央と各地方に非常防疫指揮部が設けられ、国境での検査や検疫、患者やその疑いのある人の発見と隔離、治療、医療物資の確保、衛生宣伝の強化などの事業が進められた。

感染症対応の初年度にあたる2020年に行われた、情報技術と関連する取り組みとして、防疫当局の指示を下部に伝達し、その実行状況を報告、把握するためのシステム作りが急ピッチで推進された。「非常防疫情報システム」と呼ばれるこのシステムは、3月中旬に非常設中央人民保健指導委員会の指示によって開発されていることが伝えられたのち、上半期の間に全国的に導入された。開発の契機は明示されていないが、2月末の党中央委員会政治局拡大会議において、金正恩委員長（当時）が「非常防疫事業と関連する中央指揮部の指揮と統制に、全国のあらゆる部門と単位が無条件に絶対服従し、徹底して執行する厳格な規律を確立し、これに対する党的な掌握・報告と法的監視をより強化する」ことについて強調したことから、同会議の決定が関与しているものとみられる。

システムの機能としては4つ——①国別、地域別の伝染病発生および伝播状況と国内のすべての地域での防疫事業の状況をリアルタイムで掌握・通知する機能、②非常防疫と関連した資料を通知する機能、③非常防疫水準による警報機能、④非常設中央人民保健指導委員会の指示を示達し、その執行状況を報告する機能——が挙げられている[27]。

3月末には南浦《ナムポ》市の千里馬《チョンリマ》区域において、区域の人民病院をはじめとする「数十の保健機関」に、システムの構築に必要な設備が用意された。必要な設備の内容について、4月末の『労働新聞』[28]では、羅先《ラソン》市への導入事例を

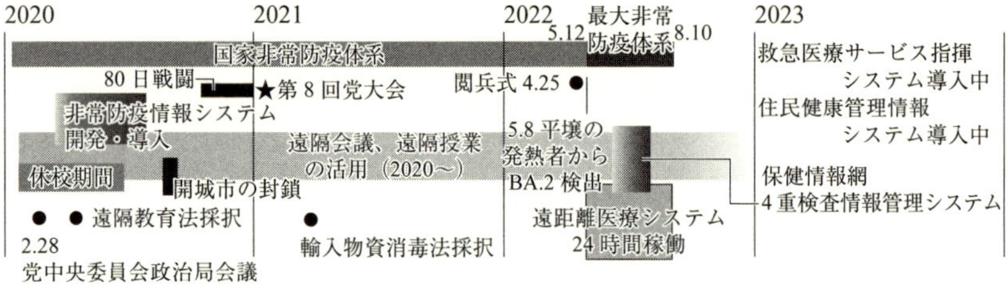

図 3　2020 年から 2023 年の防疫関連の情報技術導入状況

出典：『労働新聞』ほかをもとに筆者作成

紹介している。「画像指揮システム[29]の構築と二重電源システムの導入に必要な多くの光ファイバーケーブルとコンピュータ、カメラ、蓄電池、変流器、太陽光電池板などの設備と資材」が使用されることから、システムはカメラ映像による通話・会議機能を含み、これを実現するために通信回線の敷設と電源二重化工事を必要とすることがわかる。

5 月には龍林郡《リョンリム》（慈江道《チャガン》）や茂山郡《ムサン》（咸鏡《ハムギョン》北道）、殷栗《ウンリュル》郡（黄海《ファンヘ》南道）といった別地域での事例も報じられ、製薬工場や薬草管理所、託児所といった、医療機関以外までをも「保健機関」「保健単位」として扱い、システムが構築され、回線敷設工事が行われていることが示されている。

北朝鮮の COVID–19 対応では、防疫事業の指揮系統を確立する問題のほかにも、感染症対策を行いながら教育を滞りなく実施するために、情報技術を用いた解決が進められた。『朝鮮新報』は、中学校の学生が、休校期間中に実力評価プログラムを用いた「自宅学習」に取り組む様子や、大学生、研究者たちが科学技術殿堂（平壌市）の遠隔講義と問い合わせサービスを受けたり、科学技術演壇、学術討論会に参加したりする様子を伝えている[30]。金策《キムチェク》工業総合大学では、大学構内のネットワークを通じた校内遠隔講義のプログラムが導入されたという。技術的説明がなく、詳細な構成は確認できないが、ある教室で行われている講義を、ネットワークで別の教室に配信し、モニターを通して受講するものと推測される。校内遠隔講義は、大教室に多数の学生を集めることによる密集環境の造成を回避し、感染の危険を減らすことが期待できる。COVID–19 への対応では、世界的に「オンライン授業」が普及していったが、その潮流に沿うようにして、感染者がいないとされている2020年の北朝鮮においても実施され、防疫対策による学業への支障を少なくするための努力が行われた。

2021年：遠隔会議の利用が活発化

北朝鮮では、2020年に引き続き2021年にも国境封鎖をはじめとする感染症の関連措置を維持し、感染者は報告されなかった。感染対策を報じる記事は、日々の消毒や体温測定、住民や従業員への啓発事業が中心となり、前年のような情報技術と関連する取り組みは確認できなくなった。

これまで防疫の指揮統制や医療、教育分野において行われてきたビデオ会議が、学術発表会、内閣や社会団体の総会、さらには企業の会議にまで拡大し、利用の幅が広がった。『労働新聞』に掲載された《화상회의방식》［画像会議方式］[31]を含む記事の件数を見ると、2020年は10件（うち国内が2件）だったのに対し、2021年には43件（同41件）と増加している。学術発表会については、2020年度にはほとんど報道がなかったが、2021年になって画像会議方式により開催されたものが多い。2020年の開催が中止になったか、報道に公開されない形で開催されたかが不明であり、2020年にも画像会議方式を用いて発表会が開催されたことが考えられる。

映像データは、文字や静止画と比べて量が大きく、一度に多くの利用者が映像の送受信を伴うサービスを使うと通信網に負荷がかかり、通信の利用に支障をきたすことがある。この問題は2020年に日本国内でも発生し、学生が遠隔授業などを活用して学習するための通信環境を確保するため、総務省が電気通信事業者関連団体に対して要請を出し[32]、携帯電話の通信容量制限などについて、柔軟な措置を講じることなどを求めた。北朝鮮国内においては、当該期間に通信環境の改善に関連する報道はみられなかったが、遠隔会議の活発化に代表される通信量の増大に伴い、通信回線の増強や通信制御の改善などの措置をとった可能性がある。

2022年：最大非常防疫体系の稼働

2022年5月12日、朝鮮労働党中央委員会の政治局会議が開かれ、5月8日に平壌市内の発熱者から新型コロナウイルスのステルスオミクロン変異ウ

-5월 15일 18시현재- 지역별 유열자수 (명)

	치료중 환자	당일 발생자	당일 완쾌자	당일 사망자
평 양	24만 459	20만 2 178	4만 2 369	
평 북	1만 7 400	9 577	6 597	
평 남	3만 4 308	2만 7 479	8 443	1
황 북	2만 2 546	1만 3 234	7 517	
황 남	2만 1 156	1만 2 092	9 022	2

図 4　朝鮮中央テレビが伝える地域別の発熱者数

出典：2022 年 5 月 17 日放送分

イルス「BA.2」が検出されたことを認定した。会議では、国家防疫事業を「最大非常防疫体系」へと移行する決定書を採択した。同体系では、国家非常防疫司令部が、北朝鮮の防疫事業全般を厳格に掌握、指揮し、その指示をすべての機関と部門が絶対のものとして執行することが要求される。「最大非常防疫体系」は 8 月上旬まで稼働された。

稼働期間中、新聞やテレビの報道では「有熱者」(発熱者)、「完快者」(回復者)、「死亡者」、「治療を受けている人」の数が日々伝えられた。特に朝鮮中央テレビでは、発熱者などの指標を地域別に一桁単位まで表示するなどの、詳細な情報提供が行われた。全国的な感染状況を毎日集計、公開するためには、効率的な情報登録と収集が不可欠である。集計については「総合されたデータによると」との説明だけで、具体的な方法や手段は明らかにされていないが、2020 年に登場した「非常防疫情報システム」には「国内のすべての地域での防疫事業の状況をリアルタイムで掌握・通知する機能」が含まれることから、稼働期間の初期段階の時点で、電話や紙ではなく、専用のシステム [33] を構築した上で報告を行っていた可能性が提起できる。

6 月には、国家網を利用した「保健情報網」[34]（ネットワーク）が構築されていった。発熱者の登録のほか、全住民の健康管理、薬品の供給と販売の管理といった情報を管理するもので、保健省、教育委員会、情報産業省などが関わっている。薬品の供給については、金正恩総書記が自ら薬局を見て回り、24 時間運営への移行を再三指示するなど、特別に強調されてきた [35] ことから、現場における問題を解決する手段として急速に導入が進められたことがわかる。ここでは「全住民の」健康管理を謳っているが、日本でいうところの住民基本台帳ネットワークシステムのような、行政システムとの連携に基づいているのか、また、登録項目やデータベースの構造がどのように定義されているのかなど、有用性を判断する上で気になる点が多く、詳細な情報が待たれる。

金日成総合大学の研究グループにより新型コロナウイルス感染症の「4重検査情報管理システム」が開発され、6月に完成、7月後半には全国の末端治療予防機関への導入が完了した。このうち3つについては、核酸検査、抗体検査、遺伝子塩基配列分析[36]を指すとみられる。同システムは感染症の検査状況を監視するのはもちろん、他のシステムと連動して今後の感染の広がりを予測するためにも使用され、医療従事者の配置や医薬品の供給に役立てられているとのことである。

前述の遠距離医療サービスシステムは、最大非常防疫体系の稼働期間中も活用された。朝鮮赤十字総合病院、平壌医学大学病院、金萬有病院、平壌産院（いずれも平壌市）をはじめとする中央の病院では「迅速協議診断チーム」が組織され[37]、各地の病院で緊急に提起される、発熱者などの患者に対する診断を迅速に進め、正確な治療対策を立てることができるよう技術的に支援した。期間中、チームは24時間態勢で動き、遠距離医療サービスを経由して全国から寄せられる患者の情報をもとに診断を下した。発熱者数が減少を続ける6月以降には、後遺症状のある患者を対象とした診断や治療対策の決定にも関与している[38]。

党の会議では、感染症対策と関連した衛生宣伝事業を強化する問題が討議されており、新聞やテレビを通じて感染症の特徴や服薬方法、民間療法などが紹介された。国家網に設けられた各サイトにおいても、こうした情報提供が行われているものと推測されるが、外部向けの報道では確認できなかった。

2023年：医療の情報化事業が継続

COVID–19の侵入による保健危機を克服した北朝鮮では、その後も保健や医療部門における情報技術の導入が進められた。2023年には、救急医療サービス指揮システム「救急 1.0」の更新と導入拡大、住民健康管理情報システムの全国化といった取り組みが報道された。前年末に開かれた朝鮮労働党中央委員会の第 8 期第 6 回総会は「人民の病気診断と治療、健康増進のための医療サービスをより合理的に、効率的に、先進的にできる体系と方法を導入し、条件も用意しなければならない」と強調し[39]、各システムの導入事業はその決定に沿うものだと説明している。

救急医療サービス指揮システムは、2022 年に開発され、平壌医科大学病院をはじめとする、平壌市内の医療機関に導入された。この事業で「保健危機が発生した場合に、統一的な指揮により迅速な現場進出、現場医療サービス、患者の搬送をはじめとする救急医療サービスを行うことができるように」なったほか「唯一の救急短縮電話番号を開設」したという。導入過程では多くの経験が得られたとしながら、2023 年には、同市内の医療機関でシステムをより効率的に稼働させる事業、各道の救急指揮所にシステムを確立するための事業が展開された[40]。保健省と金日成総合大学先端技術開発院情報技術研究所が事業に携わり、各道の救急指揮所による統一的な指揮のもと、道、市、郡の病院と末端治療予防機関が救急医療活動を効率的に行えるようにすることを目標としている。

2023 年には住民健康管理情報システムを全国の里病院や総合診療所に拡大導入するための事業も計画され、5 月の時点で 70 パーセントの段階まで進捗した。システムの詳細は明かさなかったものの、保健省と各道での事業状況が報告され、保健省では数十の総合診療所と数百の里病院をモデル単位に選定し、導入事業を進めた[41]とのことである。

5　北朝鮮が得られた成果

通信ネットワークの拡大

北朝鮮が COVID–19 対応を行う過程で得られた情報技術的な成果として、医療に必要な通信ネットワークが全国的に拡大したことが挙げられる。2010 年に各都市の病院間で開始され、2012 年には市（区域）・郡の病院へと拡大した遠距離医療サービスにより、最大非常防疫体系の期間中、患者の診断と正確な治療対策を立てるなど、既存の通信網が活用された一方、2020年には「非常防疫情報システム」が開発、末端の保健機関まで導入された。カメラ映像による、防疫当局と医療機関との間の連絡機能を含むシステムの導入にあたっては、通信回線の敷設や電源二重化工事などが行われた。

2020年までには市、郡の人民病院まで遠距離医療サービスと通信網が整備されたが、さらに末端の保健機関へと至るまでの通信網が、非常防疫情報システムの導入とともに行われていったのである。一方、2020年7月の『朝鮮新報』[42]では「末端行政単位である里まで光ファイバーケーブルが完全に導入され、情報通信の広帯域化が高い水準で実現されている」と述べられている。今回の非常防疫情報システム構築にあたって、既存の通信網に各機関を接続する方式を採用したのか、映像の送受信を伴う確実な通信のために専用の回線を敷設したのかは確認できないが、地方の医療現場における通信インフラの導入が促進される結果となった。

危機発生への素早い対処

北朝鮮がCOVID–19対応を行う過程で得られた情報技術的な成果として、2022年5月の感染拡大により「最大非常防疫体系」が稼働してからの約3カ月間で、保健情報のネットワークがイントラネット上に構築され、発熱者の登録、全住民の健康管理、薬品の供給と販売の管理などの情報を管理する基盤が用意されたほか、感染症の検査状況を監視し、感染の広がりを予測するための「4重検査情報管理システム」が開発、導入され、将来予測されている感染症に対処しうる土台が用意されたことも挙げられる。開発には主要な大学の研究グループが携わっており、急激に悪化する北朝鮮国内の保健状況に、短期間で対応するための開発事業を遂行できるだけの力量を保有していることが示された。

他国製のシステムを導入するにしても、国ごとに法令や組織構造、通信網の構成などが異なるために、一定程度の独自化が必要となる。また、システムを利用する人員への講習、機材の調達をはじめ、運用までには多くの手順を経るため、即時に利用できるようにはならない。北朝鮮独自の問題として、経済制裁や関連措置に伴い、米国などの企業が提供する情報製品やサービス[43]を活用できない点も挙げられる。これらの条件から、システムを「われわれ式」に作る、つまり国内で開発することは避けて通れない。同国の情報技術発展におけるこれまでの経験を活かし、防疫現場で必要とされる道具を素早く作り上げ、実践に投入したことは、評価に値する。

6　明らかになった問題点

感染者ゼロが気の緩みに

北朝鮮がCOVID–19対応を行う過程では、情報技術に関する一連の問題点も明らかになった。

2022年8月10日、「全国非常防疫総和会議」が開かれ、金正恩総書記が演説にて「防疫戦争への勝利」を宣布した。最大非常防疫体系が稼働した5月12日から数えて91日目のことであった。

会議では金正恩総書記の演説に続き、内閣の金徳訓《キム・ドクフン》総理、朝鮮労働党中央委員会の金與正《キム・ヨジョン》副部長などによる報告と討論が行われ、非常防疫期間の対応を総括した。報告では、金正恩総書記への賞賛や人民への感謝といった「お決まりの表現」のほか、韓国側から飛来したビラがウイルスを流入させたとして「南側に住む鬼畜のような穢らわしい奴ら」への非難が繰り広げられた一方、科学技術と関連した言及がみられた。

李忠吉《リ・チュンギル》・国家非常防疫司令官（朝鮮労働党中央委員会部長）は「抗体検査技術や悪性伝染病伝播状況管理支援体系をはじめとする、先進的で科学的な検査と診断体系を開発導入するようにし、全国の伝染病伝播状況を迅速かつ正確に掌握し、安定的に統制管理することができた」と評価している。

金正恩総書記の演説では、非常防疫期間中に現れた欠点が提示された。最大非常防疫体系が稼動された初期に「悪性ウイルスの検査と診断、科学的な治療戦術を適時に正確に確立実行できなかったことにより、十分に防げる人命被害まで出し、内部での伝染病拡散を迅速に抑制することができず、迷信的な流言まで出回り、防疫と治療事業に少なからぬ混乱を造成」したとしながら、「物理的封鎖一辺倒にしがみついて機械的に事業をしていた」「保健、防疫の下部構造（インフラ）と技術力、物質的準備状態が建国以来、わが党と国家が一貫して堅持してきた保健、防疫政策に相応して発展することもできず（中略）準備されていないことをはじめとするさまざまな問題点がある」と批判した。

情報技術と関連させれば、4月下旬に最初の感染者が出たときに、遅くとも最大非常防疫体系への移行までには、期間中に開発・導入が進められたシステムやサービスが利用可能な状態で存在しているべきであり、2020年から2022年までにおける当該部門の事業が不十分であったということができる。2年3カ月にわたって感染症の患者を発生させなかったことは、その間の人命や健康を守った点では肯定される一方、治療や事態収集の経験が蓄積されることはなく、人々の防疫に対する緊張感が緩和することにもつながったのではないか。2020年上半期にみられたシステムの開発事業がその後伝えられなくなったことも、感染症に対処した経験がないことにより、実際の現場において要求される機能などへの認識が十分でなく、一定の成果を上げた時点で満足したことによる可能性がある。

北朝鮮ではあらゆる方面において「われわれ式」「国産化」が重視され、その原則に従うあまり、防疫に関連する情報技術が、保健危機への対処に必要な水準に達しないまま、大流行を迎えてしまったとみることができる。COVID–19との戦いでは、北朝鮮の大学や情報企業が、健康状態や検査情報の管理といった、防疫事業で必要なシステムを数カ月の間に用意できるだけの開発能力を保有していることを示したが、これらの能力が2020年から2022年までの間に正しく利用されることで、感染症の統制をさらに円滑に進めることができたのではないか。

7　今後の展望と他分野への応用

医療活動の効率化

これまでに、防疫や医療に関連する情報技術とそのシステム、および運用事例を取り上げたが、それらはいずれも当該事業の従事者が利用するものであった。情報通信技術を用いた遠隔診療には、医師と医師をつなぐもののほか、医師と患者をつなぐものがあり、北朝鮮における「遠距離医療サービ

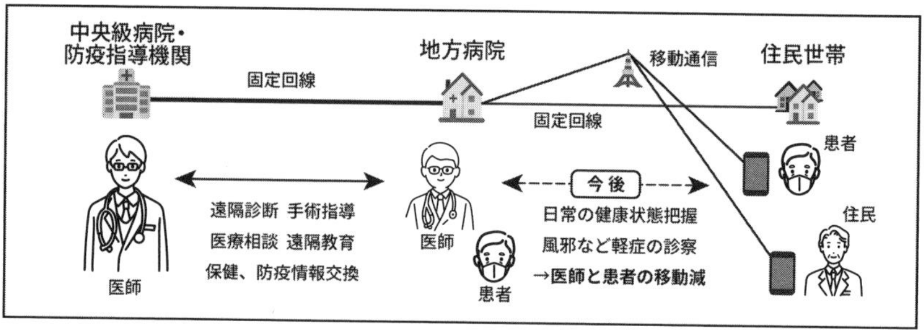

図５　北朝鮮では現状の遠隔医療は医師間にとどまる
出典：筆者作成

ス」システムは前者にあたる。もっともこれは、2010年前後という導入時期や、中央と地方病院との医療水準の格差を減らすという目的をもとに、国際機構と共同で推進した事業であるから、筆者は同国の関係当局や事業に異議を唱える意思はない。

一方で、2022年に展開された非常防疫の現場では、平壌市へ動員された軍医が「連日続く徹夜勤務で想像を絶する肉体的および心理的疲労が極度に達した中でも、薬品が必要な世帯を探し、猛暑の中で走り回」ったり「病に苦しみながらも献身の道を歩き続け、犠牲とな」ったりした事例が紹介されている[44]。

今後、医療の情報化においては、遠隔での健康観察や医療相談に、住民（患者）が持つ情報機器を活用する方向で進められるものと展望する。北朝鮮では「医師担当区域制」により、地域ごとに医師が配置され、日々の健康管理や衛生宣伝などの基本的なサービスを行うが、たとえばスマートフォンやテレビを利用すれば、それら業務の一部を代替できる。同国の携帯電話事情を紹介した記事[45]に「スマホ内蔵のセンサーを使い、血圧や視力、酸素濃度までも測定可能な健康検診アプリ」の存在が確認できることを踏まえると、現時点で技術的には導入が可能と考えられる。既存の医療制度を全面的に置き換えるためには、携帯電話の普及がさらに進むこと、増加する通信需要を満たすだけの通信環境が整備されることなどが必要となるが、2017年の時点でも半数以上の世帯で最低1人が携帯電話を所有している[46]ことから、導入による医療活動の効率化は一定程度現れるものと予測できる。

災害対応の改善

全国非常防疫総和会議の演説で、金正恩総書記は「国家存立と発展、人民の安寧のために必ず責任を持って対処しなければならない3大危機」として、戦争危機、伝染病危機、自然災害の3つを挙げた。情報技術は、この3つの危機に対応する手段として研究、開発、導入が進められている。たとえば自然災害への対応として、国家科学院地球環境情報研究所により「国家自然災害統合管理システム」が開発され[47]、洪水、干ばつ、台風、大雪をはじめとする自然災害を迅速に監視、予報し、事前対策を立てることができるようになったとしている。また、2024年の元日に発生した能登半島沖地震では「津波特級警報」や予想される津波の高さを伝える[48]など、住民への情報提供も強化している。

北朝鮮がCOVID–19対応を行う過程で得られた経験は、自然災害への事前対策に加え、自然災害が発生したときにも活用が期待される。「非常防疫情報システム」の各機能は、被害発生状況の把握や救助活動の進捗をリアルタイムで掌握・通知すること、災害対策を指揮する中央機関の指示を示達し、その執行状況を報告することにそれぞれ転用でき、災害発生直後の迅速な対応、人員や物資の適切な投入、統一的な指揮統制を実現する助けとなる。また、住民の健康状態を管理するための情報システムは、災害が発生した際、被災地域の住民の安否や健康状態を管理、集計することに応用できる。この段階で専門的な診断を要する傷病者が発生した場合には、すでに運用されている遠距離医療サービスシステムを通して、上級の医療機関と協議し、対策を決定できる。

技術を応用するにあたっては、電源や通信の確保をはじめ、解決すべき問題が存在する。そして、各部門で開発されたシステムの有用性を高めるためには、それぞれが有機的に連携して動作するよう、統一的な仕様を定め、それに基づく開発が望ましい。何よりも、解決すべき問題を十分に整理した上で、世界的な動向を観察し、経験を持つ他の国・地域での事例から学び、先を見据えて事業を行うことが重要であろう。

おわりに

この章では、北朝鮮国内におけるCOVID-19対応過程を、情報技術の観点から整理し、その成果と問題点を評価した。北朝鮮では、COVID-19の流行が始まった2020年から、国内に感染症が蔓延した2022年を経て、2023年までの防疫事業において、従前の遠距離医療サービスを活用しつつ、防疫事業に関する情報共有、検査情報の管理などの各種システムを短期間で開発、導入したほか、機材と通信回線の設置により通信ネットワークが拡大した。その一方で、2022年の非常防疫期間、システムが導入された時期にはすでに感染状況が安定期に入っていたことから、有用性には疑問が残る。そのような結果を招いた要素として、2020年から2022年までの期間に感染症が国内に流入しなかったために、システムの開発を含む防疫事業がおろそかになった疑いが提起できる。COVID-19対応過程で得られた成果は、今後の医療活動を効率化するために活用できるほか、人命救助という点で災害対応の改善にも応用が期待できることを示した。

日々発生する事象の中には、メディアで報道されないものも多数ある。これはあらゆる地域や部門に当てはまる話で、空白を埋めるために自ら情報を取りに行く姿勢が求められる。惜しくも2024年6月現在、北朝鮮へ入国できる人員が限られていることから、ここでは同国の機関が外部に公開する情報を総合するにとどまった。技術的な事項を含め、今後の状況次第では、報道のみでは得られない詳細な事実を明らかにできるだろう。

システムの開発では、ソースコードが公開されている「オープンソースソフトウェア」の利用が活発になっており、北朝鮮においても例外ではない。その目的が、たとえば軍事であれば好ましくないが、その一方で、防疫や医療、教育をはじめとした分野に活かされる可能性もある。全世界で業務または趣味でソフトウェア開発をしている方々には、自分の製品・作品が人々の命を守ることに貢献できるという考えのもと、社会に広く受け入れられる有用な成果を生み出し、公開していってくれることを願う。

（注意）

インターネット上の情報は、特記のない限り2023年5月31日に閲覧し、リンクが有効であることを確認した。

1） 内閣府の「外交に関する世論調査」（2023年9月調査）では、北朝鮮への関心事項（複数選択式）として「ミサイル問題」を挙げた回答者は77.9％に上り、「日本人拉致問題」（73.6％）を上回っている。
2） 2024年3月時点（日本防衛省）。https://www.mod.go.jp/j/surround/northKorea/index.html
3） 射程距離の延長、液体燃料から固体燃料への転換、コンテナに扮した鉄道車両からの発射などが挙げられる。
4） 金正恩『偉大な金正日同志をわが党の永遠なる総書記として高く戴き、チュチェの革命偉業を立派に成し遂げよう―朝鮮労働党中央委員会の責任幹部への談話』朝鮮民主主義人民共和国外国文出版社、2012年4月6日。
5） 姜日天「朝鮮経済トレンドウォッチ4――体化に向かう科学技術と経済」『朝鮮新報』2021年1月24日。
6） リ・グァンサム『敬愛する最高領導者金正恩同志が明らかにされた全民科学技術人材化に関するチュチェの理論』社会科学出版社、2017年、34–36頁。
7） 北朝鮮国内において科学技術普及の中心的役割を担う図書館「科学技術殿堂」が2016年に開館した。来館利用のほか、全国にネットワーク経由で閲覧サービスを提供している。
8） 2012年9月の最高人民会議で、義務教育の年限を11年（1・4・6）から12年（1・5・3・3）に改編するための法令が採択された。延長は1972年以来。
9） 『労働新聞』「『全国情報化成果展覧会–2016』開幕」2016年10月5日。
10） 北朝鮮では、国内で「国家資料通信網」と呼ばれる全国規模のイントラネットが利用され、通常は国外と通信できない。
11） 『労働新聞』「人民経済の現代化、情報化を推し進める全国情報化成果展覧会–2021」2021年10月23日。
12） 金正恩総書記は「先行する単位の優秀な成果や経験を共有し普及する事業を広範囲に組織、展開することについて言及」した（金正恩『社会主義建設の新たな発展のための当面の闘争方向について』朝鮮中央通信、2023年9月28日）。
13） 厚生労働省「新型コロナウイルスに関連した肺炎の患者の発生について（1例目）」2020年1月16日。https://www.mhlw.go.jp/stf/newpage_08906.html
14） 統一研究院『北韓コロナ19現況DB』2022年。
15） 『労働新聞』「朝鮮労働党中央委員会政治局非常拡大会議が召集」2020年7月26日。
16） 中川雅彦「2022年の朝鮮民主主義人民共和国―新型コロナに対する勝利宣言で政

治的権威を強化」アジア経済研究所『アジア動向年報 2023』2023 年、55 頁。
17） 2019 年時点で 2,544 万 8,350 人。
18） 延べ 4,170 万 3,363 人、6,176 万 5,458 回（厚生労働省「オープンデータ」2023 年 5 月 7 日最終更新。https://www.mhlw.go.jp/stf/covid-19/open-data.html）。
19）『聯合ニュース』「コロナで北の医療システム不条理が水面上に―薬不足に買いだめまで」2022 年 5 月 16 日 17:45。https://www.yna.co.kr/view/AKR20220516048451504
20）『聯合ニュース』「北、コロナ『死亡者 50 人』に縮小させたか―『この 5～6 倍の人数と推定』」2022 年 5 月 16 日 15:55。https://www.yna.co.kr/view/AKR20220516120100504
21） 従来の「経済のチュチェ化、現代化、科学化」に加え 4 項目となった。
22）『朝鮮新報』「光ファイバーで連結、遠距離医療サービス―平壌・金萬有病院を拠点に全国範囲で展開」2010 年 3 月 6 日。
23）『民主朝鮮』「遠距離医療サービスシステムの運営開始行事が開催」2010 年 4 月 28 日。
24）『労働新聞』「先端技術による遠距離医療サービスが活発」2011 年 3 月 26 日。
25） 道の 1 段階下にあたる地方行政区分。2024 年 1 月現在、約 200 の市や郡が存在する。
26）『労働新聞』「遠距離医療サービスシステムが全国の市（区域）、郡人民病院に拡大」2012 年 11 月 3 日。
27）『労働新聞』「いつでも緊張、動員された態勢にて」2020 年 4 月 3 日。
28）「非常防疫事業に引き続き大きな力を」2020 年 4 月 29 日。
29） ここでいう「画像」は映像のこと。「画像会議」はビデオ会議（video meeting）を指す。
30）『朝鮮新報』「コロナパンデミック、ひときわ目立つ朝鮮式の情報化」2020 年 7 月 7 日。
31） 2005 年に南北の光回線が連結され、同年から離散家族の面会などに使用された。
32） 総務省「新型コロナウイルス感染症の影響拡大に伴う学生等の学習に係る通信環境の確保に関する要請」2020 年 4 月 3 日。https://www.soumu.go.jp/menu_news/s-news/01kiban03_02000630.html
33） 日本では厚生労働省により、2020 年 5 月に「HER-SYS」と呼ばれるシステムが稼働した（2024 年 3 月に終了）。医師などが感染者情報を入力、自治体や国と共有する。
34）『労働新聞』「国家防疫政策の実現を担保する科学技術成果が拡大」2022 年 6 月 22 日。
35） 5 月 15 日の党中央委員会政治局協議会では、国家が調達する医薬品が住民に適時、正確に行き届いていないことについて、金正恩総書記が「内閣と保健部門の無責任な事業態度と組織執行力」を強く批判した。
36）『労働新聞』「先進的で科学的な防疫能力建設を各方面で推進」2022 年 7 月 18 日。
37）『労働新聞』「迅速協議診断チームの役割を非常に高め」2022 年 5 月 17 日。
38）『労働新聞』「現在の防疫安定担保のための国家防疫体系の全一性を確固として保

障」2022年8月5日。

39） 総会の開催を伝える2023年初めの報道では、医療に関する内容に触れなかったが、のちになって討議されていたことが判明する（『労働新聞』「住民健康管理情報システムが拡大導入される」2023年5月17日）。

40） 『労働新聞』「救急医療サービスの水準を高めるために」2023年1月29日。

41） 『労働新聞』「医療サービスの科学化、情報化を積極的に推進」2023年12月16日。

42） 『朝鮮新報』、2020年7月7日。

43） OSやクラウドコンピューティング（遠隔計算）サービスなど多岐にわたるが、たとえばMicrosoftの「Windows」は買い切り製品である上、違法ながらライセンス認証を回避できるため、北朝鮮国内のコンピュータにおいて利用が確認できる。

44） 金正恩「首都の防疫危機を平定した人民軍軍医部門戦闘員を祝賀する」朝鮮中央通信、2020年8月19日。

45） 朴在勲「朝鮮経済トレンドウォッチ5—スマホの普及と活用事情」『朝鮮新報』2021年2月27日。

46） 全体で69.0%、うち農村部は50.6%、都市部では80.4%の世帯が所有。Central Bureau of Statistics of the DPR Korea and UNICEF, *DPR Korea Multiple Indicator Cluster Survey 2017: Survey Findings Report*, Pyongyang: Central Bureau of Statistics and UNICEF, 2017.

47） 『民主朝鮮』「新技術開発目標実現において成果を達成」2020年12月12日。

48） 『聯合ニュース』「北韓、日本の強震で咸鏡北道の海岸に『津波特級警報』」2024年1月1日。https://www.yna.co.kr/view/AKR20240101046900504

（北朝鮮研究との出会い）

金日成主席がこの世を去った4年後、日本上空を「テポドン」が飛んだ1998年に私は生まれた。すでにソビエト連邦もなく、社会主義は遠い存在となっていた。初めて「北朝鮮」を見聞きしたのは2005年前後、核開発に関する六者会談のニュースを見たときで、丸い穴が空いた寧辺原子力研究所の床を防護服姿の技術者が歩く映像が記憶に残っている。

2011年12月に金正日総書記が死去したときには、周りでも話題となったが、その頃は北朝鮮の楽曲に勝手に歌詞がつけられた動画を見たり、大声で泣き叫ぶ人民の真似をするなど、お遊びのネタとして消費するだけであり、関心を持ったのはしばらくのちの話であった。

現在に至る、北朝鮮に対する興味の原点は、大学1年生の必修科目として外国語の学習機会を得たことである。当時の私は、「簡単だ」という説明を頼りに朝鮮語を選択した。学習を始めて数カ月も経てば知識を試したくなるが、核実験や度重なるミサイル発射に関する報道が影響してか、2017年の秋頃には朝鮮中央テレビを視聴するようになり、指導者の賞賛や軍事に限られない内容に好奇心を覚えた。振り返れば、テレビ視聴は語学にとっても発音を除き好影響であったと感じている。これ以降、朝鮮語学習のほか、北朝鮮の内政に関して、本書の第8章を担当された髙木丈也先生のゼミに参加し、関係を持つようになった。

K-POP、美容、ネットゲームなど、韓国の社会や文化の華やかなテーマを扱う学生の中で北朝鮮を観察するというのは孤独なものであったが、人気がないからと誰も取り上げなければ、幼い頃の自身のようにネタとしてのみ消費したり、誤った認識から偏見を持ったりする人が増えるだろうとの危惧から、大学院へ進学することを決めた。

本稿提出時点で、自身の大学生活は8年目を迎える。これまで所属学校や外部の方々と意見を交わす中で、北朝鮮に対して興味・関心を持つ人は少なくないことを実感したが、最近は接触できる情報が多様化しており、同国の誤った内容を提供するネット動画も目につく。学術的な分析で得られた成果を広く公開するという自らの本分を果たすべく、先人に学びながらこれからも試行錯誤を続けていきたい。

（上野　遼）

第Ⅱ部　芸術・文化

第Ⅱ部は、芸術・文化分野を中心に扱う。北朝鮮の文学や映画に触れたことがある読者はほとんどいないだろうが、各章を一読すれば、これらの分野も政治指導者や国家から切り離せるものではないことが容易に理解できるあろうし、北朝鮮を読みとくうえで重要な素材となることが分かるはずである。

第5章は「文学」である。北朝鮮の文学作品は数多く対外公開されているものの、日本で翻訳出版されることはきわめて稀である。たとえ朝鮮語を理解できる人であっても、『労働新聞』の読み解きなどとは異なり、文学的表現を理解するのはハードルが高い。第Ⅰ部で扱った『労働新聞』や北朝鮮の法律などからは知り得なかった事実が文学に潜んでいる。

第6章は「音楽」である。後継者として金正恩の名が急浮上した2009年に注目されたのは、彼を称揚する「パルコルム」（足音）という歌であった。音楽が北朝鮮政治の行方を紐解くうえで大きなヒントとなったことが想起される。

第7章は「映画」である。特に金正日時代には映画制作に力が入れられたことは知られているものの、日本人が北朝鮮の映画を鑑賞する機会はほとんどない。編者自身も、北朝鮮の映画はほとんど見たことがない。数百篇の映画を鑑賞してきた専門家による読み解きは、読者の好奇心を掻き立てること間違いないだろう。

第8章は「言語」である。北朝鮮を深く知るには朝鮮語の運用能力が不可欠であるが、北朝鮮の「朝鮮語」そのものについて知る機会はなかなかない。朝鮮中央テレビのアナウンサーが話す言葉は、ソウルのものとはイントネーションやアクセントが違うばかりか、使用する単語自体も異なることがある。

（礒﨑敦仁）

第5章　文学
なぜ北朝鮮文学を読むのか

鈴木琢磨

はじめに

筆者はとりたてて小説や詩が好きというわけでなく、ましてや文芸評論家でもない。あくまでジャーナリストの視点で北朝鮮で書かれた文学の森に分け入り、情報に目をこらしてきた。じっくり作品を味わい、文学の世界にひたることはない。作家の履歴は気になるが、表現のよしあしなどはわきにおく。いかなるテーマを設定し、どんな逸話を盛り込んだか、そこから透ける思惑を読み取り、ニュースの背景をさぐりたいのだ。そして金正恩の素顔が知りたいのだ。なるほど謎多き国ではある。フェイクニュースも飛び交う。だが、その実像をつかむには公開情報を丹念に分析するのが近道だ、とインテリジェンスのプロたちは口をそろえる。筆者もそう思う。

北朝鮮は「文学の国」だ。「文学・芸術の国」と呼んだほうが正確かもしれない。ただ歌であれ、映画であれ、演劇であれ、すべては文学作品を土台としている。歌には詞がなければならないし、映画、演劇には脚本がなければならない（実際、映画文学、劇文学と称されている）。では、その文学とは、われわれがイメージする文学なのか？　違う。かの国の文学史をひもとけば、その「違い」は一目瞭然である。彼らの文学を特徴づけているのは「首領形象文学」なる独自のジャンルである。首領とは最高指導者をさす。建国の父・金日成から世襲されてきた最高指導者がいかに偉大な人物かを知られざるエピソードをまじえ、人民に教える手段としての文学である。

似ているではないか。金日成《キム・イルソン》と金正恩《キム・ジョンウン》は、2人ともサプライズ登場だったのだ（金正日《キム・ジョンイル》は後継者デビューまでの準備期間が長く、サプライズ感はさほどなかった)。金日成は神出鬼没の抗日パルチザンの英雄としてその名こそ広まっていたが、謎の人物だった。金正恩もまた父が脳卒中で倒れ、あわただしいデビューとなった。「パルコルム（足取り）」なる歌を広め、「金大将」という後継者の出現を予告したが、いったい何者か？　その力量は？　筆者は金正日の元料理人、藤本健二から彼の存在をうすうす聞いていたものの、わからないことだらけだった。生年月日すら明かされていないのだから。かの地に暮らす人民も好奇心と戸惑いが交錯しているだろう。まさに「首領形象文学」の出番ではないか。平壌から届く小説などを批判的に読んでいけば、一級の「情報」として活用できるに違いなかった。

1　首領形象文学の誕生

この「首領形象文学」なる呼称は1980年代に入ってからひんぱんに使われるようになった（内部では「1号作品」とも称されているらしい）が、そのルーツは古い。金日成の登場とともに生まれたといっていい。1945年の解放後、平壌に凱旋し、大衆の前に姿を現した彼はあまりに若く、だれもがあの伝説の金日成か、と疑問に思った。詳しい経歴もわからない。反発する向きもあっただろう。そんな人物を新しい国家の信頼に足るリーダーだと描く必要があった。書き手として当代最高峰の作家が総動員された。最も有名なのは、あの「金日成将軍の歌」だ。

♪長白の山なみ　血に染めて
鴨緑の流れを 血に染めて
自由朝鮮きずくため
戦いきたりし そのあとよ
ああ その名も高き 金日成将軍
ああ その名もゆかし 金日成将軍

作詞したのは李燦《リ・チャン》である。日本統治下の朝鮮咸鏡南道生まれで、早稲田大学などに学び、朝鮮プロレタリア芸術家同盟（KAPF）に加わった。その彼が祖国に戻り、解放から2年後の1947年につくったとされる。長白山＝白頭山を舞台にした抗日パルチザン闘争での若き金日成の名声をたたえ、いまなお「永世不滅の革命頌歌」として広く歌われている。

またソ連帰りの作家、趙基天《チョ・ギチョン》が1947年に発表した長編叙事詩「白頭山」も読み継がれている。こちらも舞台は白頭山、金隊長＝金日成率いるパルチザンが日帝に大打撃を与えたとする普天堡戦闘を題材にしている。こんな「リアル」なくだりがある。

「同志達！」——
金隊長の　ふるえる声——、
「幾年を　われら異邦で戦い、
鳥も越されぬという　防備の網をやぶり
今宵　祖国の地で
われら　仇敵を打った、
血も　ひからびかけた　同胞に
まだ　脈打っている生きたこの国の気概を
われら　まじまじと　見せしめた、
しかし　同志よ！
敵は　まだ強い、
それ故　われら　この夜を
再び　この江を渡らねばならず、
われらの戦友
チョルホと　ソクスンを
亡骸も探せずに
怨み多き　この鴨緑の水に
永遠に埋めねばならなかったではないか？」
（許南麒《ホ・ナム ギ》訳『白頭山』ハト書房より）

ちなみに2018年、平壌での南北首脳会談を終えた韓国大統領、文在寅《ムン・ジェイン》が金正恩と白頭山に登ったとき、頂上に広がる天池のほとりで北側随行者、統一戦線部部長の金英哲《キム・ヨンチョル》がこの詩「白頭山」をそらんじたという。

「金日成伝」も書かれた。もっとも初期の「金日成伝」は1946年、作家の韓雪野《ハン・ソルヤ》の筆になる小説仕立ての「人間金日成将軍」と「英雄金日成将軍」だ。のちにさまざまなバージョンの「金日成伝」が現れるが、これが原型をなす。すでに金日成の生家、平壌の万景台にスポットがあてられ、ファミリーヒストリーが詳細に語られている。興味深いことに2編とも作家のこんな言葉で終わっている。〈偉大な人間は偉大な英雄だ〉(「人間金日成将軍」)。〈偉大な英雄は偉大な人間だ〉(「英雄金日成将軍」)。韓雪野は咸鏡南道出身で、三・一運動で検挙された経験がある。日本大学で学び、KAPFの創建に参加している。李箕永《リ・ギヨン》と並び称される重鎮で、教育文化相や朝鮮作家同盟中央委員会委員長などを歴任した。

まだ自由な空気もあったため、韓雪野はエッセイ「金日成将軍印象記」(1946年)で「首領形象」についてこう述べている。

　われわれは英雄をわれわれと同じ普通の人間として彼が行ったことを通じて発見する時代、すなわち人民が主人である時代に生きている。われわれはわれらが英雄、金日成将軍を神秘や偶像の世界へ持ちあげようというのではない。どこまでも人民の友として、師として、首領として再現しようということであり、そうしなければならず、またそうできると思う。小説として書き、詩として書き、歌としてうたい、絵画として描き、彫刻として刻み、写真芸術家たちも機械(カメラ)で形象化に最大の努力を傾注しなければならない。これは将軍の要求でないかもしれないが、人民の要求であることは間違いない。

2　ベールに包まれた「創作団」

インテリである作家たるもの、たとえ集団主義を重んじる社会に生きてはいても、思うところ、感じるところを自由に書きたいはずだ。しかしその欲求を抑制できなければ批判、追放されるリスクをおっている。実際、李燦や趙基天は生き残ったが、初の「金日成伝」を著し、初の首領形象小説とされ

写真１　4・15 文学創作団の活動拠点の建物

出典：月刊誌『祖国』2006 年 2 月号

写真２　叢書「不滅の歴史」シリーズをチェックする金正日

出典：『主体芸術の偉大な年輪』(2・16 芸術教育出版社、2002 年)

る「血路」を書いた韓雪野すら復古主義者として粛清された（死後、名誉回復)。松本清張の小説「北の詩人」のモデルとなった詩人、林和《リム・ファ》は朝鮮戦争後、アメリカのスパイの烙印をおされ、処刑されてしまう。かくして日本統治時代からの著名作家が消えゆくなか、当局は作家を発掘し、システマティックな検閲をへた「首領形象文学」を生み出す必要に迫られる。

その生産工場が「4・15文学創作団」であった。「4・15」は金日成の誕生日、4月15日にちなむ。発足したのは1967年6月で、その直前の5月、秘密裏に開かれた朝鮮労働党中央委員会第4期第15次全員会議で「唯一指導体系」が打ち出される。金日成を唯一の首領として仰ぎ、その指示に無条件で従え、となったのだ。社会主義国が中世の王朝のごとき独裁体制へと転換する。文学も人民の手を離れ、党の文学になってしまった。この重要会議を陰で主導したのが、まだ20代の金正日だった。彼はエンタテインメントの力をよく理解していた。映画、演劇、音楽への造詣も深く、韓国のエンタテインメントにまで精通していた。

金日成が還暦を迎えた1972年、創作団は叢書「不滅の歴史」の第1弾として金日成の抗日パルチザン闘争を扱った『1932年』を刊行する。これまでに「不滅の歴史」シリーズは43作品を出している。また金正日の事績を扱った叢書「不滅の嚮導」は32作品、金日成夫人、金正淑《キム・ジョンスク》の事績を扱った叢書「忠誠の一路で」も10作品ある（作品の点数は2017年現在）。いずれも力量ある作家の手による長編で、完成までにたっぷり時間をかけている。2000年、筆者はたまたま東京・神楽坂で日本からの帰国者で創作団に所属する作家、ナム・デヒョンに会った。在日社会の変化を取材するための来日だったらしいが、叢書「不滅の嚮導」シリーズとして彼の作品『祖国賛歌』が出版されたのは2004年のことだった。

ベールに包まれた「4・15文学創作団」は平壌郊外、南浦にある。ガードは堅く、外部の人間は近づけない。在日本朝鮮人総連合会系の月刊誌『祖国』（2006年2月号）に写真入りの訪問記が載った。その記事によれば、2万平方メートルの敷地に薄緑色の2階建ての棟が3つ並び、中庭もある。執筆や読書のための創作室は30、世界文学全集などがそろった資料室が8、娯楽室、食堂まで完備されている。金正日はいくら金がかかっても外国の図書や資料を買うように、また自分が読んだ本も送る、と言ったらしい。専属の医者も配置されている。訪ねた記者は「まるで東方の別荘に来た感じだ」と漏らしている。いかに彼らが厚遇されているかがわかる。

創作団が誕生して半世紀となった2017年、朝鮮作家同盟中央委員会機関誌『朝鮮文学』（6月号）が所属作家5人による座談会を企画した。タイトル

写真３　雑誌『朝鮮文学』の表紙

は「太陽の歴史をあやなし50年」。作家らは口々に金正日への感謝を述べる。「作家は座って執筆する時間が多いので、運動不足による疾病がおこる。将軍さまは運動機材を送ってくださり、外国の保養所で休めるようにまでしてくださいました。人民が将軍さまの健康を願ってささげた漢方薬や薬剤を創作団の平凡な作家に送ってくださったりもしました」。金正日が小説の初稿から目を通していたとも明かす。そしておしまいにこう力を込める。「金正恩同志の先軍革命領導の名作を滝のように生み出し、奉じていかなければならない。その第1騎手になるため、もっと奮発しよう」。「不世出の先軍霊将である全国千万軍民の慈悲深い父、金正恩同志の偉人的風貌を文学作品として深く形象する栄誉ある重い課業がわれらの前に立っている」。つまり作家は金正恩の偉大な業績を立派な小説にすべき、それも「滝のように」量産すべき、と自らを鼓舞したのだ。

3　公開されない「金正恩伝」と小説

金正恩は文学・芸術をこう定義する。〈高い情緒的な感化力と強いアピール性で大衆の琴線を震わせる思想的武器、核爆弾より威力ある手段である〉（『敬愛する金正恩同志は先軍文学芸術の卓越した英才』（社会科学出版社、2015年）。だが、筆者のみるところ、彼には祖父や父ほどの文学への情熱は感じられない。文学青年ではない。読書体験を語ったこともない。世代が違う。

映像世代であり、リアリストである。スイス留学も影響しているかもしれない。「白頭血統」を重視しつつ、金日成の抗日パルチザン闘争＝白頭山伝説というキラーコンテンツの賞味期限に気づいているふうでもある。金正日時代にさかんに出版された「白頭山伝説集」なる荒唐無稽な講談本まがいもほぼなくなった。小説を『労働新聞』などの公式メディアで報じにくい「真実」を伝える補完メディアと考えているのだろう。だからこそ、いまだ「金正恩伝」が公開されない最高指導者像に迫るうえで、情報満載の文学は読む価値があるといえる。

むろん、鵜呑みにしてはならない。くだんの「4・15文学創作団」は、いわば現代版宮廷作家集団だ。朝鮮王朝時代に「龍飛御天歌」という王の事績をたたえた歌集が編まれたが、とかく聖王の「愛国美談」になりがちである。最高指導者を悪を懲らしめるスーパーヒーローに擬し、人民に溜飲をさげさせるエンタテインメントの要素もある。だが、最高指導者の言動、とりわけ「マルスム（お言葉）」と称される発言は作家が勝手に脚色できない。小説を読むいちばんのポイントだ。あの世からの祖先の「お告げ」も散見されるが、これも当局のお墨付きを得ているとみていい。最高指導者の未公開エピソードは動静報道とクロスチェックすべきだが、小説のために禁を解いた、とっておきのエピソードの可能性もある。幹部などは仮名を使うこともある。いずれにせよ、そうしたエピソードを公開したタイミング、その意図を読み解くことが肝心だ。

さて、これから北朝鮮文学にアプローチする方々に強調したいのは、とにかく多く読め、ということだ。彼らの歴史認識、社会常識、レトリックなどに慣れていないと思わぬ誤読をしかねない。できるなら、ネイティブの脱北者らに教えを乞うてほしい。さらに重要なのは継続だ。権威ある月刊誌『朝鮮文学』に目を通せば、平壌文壇のトレンドがわかり、変化を追える。金正恩は金日成、金正日時代とは明らかに異なる「シン・北朝鮮」を構想している。韓国を不変の敵国とし、「2コリア」に舵を切った。彼はまだ若いが、四代目世襲へ地ならしの動きもある。文学作品にその兆候が現れるはずである。『朝鮮文学』をはじめ、『青年文学』『児童文学』『文学新聞』などは同じく定期刊行物だからトレンドの流れを知る指標になる。これらは日本の北朝鮮専門書店などを通じ購読が可能だ。バックナンバーは国会図書館などで閲覧できる。

北朝鮮文学、なかでも金正恩時代に入ってからの文学研究は多くない。韓国でいち早く刊行されたのはチョン・ヨンソン（建国大学統一人文学研究団企画）『北韓の政治と文学—統制と自立の間の綱引き』（キョンジン出版、2014年）だ。先駆的研究者であるオ・テホ（慶熙大学）『文学で読む北韓—柔軟性と硬直性のあいだ』（国学資料院、2020年）、金成洙《キム・ソンス》（成均館大学）『金正恩時代の北韓文学史』（図書出版・ヨンラク、2024年）は必ず参照されなければならないだろう。白南龍《ベク・ナムリョン》の小説『友』（小学館、2023年）に添えられた、和田とも美の訳者解説は簡便な北朝鮮文学案内になっている。また在日帰国者で脱北した金柱聖《キム・ジュソン》の『跳べない蛙—北朝鮮「洗脳文学」の実体』（双葉社、2018年）は、現地で作家生活を送った実体験をつづり、貴重な記録になっている。

4　金正日の死と遺訓

「文芸復興の時代」——。金正日時代を北朝鮮でそう呼ぶが、あながち間違ってはいない。彼の号令のもと、「首領形象文学」はじめ、どの文芸ジャンルもユニークでおびただしい作品が生み出されたからだ。その金正日が2011年12月17日に急死する。遺訓だったのだろう、すでに後継者、金正恩の「首領形象文学」は用意されていた。死の翌年、2012年夏に早くも長編小説『銀河は流れる』（文学芸術出版社）が刊行される。おそらく初の「金正恩小説」とみられるが、金正恩の輪郭がもれなくスケッチされている。

著者のリ・ラスンは金亨稷《キム・ヒョンジク》師範大学を出た女性作家で、2作目の長編小説だ。舞台は平壌にある菓子工場。2009年、デビュー前の金正恩が父の現地指導に同行する。職員らは「わが人民に伝説的に伝わる尊敬するお方だ！」と驚く。金正恩をこう描写する。〈父なる首領さまと敬愛する将軍さまの慈悲深い姿そのままでいらっしゃる太陽の光のような微笑み……。少し前、太陽節記念の祝砲夜会で将軍さまのため行事を準備された姿に涙が出た感激がよみがえる〉。ここは日本統治時代のべっこうアメ工場、解放後、復旧し、生産が再開されるや、金日成が足を運び、この世にひとつしかない宝

写真４　『銀河は流れる』『火の約束』『野戦列車』の表紙

の工場だ、と称賛した由緒がある。その老朽化した工場をいかに現代化するか、金正日は幹部にアイデアを迫るが、口を開いたのは金正恩だった。「将軍さま、わが国防工業部門が助けてやるのがいいと存じます」。父は応じる。「おお、そうだ！」

ハイライトはここからである。金正恩は随行員らに言う。「いま、将軍さまは大城山の朱雀峰の方をご覧になっておられます」。そこには母、金正淑が眠っている。金正日は母と心の対話をする。金正日は母が茶菓子に目頭を濡らした日のことを思い出す。「あれは解放されてから２回目の春の名節（金日成の誕生日）だったね。誕生膳を見て首領さまがおっしゃった。解放はされたが、地方に行けば、子どもたちがトウモロコシの茎をかんでいた。砂糖という言葉すら知らず。だから、こんな膳は喜べない、と」。母は幼い息子と工場に行き、砂糖もつくるよう訴える。そんな回顧をしながら、金正日は誓う。「わが人民は苦難の行軍のときから、腰のベルトを締めてきました。砂糖はなくとも銃弾があればいい、と。でも、これからは砂糖をたっぷり届ける。世界に誇れる食料工業基地にしたいのです」。母は応える。「私は信じている」。

そばに金正恩がいる。最優先は食糧問題の解決だと彼がしっかり認識していると伝えたのだ。ラストで軍事に触れる。金正日の死後、金正恩はあの世の父とやりとりをする。「将軍さま！　きょう、私は西南前線地区の軍部隊視察に向かいます」。「そこには敵どもの挑発に銃火をあびせた例の大隊もあるんじゃなかったか？」。「はい。ただ敵どもがあの日の教訓を忘れ、わが尊厳を壊そうとすれば、無慈悲な火の雨を降らせてやります。本物の戦争のすごさを、とくとみせてやりますから」。「うーむ、それこそ、私が知っている最高司令官の性格であるな」。あの日の教訓とは金正恩が主導したとされる2010年11月の延坪島砲撃事件だ。金日成軍事総合大学で学んだ息子の軍事戦略家としての力量を父が評価していたことを示している。小説出版は金正日の死去からわずか半年後であった。あらかじめ準備されていたにせよ、作家はハードスケジュールで執筆、加筆したのだろう。

5　亡き母の姿

続く金正恩小説は2014年に刊行された短編小説集『火の約束』（文学芸術出版社）だ。ハードカバーの表紙には平壌にそびえる109階建ての柳京ホテルが花火に包まれている写真があしらわれている。金正恩が病に倒れた父を励まそうと企画した太陽節の祝砲夜会を扱った表題作にちなむ。筆者の目を引いたのは11編の収録作のうち、チョン・ギジョンの「空と地、海」だ。著者は1945年、咸鏡南道生まれ。軍人作家だったが、「4・15文学創作団」に入り、金日成賞を受賞する。叢書「不滅の嚮導」シリーズの『歴史の大河』や『星の世界』で知られる。

小説は2009年4月5日、人工衛星と称し、打ち上げた長距離弾道ミサイル「テポドン2号」の発射をめぐるドラマである。打ち上げ予告を受け、日本列島は迎撃ミサイルを配備するなどものものしい雰囲気だった。そのころ、デビュー前の金正恩は平壌で反撃の陣頭指揮に当たっていた。日本海に展開する米艦隊に戦闘機で「模擬襲撃」をかけるとまで豪語する。戦争すらいとわないぶっそうな作戦を指揮する金正恩だが、軍部隊へ車で移動する道すがら、母の大好きだったクロフネツツジを見つける。懐かしい母の面影を思い浮かべていると、彼女が愛した歌「オモニ（お母さん）」が流れてくるように感じたのだった。

♪うれしいことがあっても　苦しいことがあっても　いつも探し求めるオ

モニ……。

金正恩は静かに歌う。そして心の対話をする。「お母さん、敵どもが戦争の暗雲を呼び寄せようとしています。将軍さまは私に敵どもの迎撃策動を断固、粉砕する課業をお与えになりました。これから最高司令部作戦指揮メンバーのキム・ハチョン、お母さまもご存じの彼と戦略ロケット軍司令部へ向かうのです」。歌がまた流れる。♪息子たちが身をささげ　祖国のために働くこと　それが人生の自慢だと思っていたオモニ……。金正恩は感極まる。「衛星に向かって1発の砲声でも響けば、やつらの本拠地まで無慈悲にやっつけます。そしてお母さまに必ず勝利のニュースをお知らせいたします」。さらに管制センターで父と発射を見届けた金正恩は帰途、母が眠る平壌郊外の大城山陵を眺める。その手にあのクロフネツツジが握られていた――。

母の実名こそ伏せられているものの、2004年に死去した高英姫《コ・ヨンヒ》だとわかる。しかも墓所まで明かして。金正恩の母への切なる思い。心の対話は先の『銀河は流れる』と同じだ。韓国の済州島にルーツをもち、大阪・鶴橋に生まれた高英姫は「白頭血統」を主張したい金正恩にはデリケートな存在である。回収された幹部向けの記録映画『先軍朝鮮のオモニム（お母さま）』でも実名は伏せた。また『金正日選集』増補版の25巻（朝鮮労働党出版社、2015年）に収録された金正日の遺言にこうある。〈金正恩同志がすぐれた風貌をもち、主体革命偉業の継承者、人民の指導者になったのは彼の母の並外れた努力と功績のたまものです。金正恩同志が母を忘れられず、胸を熱くするのは当然です〉。素性こそつまびらかにできないが、人民の好奇心を無視するわけにはいかない。その穴埋めの役を小説がになっているといえるだろう。

その後も母は登場する。短編小説集『まぶしい山河』（文学芸術出版社、2018年）に収められた「青い山、青い野原」（チョン・ヨンジョン作）は2012年4月、大同江の中州、綾羅島にオープンした「イルカ館」をめぐるエピソードだ。金正恩のもとにイルカが飛行機で着いたとの知らせが入る。自動車電話で金正日に報告しようとするが、応答がない。イルカ館建設を発議したのは父だったからだが、その父はもういない。半年前に亡くなったのを一瞬、忘れていたのだ。イルカ館は中央動物園の分園でもあり、金正恩は幼いころ、母に連れられてよくこの地を訪れていた。そして、ふと原稿執筆中うとうとし、母の夢を見たことを思い出すのだった。母はこう語った、と。「ある人は人間でもっとも偉大で力があるのは愛だというが、自分は愛よりももっと偉大で貴重で力があるのは信頼だということを、将軍さまとすごした数十年の間に感じてきました」。

これは記録映画『先軍朝鮮のオモニム』に収録されていた高英姫が50歳の誕生宴で語ったスピーチそのものだ。映像はお蔵入りとなったが、意味ある発言として小説に取り込みたかったのだろう。そのせいか、唐突な印象はいなめない。同じく『まぶしい山河』に収められた「歓喜の季節」（チェ・ソンジン作）にも金正恩のこんな言葉が出てくる。〈将軍さま、お母さまは生前、いつも私におっしゃいました。人民を天のように思い、人民のために身をすべて捧げて働き、喜びと楽しみを享受することは代々、万景台家門の家風です。いつ何時も自身を人民の上に立っている特殊な存在だと考えてはいけない。人民が雑穀飯を食べるときは、自分もそうしなければいけないと、こんこんと諭されました〉

6 『野戦列車』と父の遺言

デビューまもない金正恩の覚悟を描いた小説といえば、白南龍の『野戦列車』（文学芸術出版社、2016年）だろう。叢書「不滅の嚮導」の1冊で、著者は「4・15文学創作団」所属の金日成賞作家だ。金正日が世を去る2011年を時々刻々、ドキュメントふうに追っている。野戦列車とは金正日が現地指導に使った専用列車のことで、北朝鮮メディアも彼の死は平壌から現地視察へ向かう列車のなかだった、と伝えていた。いわば「動く執務室」で亡くなったのだ。極めつきは2月某日の深夜、党中央にある金正日の執務室で交わされた父子2人きりの対話である。いささか長い引用になるが、金正恩の思考を知るうえで、これほど赤裸々かつ情報の詰まった発言を筆者は知らない。読ませる筆力がある。

金正日　米国の本心はわれわれが経済強国建設で失敗すれば、「改革」「開放」をするはずで、そのときはたやすくわが社会主義制度を「転覆」させることができるというものだ。米国はその荒唐無稽な夢を実現させるため、これからも制裁と対話、大規模軍事演習を並行させながら情勢を緊張させ、機会をみて戦争も辞さないだろう。

金正恩　米国はまだ社会主義朝鮮がどのような国なのかよく知らないようです。封建王朝の朝鮮は統治者が吟風弄月（月夜に詩を詠んで楽しむこと）で歳月を過ごし、安保の剣が鈍ったままでした。それで北方のオランケ（外夷）や島国のオランケ（日本）どもが気兼ねすることもなく衰弱した封建朝鮮を侵略したのです。国力が弱く、弱小民族という同情を受けながら、清日戦争（日清戦争）、露日戦争（日露戦争）のように大国の戦いの場になってしまいました。列強どもの籠絡物《ろうらくぶつ》になるしかなく、しまいには植民地に転落し、国土が引き裂かれてしまったのです。ですが、首領さま（金日成）は軍事力を育てられ、日本と米国をやっつけ、社会主義朝鮮を打ち立てられました。将軍さま（金正日）は先軍政治で帝国主義と強力に対決されたため、朝鮮が核保有国として世に光り輝くようになったのです。

金正日　米国はわれわれの国力がいかに強大であるかをよく知っている。それなのにおびえながらも東北アジア、ユーラシア大陸の橋頭堡であり、関門であるわが朝鮮を占領する野望を捨てていないのだ。

金正恩　将軍さま、私は必ず米国の野望をくじいてみせます。太平洋戦争のとき、米国は滅びゆく日本に原子爆弾を２度も投下し、自らの軍事的優勢を誇っていました。歴史には核対非核の軍事的対決はあっても、核国家対核国家が直接向き合うことはないのです。米国は朝鮮の地で戦争が起きれば、大洋を越えて米国本土も無事でいられない、と覚悟しなければなりません。

まさに小説でしか読めない金正恩の本心といえる。祖父の代から軍事強国へと邁進してきたこと、核こそが自国を守る生命線であることを率直に語りあっているのだ。さらに興味を引くのは中国にからむエピソードである。2011年、金正日が訪中したさいに会談した胡錦濤国家主席の発言まで紹介している。

> われわれは総書記同志が金正恩大将同志と一緒に中国を訪問されることを望んでいます。中国人民は朝鮮の3代目の領袖であられる若き金正恩大将同志に会いたいと願っています。朝鮮を訪問したわが国の幹部や随行記者は金日成主席同志の姿によく似た世界一の美男であられ、戦車を自ら操縦し、砲射撃もされる武官系の領導者だ、と称賛しています。金正恩大将同志がおられるのは総書記同志の福であり、朝鮮の幸運です。

いくら外交辞令だとしてもオーバーすぎるが、人民は金正恩後継を中国が了承していると理解するだろう。小説のクライマックスは金正日急死の前夜である。平壌は大雪で、冷たい風が吹いていた。翌日からの北部方面への現地指導を控え、金正日は執務室で書類に目を通していた。そこへ金正恩が現れ、視察をやめるよう説得する。金正日は医者から不整脈の漢方薬を処方されていた。金正恩は言う。「将軍さまも人間です。肉体的能力には限界があります」。金正日は答える。「安心しなさい。薬も飲んでいるし、意欲もある。帰ってきたら休む」。別れ際、息子の手をぎゅっと握る。「いつも人民たちが私を待っているのを大将も知っているだろう。私も人民たちに会いたいのだ」。そして、夜も明け切らない早朝、平壌を野戦列車が出て行く――。

くだんの2月某日の父と息子の会話にはこんなやりとりもある。金正日が言う。「大将は過ぎし日の朝鮮が味わった侮辱や民族のハン（恨み）を胸に刻んでいる。米国は襲いかかることができるか。大将は核兵器を朝鮮民族の財産、先軍朝鮮の宝剣としてしっかりとらえている。米国はそれを奪えるか。とんでもない。外交戦の勝負は国力と軍力だ。拳が強ければ、大声で言葉の戦争などしなくともすむのだ」。金正恩はたったひと言、こう返す。「肝に銘じます」。3代世襲への批判はどれほどあったかわからないが、政治手腕が未知数である息子へ権力が移譲されるとなれば、口に出さずとも、人民は大丈夫だろうか、と心配する。動揺も広がる。小説の主眼は金正日の人民愛だが、急変事態の危機管理がもうひとつの目的だったのだろう。小説は執筆にまつわる著者インタビューが『労働新聞』に掲載されるなど話題を集め、ベストセラーとなり、各地で読書会が開かれたという。

7　金正恩のミサイル愛

終わることのない北朝鮮の核・ミサイル開発。あくまで自衛のための軍事力強化だと主張しているが、そもそも金正恩の「ミサイル愛」の深さはどこからくるのか？　極秘中の極秘のはずが、彼の執念と開発の舞台裏を描いた実話小説があるのだ。『朝鮮文学』（2017年11月号）に掲載された「西海の日の出」。作者はリ・ヨンファン。金正恩の思考方式を知るうえで、じつに示唆に富む。

2012年4月13日早朝、北朝鮮の北西部の東倉里から人工衛星と称し、「光明星3号」1号機が発射された。平和利用を印象づけるため、日本を含む海外メディアを現地に招き、金正恩の業績として世界へ速報されるはずだったが、ロケットは上空150キロまで飛んだものの、爆発し、空中分解する。国家の威信は傷つき、金正恩のメンツも丸つぶれになる。ところが、8カ月後の12月12日、改良型の「光明星3号」2号機の打ち上げに成功する。小説は開発の中心、科学院P研究所のリュ・ミョンサン副所長を主人公にリベンジまでのドラマを生々しく再現している。

リュは40代後半の宇宙工学者で、金日成や金正日と記念写真も撮ったエリートだ。発射の失敗に〈五臓が崩れてしまうような挫折と絶望〉を味わい〈罪のなかでもっとも重い罪を背負った〉と感じる。担当部署から金正恩にリュを処罰するよう報告があがるが、決裁を保留する。「一度、失敗したからといって無条件で罰を与えなければならないのか」。金正恩は科学院へ向かう。平壌郊外の小高い丘にある広場から歓声が聞こえた。リュら研究所のメンバーがサッカーに興じていた。しばしサッカーを観戦した金正恩は協議会に臨む。

開口一番、金正恩はリュに問う。「今日は何ゴールした？」「2ゴールです」「失点は？」「1ゴールでした」「2ゴール決め、1ゴール入れられたのなら2対1だ。われわれが衛星発射に失敗したのは残念だったが、1ゴール奪われたようなものだ。われわれはこの機会に原因をしっかり解明し、最高のゴールを決めようではないか」。いかにもスポーツ好きの金正恩らしいたとえである。のちの軍事偵察衛星の打ち上げでも失敗を繰り返したが、あきらめることはなかった。小説通りの楽観主義者だ。こんなシーンがある。

協議会では各研究チーム長が安全性チェックを怠っていたと反省を口にしたが、ひとりの幹部がリュを指弾する。「彼はわが国の技術が他国より遅れていると言うのです。だれの意見も聞きません」。ここで金正恩は助け舟を出す。「副所長同志、さっきのヘディングシュート、痛快だったろう。言いたいことは言いなさい」。リュはよろこんで持論を述べる。「いま、世界の宇宙技術は途方もなく発展しています。遠くない将来、宇宙旅行も始まる。それなのに、われわれは2つの試験衛星の打ち上げだけで満足し、努力をしていない。こんなことで、いつ宇宙を征服するのですか？」。金正恩は膝を打つ。「一部の科学者や幹部は成果に陶酔し、図式を破ろうとしない。保身でなまける現象すらある。大胆にそうしたことと決別するときだ」

金正恩は饒舌だ。「絶えず飛躍してこそ成功が訪れる。人間は困難のなかで成長し、成功は失敗から生まれる。必ずや首領さま生誕100年の今年中に実用衛星を打ち上げなければならない。米帝をはじめ敵対勢力はミサイル発射だと言い張り、国連安全保障理事会で制裁決議をし、経済的に封鎖しようと飛び回っている。やつらがどうあがこうと、新しい宇宙技術を開発しなければならない。犬が吠えたとしても、昇る月が出ないことはないのだ」。かくしてリュは粛清を免れるどころか、研究所の所長に抜擢され、晩秋、ついに念願の改良型ロケットが完成するのだった。

ハイライトは金正恩の「ミサイル愛」である。改良されたロケットとの対面シーンにそれがにじむ。〈ロケットの前に頭を垂れて近寄られ、手のひらでなでられた。生命体みたいな温かい感覚が伝わってくる。耳を澄ませば、心臓の鼓動が聞こえてきそうだ。かわいい赤ん坊のように何度もなでられた〉。打ち上げ成功の夜、金正恩は発射場までの雪道を車で走る。西海（黄海）に日の出が迫っていた。そして、こう決意を新たにする。「敵どもが刀を突き出せば、長剣を出し、銃を出せば、大砲で応じるのが朝鮮の気性です。人民の幸せと民族の自主権を守るため、敵どもにこれ見よがしに何度も衛星を打ち上げる。敵どもがちょっかいを出せば、本物の戦争の味がどんなものかを見せてやる……」

さらに小説には驚くべきくだりがある。金正恩が空中爆発の原因を具体的に推測しているのだ。「一部部品の電子系統が外的影響で変異したのではないか。運搬ロケットは100パーセントわが技術でつくったが、安全装置は製造した国の空気、温度、湿度、天候に適用するようできている」。金日成軍事総合大学を卒業したとはいえ、金正恩にここまでミサイルの知識があるとは筆者は想像すらしなかった。すべての部品が純国産でなかったことまで率直に認め、是正を求めているのだ。金正恩時代になって衛星の打ち上げ失敗を隠すことなく、ただちに報じるようになったのは、こうした金正恩の姿勢によるものだろう。ミサイルや衛星発射のニュース速報に接するたび、筆者はこの小説を思い出す。

8 「脱北者」と広幅政治

金正恩は「脱北者」に神経をとがらせている。いくらインターネットを遮断しても韓流ドラマやK-POPの流入が止まらず、中国との国境警備を厳重にし、韓国文化の拡散を取り締まる法律もつくった。ただ当局は「恐怖」統治だけで韓国にあこがれる脱北者はなくならないことはわかっている。そこで脱北を思いとどまらせる小説となるのだが、これまで脱北者をテーマにした小説はひとつしか確認できていない。先の『火の約束』に収録されたキム・ハヌルの「野花の叙情」がそれだ。2012年6月、韓国に暮らしていた脱北女性が帰還、平壌で記者会見したが、おそらくこのケースを素材にしたとみられる。

小説では脱北者を「いくらかのカネのため隣国に行き、南朝鮮に流れていった女性」と匿名にしている。その彼女が再び祖国に戻るため、韓国を脱出、中国・瀋陽にある北朝鮮代表部の門をたたいているとの設定だ。この問題について、当該部署の幹部と金正恩が彼女の処遇をめぐり対立する。「一度、裏切ったものは二度、三度、裏切るものです」。幹部は受け入れを拒否すべきと主張するが、金正恩は違った。「過去を悔い、われわれのもとに戻ってきた人間を敵に押し返せというのか？」。「そうではないですが……」と幹部は口を濁し、続ける。「彼女の家族は偉大な将軍さまの恩に恵まれました。父は戦争のとき、越南したのですが、母は共和国で自分の才能を花開かせ、70歳の誕生膳まで贈られています。息子は音楽大学の教壇に立ちました。そんな愛と配慮を受けながら祖国が試練にあったとき裏切りの道を行ったのです」。

金正恩も迷う。「ということは、完全には信頼できないのか……」。だが、ふと父の人民愛あふれる広幅（一時的に過ちを犯した人をも許す）政治、人徳政治に思いが至る。晩年の金正日にも脱北者に関する報告書があがっていたのだ。そこには試練に耐えきれず、国境を越えた人民たちが韓国で「脱北者」と呼ばれ、恥辱と苦痛を受けていると記されていた。「私の血と肉のような人民を敵どもが奪おうとしているのだ。奴隷、さもなくばゴミのようにされているのだ。じっとしておられるか」。ちょうど軍の前線への現地指導を終えたばかりだった金正日だが、側近の制止を振り切り、その夜、幼いころ革命のバトンとして受け継いだ拳銃を胸にしまい、吹雪のなか、また前線へと向かったという。そんな回想をしながら金正恩は決心する。

「その女性が南朝鮮でどれほど冷たい蔑視と虐待を受けたか、共和国で生まれ育った彼女は見たことも聞いたこともない苦労を味わったのではないか。私は胸が痛む。再び戻ってきた。それひとつだけでもわれわれは彼女を信じよう。たとえ一時的な動揺や彷徨があっても、彼女はわが将軍さまが生涯だれも残さず胸に抱かれた人民のひとりなのだ」。そう語るや、金正恩は彼女を飛行機で帰国させるよう指示し、彼女の家族や親戚も飛行場へ迎えに行かせるようにする。もとは地方暮らしだったが、平壌に住まいも与えた。しばらくして彼女は記者会見をする。その録画を見た金正恩は幹部に語るのである。「不信と離間、奸計と謀略でこの制度を倒そうとする敵どもにわれわれは愛と信頼で勝ったのだ」。

はたしてこの小説は所期の目的を達成できたか？　筆者は疑問に思う。脱北という「不都合な真実」に正面から向き合った内容にはなっていないからだ。韓国はさまざまな問題を抱えつつも、豊かで自由を享受できる社会だとは描かれない。腹いっぱい食べられる社会だとは描かれない。祖国を捨て、危険を冒して韓国を目指したとしても、そこは「奴隷やゴミ」のように生活するしかない地だというだけだ。だが、無理がある。いくら統制を厳しくしても、すでに人民は韓流コンテンツに触れ、韓国のリアルを知っている。脱北を防ぐため、自国を地上の楽園、韓国を地獄だと宣伝しても効果は薄いだろう。「野花の叙情」以降、脱北者が登場する作品が出てこないことが小説の限界を示している。韓国社会のリアルを描く作家は現れうるだろうか。

9　金正恩は祖父に会ったのか

金正恩の後継者としての正統性をめぐるアキレス腱は祖父、金日成に認知されていたかどうかである。金正恩は1984年生まれだとすると、1994年に死去した金日成に会っていてもおかしくはない。「白頭血統」を人民にアピールするには写真が欠かせないが、ツーショット写真は公表されていない。父を含む三代がそろった写真もない。だが、金正恩が金日成に会っていたとする通説を覆す小説が現れた。『朝鮮文学』の2021年9月号に掲載されたリ・ボンジェの「雨」だ。

2020年8月、北朝鮮は記録的な大雨に見舞われる。長びく梅雨に加え、台風が直撃したからだ。小説はその被災地、平壌の南に位置する黄海北道銀波郡が舞台である。当時、金正恩は自ら車のハンドルを握り、泥だらけになりながら現地視察したとの報道があった。よくある「人民愛」小説だと思い読み進めていた筆者は目を疑った。夜、雨脚が激しくなる平壌市内を見て回る金正恩、予想降水量の上昇を気にしながら、こんな感慨にひたる。

〈ふと数十年前の雨の降る日、邸宅にある庭の大豆の葉が茂る試験圃田を歩いておられた偉大な首領さまの姿を思い浮かべた。大豆の葉にたまった雨しずく。首領さまの肩をしとしと濡らす真夏の小ぬか雨。大豆畑をかき分け歩かれた首領さまのズボンの裾からしたたり落ちる水。ぬかるみで泥にまみれた首領さまの靴……〉。試験圃田とは、種の改良や農法の開発をする農地のことである。偉大な首領さまとはむろん、金日成である。幼い金正恩は祖父に会っていたのか？　小説は続く。

〈首領さまは幼い金正恩同志を愛おしげに見つめられた。「私たち万景台の家族は雪の道だけでなく、雨の降りしきるなかを歩んできたんだ。もしかしたら、雪道よりも多かったかもしれんな。私たちが冷たい雨を一身に受けることで、人民の心のなかに恵みの雨が降るんだ。私の靴底が軽くなれば、人民の足取りは重くなるんだ」〉。金日成ははっきり金正恩に語りかけている。人民のために献身せよ、それが金日成が生まれた万景台ゆかりの一族が守るべき家訓だ、と。金正恩は〈首領さまの姿を思い浮かべ〉ながら気がかりな穀倉地帯の被災状況の確認へ急ぐ。あの雨の日に聞いた教えを忘れてはいなかったのだ。

なかなか感動的である。ただし、実際に会っていれば、と保留がつく。金日成は金正日と元女優、成恵琳《ソン・ヘリム》と間に生まれた初孫、金正男《キム・ジョンナム》をかわいがる。のちに見初《みそ》める高英姫との結婚は認めなかったとされる。彼女はわが息子を後継者にとの執念を胸に秘め、ひそかに暮らしたのだろう。その証拠に幼少時代の金正恩はプライベートで撮ったスナップ写真しかないが、金正男はお抱えカメラマンによる父と並んだオフィシャル写真がいくつも残されている（金日成とのツーショット写真は未見）。祖父の葬儀に親族として参列していてもよさそうだが、その写真もない。金正恩への後継作業が加速するのは2001年に日本に不法入国しようとした金正男が成田空港で拘束される事件があってからである。彼は2017年にマレーシアで暗殺される。

にわかには信じがたい祖父との雨の日の出会いである。筆者が思い浮かべたのは叢書「不滅の嚮導」シリーズ、ソン・サンウォン、キム・ヨンファン共著の『2009年』（文学芸術出版社、2014年）だ。タイトルの通り、2009年の総括で、短編小説集『火の約束』に収録されていた「空と地、海」と同じ「テポドン2号」発射をめぐるドラマである。オペレーションを終えた金正恩は父と金日成が眠る錦繡山記念宮殿（当時）に報告にやってくる。すると祖父があの世から語りかける。「わが万景台の家門は先祖代々、仕事福を授かってきた。それは家門の誉れだ。若い大将（金正恩）も仕事福を授かっているのは喜ばしいことだ。私がいつも言ってきたことだが、家庭で明け方の門を開く（新しいことをするとの意味）のは決心すればできるが、国の明け方の門を開くのはたやすくない。祖国と人民のために多くの仕事をしなさい」。金正恩は腰を深々と折るのだった。

ここでも小説テクニックとして定番の「心の対話」が使われている。どこかしらムーダン（巫女）の「お告げ」を連想させる。迷信や占いは御法度のはずだが、人民にとってすんなり読めるスタイルなのだろう。気になるのは金日成と金正恩、2人の出会いをぼやかしたままにせず、まるで事実のように書いた理由である。ヒントは小説が出た2021年にあるのではないか。「白頭血統」がこれまでになく強調されはじめたのは翌年、2022年、金正恩が娘のジュエとされる少女を連れ歩くようになってからだ。軍事パレードで兵士らは「白頭血統、決死保衛！」と叫んだ。建国の父からの革命のバトンがしっかり受け継がれているという「血脈のドラマ」が欲しかったのではないか。そのために金正恩は直接、祖父と言葉を交わしていたほうがより説得力をもつ。4代世襲をにらんだ壮大な王朝物語の下地づくりに、小説が利用されていると思われる。

おわりに——「不滅の旅程」はどこへ向かうのか

北朝鮮における「首領形象文学」の生産工場「4・15文学創作団」が2020年の朝鮮労働党創建75周年（10月10日）を記念し、金正恩をたたえる叢書「不滅の旅程」の刊行をスタートさせた。金日成の叢書「不滅の歴史」は還暦で、金正日の叢書「不滅の嚮導」は50歳でそれぞれ刊行されはじめたことを思えば、30代の半ば、しかも年齢の節目でもないタイミングで叢書刊行に踏み切ったのは不可解である。大河小説の素材になるだけの業績がそろっているとは考えにくいが、急いでゴーサインを出したのは「待ちきれない」事情が潜んでいるからだろう。

しょっぱなを飾ったのは白南龍の『復興』（文学芸術出版社）であった。叢書「不滅の嚮導」シリーズの『野戦列車』で金正日の晩年を活写した作家だ。彼の代表作『友』は韓国をはじめフランス、米国、日本でも翻訳、出版された。禁を破って訪朝した韓国の人気作家、黄晳暎《ファン・ソギュン》は平壌で彼に会い、人民の暮らしを生き生きと浮かび上がらせる達者な筆を高く評価したこともある。残念ながら筆者はまだ現物を入手していないが、『労働新聞』の記事にある次の文章で概略はつかめる。〈小説は新世紀における教育革命の火を灯し、わが国を教育の国として輝かせ、全民の科学技術人材化、人材強国化の道を切り開いていかれる敬愛する最高領導者、金正恩同志の不滅の革命業績と偉人的風貌がいきいきとした絵巻のように形象されています〉。

軍事の天才との伝説をまとってデビューしただけに金正恩の最大の業績として核・ミサイル開発をテーマに据えると思いきや、それは教育だった。2012年の最高人民会議で採択された「全般的12年制義務教育法令」にもとづき導入した新しい教育システムが大きな柱になっている。小学校を従来の4年から5年に延長し、幼稚園1年、初級中学校3年、高級中学校3年のあわせて12年を義務教育化したのだが、その改革に金正恩がいかに熱心に取り組んだかを浮き彫りにする。記事によれば、金正恩は当該の責任幹部を呼び、こう言ったという。「新世紀教育革命遂行の基本目標は、中等一般教育を強化し、大学で有能な人材をより多く育て、勤労者たちの全般的な知識水準を高め、全民科学技術人材化を実現することだ」。こんな言葉もある。「教育に対する投資は非生産部門に対する投資ではなく、将来の国家発展をになっていく人材育成のための最も実利が大きい投資です」。

確固たる信念の下、教育改革に乗り出す金正恩、小説ではいくつかのエピソードが紹介されている。埋もれていた教育関連図書を発掘したり、平壌に建てる科学技術殿堂を子供に夢を抱かせるパビリオンにするよう命じたりする。コロナ禍の影響だろうか、リモート教育に熱心で、その必要性を大学教員に教える。師範教育の模範とすべく平壌教育大学の現代化に力を入れたという。『野戦列車』から4年、満を持して発表された『復興』は自力更生を掲げ、生き残るためにはまずは人材育成だ、との金正恩プランを人民に伝えようとしたのだろう。軍需産業の土台を築くにも先端の科学技術の知識が必要である。『労働新聞』に『復興』についてこんな記述があった。〈人材強国建設の明るい未来を前倒しするため、昼夜を分かたぬ労苦をささげるその方（金正恩）に対する尽きることのない賞賛の感情が脈打っている〉。〈小説で特徴的なことは、現実に対する冷徹な判断に基づいた間違いのない果敢な対策を打ち立てられる敬愛する元帥さまの偉大性を、さまざまな角度から感動深くみせてくれる点である〉

それにしても「不滅の旅程」とは意味深長なネーミングである。いや、どこか矛盾した表現にも感じる。「不滅」は過去の栄光を賞賛するイメージがあるが、「旅程」は現在進行形、あるいは未来をイメージさせる。必ずしも栄光とは限らない。失敗もある。「世紀の談判」のはずだったハノイでの米朝首脳会談も決裂し、挫折を味わった。金正恩は聖君を演じようとしているが、経済立て直しの打開策は見いだせていない。国際情勢の変化をにらみつつ、国家のハンドルを切らねばならない。金正恩の旅の行き先は見えない。

2024年には叢書の2作目としてキム・ヘイン『青い戦場』（文学芸術出版社）が出た。テーマは緑化だった。山野などに植林を進める「戦闘」を描く。金正恩が自宅で新しい品種の芝を育てるなどほほえましいエピソードも盛られているが、地味だ。じつに地味だ。波瀾万丈、奇想天外、スーパーヒーロー、金日成が抗日パルチザンとして活躍をする小説とは比べるべくもない。金正恩はそれでいいのだろう。だが、揺れているのではないか。金正恩小説にかの趙基天の長編叙事詩「白頭山」の一節がたびたび挿入されるからだ。作家たちは苦労しているのだろう。

参考文献リスト

金柱聖『跳べない蛙—北朝鮮「洗脳文学」の実体』双葉社、2018年。
ペク・ナムリョン（和田とも美訳）『友』小学館、2023年。

(北朝鮮研究との出会い)

あれは1970年代初めのこと。BCLなる趣味が大ブームになった。海外の短波放送をキャッチし、受信報告書を送ると、放送局からベリカードが届く。それをコレクションし、仲間同士、自慢しあったりするのだ。インターネットもない時代、見知らぬ世界とつながる不思議な感覚がまだ新しかったのだろう。小学生の私も夢中になった。発売されたばかりの3バンドラジオ、ソニー「スカイセンサー5800」がわが友。夜な夜な、こちょこちょダイアルをあわせてみるのだが、いちばんドキドキしたのは平壌放送だった。

耳をそばだてた。雑音まじりに勇ましい革命ソングも聞こえてくる。学校から帰るとすぐ郵便受けをのぞく。平壌からの国際郵便が待ち遠しかった。ベリカードは少しかすれた絵はがきのようだった。なんだか殺風景な首都の街並み、どこか無機質なチマ・チョゴリの踊り子……。ぞくっとした。たまたま自宅にあった『世界の旅2　中国／朝鮮』(河出書房新社)には金日成広場での群衆パレードの写真があった。またもやぞくっとした。中国は文革のただ中だったが、北朝鮮はどんな国なのか？　摩訶不思議な隣国に好奇心がわいた。

さらに記憶をたどれば、1970年の「よど号」事件がある。ハイジャック犯のひとりが、わが母校でもある滋賀県立膳所高の出身者だった(「浅間山荘」事件も膳所高出身者がかかわっていた)。私はひとまわり年下で全共闘世代に共感はないが、同郷の青年が平壌に向かったことはひっかかっていた。大阪外国語大で朝鮮語を選んだのは、あの「ぞくっと」させたものの正体が知りたかったからだ。政治の季節は終わっていた。いや、キャンパスには韓国の民主化運動に連帯せよとの声はあったが、興味がなかった。岩波の雑誌『世界』を読むより、李朝語辞典を手に朝鮮王朝時代の歌集「龍飛御天歌」などと首っ引きになっていた。

そんな私が初めて韓国を旅したのは70年代のラスト、1979年だった。ソウルはほこりっぽかった。行き交うバスは満員、おかっぱ髪の車掌は「パッリ、パッリー(早く、早く)」と客をせかす。にわか雨になれば、少年が飛び出してくる。骨が竹でできた青いビニール傘を抱えて。ちまたにはヘ・ウニの「第3漢江橋」が流れていた。まだ午前0時以降の外出ができない「通禁」があったころで、ポジャンマチャ(屋台)で飲んでいても、時計が気になった。いたるところ「反共」標語があった。〈とっつかまえろ金日成　ぶっつぶせ共産党〉。その年の10月、絶大な権力を誇った大統領、朴正熙《パク・チョンヒ》が部下の銃弾に倒れる。だが、38度線の北では2代目への世襲後継が静かに進んでいた。いつか平壌に行きたい、と思った。

チャンスは新聞記者になって9年目にやってくる。1991年秋、初めて北朝鮮を取材旅行した。ある朝、金剛山のホテルから抜けだし、山道を歩いていると母親に連れられた女の子に会った。薄汚れた顔をしていた女の子はふかしたジャガイモを食べていたが、日本の記者だというと、そのジャガイモを私に半分くれたのだ。ホテルの敷地には外貨ショップを兼ねた土産物屋があり、日本や中国の菓子や電化製品も並んでいた。ドンドンという音で振り返ると、やんちゃそうな男の子たちが入り口のガラス戸に顔をくっつけ、のぞいている。追っぱらわれても、またのぞいている。私は複雑な気持ちになりながらも、あの「ぞくっとした」感覚とは違う、ごく普通の人間が住む北朝鮮をこの目で見た。開城の本屋で小学生の教科書を買った。開けば、金日成伝説のオンパレードだ。あの女の子もやんちゃ坊主もこれを読んでいるのか……。

ちょっと切なくなった。やはりプロパガンダの国なのだ。自由な取材はできない。でも、その奥に分け入りたい。私は内部文書の入手に奔走した。だが、たやすくはない。社会が大混乱に陥った1990年代後半からの「苦難の行軍」のときを除き、対外秘の講演会資料「提綱」が豆満江を越えてくることはほとんどない。『毎日新聞』でスクープした高英姫を「尊敬するオモニム（お母さま）」とたたえ、金正恩への世襲を示唆した朝鮮人民軍総政治局の提綱は2002年10月のものだ。以降、核心的な内部文書の流出は望みようもなくなった。それなりにあった平壌との往来もとだえた。やむなく小説に手を伸ばした。硬直した社会の文学に魂を揺さぶられるような魅力があろうはずがない。しょせんプロパガンダだろう、と「積ん読」してあったのだ。これが情報の宝庫だった。考古学者になったような気分にすらなる。

金正恩はいま、統一を捨て、一族による千年王国ともいうべき壮大な「シン・北朝鮮」を夢見ているようにみえる。文学・芸術部門は真っ先に変わるはずだ。「焚書坑儒」のように過去の作品が葬られるかもしれない。しょせんプロパガンダだろう、ではすまない。小説がスクープのきっかけになる日はもうすぐではないか。ドキドキしつつ平壌放送を聞いていたBCL少年はとっくに還暦も過ぎたが、いましばらく小説を通じたウオッチを続けたい。

（鈴木琢磨）

第6章　音楽

「朝鮮音楽」の創造——歴史的形成と特徴

森　類臣

はじめに

本章では、朝鮮民主主義人民共和国（北朝鮮）における音楽（「朝鮮音楽」とする）について扱いたい。朝鮮音楽といっても、日本においては一般的にあまりなじみがないと思われる。しかし、ユーチューブ（YouTube）で検索すれば多数の楽曲を聴くことができるし、朝鮮中央テレビ（KCTV）で報道されたコンサート映像など多数の動画を観ることもできる。このようにコンテンツには不自由なく接近できる一方、日本では朝鮮音楽に関する知識が体系化され、アクセスしやすい形で整理されている状態とは言い難い。朝鮮音楽を主題として書かれた日本語書籍のうち、アマゾンなどオンラインショップや書店でたやすく入手できるものはたった数冊であるし、それらは学術的な裏付けを経て書かれたものというよりは、体験談もしくはジャーナリストや評論家による「論評」のレベルに留まっている。

このような一方で、朝鮮音楽愛好家は日本にけっこう存在し、それなりのファンダムを形成している。彼ら・彼女らはウェブ上もしくは対面の集まり（オフ会）で朝鮮音楽についての知識を交換し、朝鮮音楽に関連した参加型イベントを企画・実施して楽しんでいる。アマチュアならではの旺盛な知識欲のためか、朝鮮音楽に関して微に入り細に入りチェックしていて、その知識の幅と量は目を見張るものがある。このような朝鮮音楽愛好家は「北朝鮮のイデオロギーとは関係なく、朝鮮音楽が好きだ」という主張をしばしばするようだ。この「好き」が具体的に何を意味するのか、どのように／なぜ「好き」なのかを筆者（森）は具体的に把握しているわけではないが、このようなファンダムが存在するのは興味深い現象である。筆者が知る限り朝鮮音楽愛好家たちは、いわゆる「共産趣味」者たちと通じる傾向も持つようだ。

北朝鮮のニュースバリューが日本でも高いためか、同国の動向をマスメディアが報じるときに、朝鮮音楽が話題になることがある。最近では、金正恩《キム・ジョンウン》委員長[1]（職位は初出のみとする。以下同）を称揚した新曲「親しい父（친근한 어버이）」がインターネット上で注目を浴びた。TikTok 上でチャレンジ動画が拡散するなど、「バズった」のである。このような現象に大手マスメディアも注目し、隣国韓国のメディアや日本のメディアはもちろん、BBC もニュースとして取り上げるなど話題になった[2]。在日本朝鮮人総聯合会（以下、朝鮮総連）機関紙『朝鮮新報』も注目し、記事化している[3]。テンポの良い楽曲が受け入れられたのかもしれないが、そのような曲はこれまでもあり、この曲だけが特段抜きんでているというわけでもなかった[4]。「バズった」原因として、この新曲の MV（Music Video）を指摘できる。MV は職業・年齢・ジェンダーが多様な人々がニッコリとほほえんでサムズアップをしている様子を連続で見せる点が特徴的で、これがこれまでの朝鮮音楽 MV にはない新鮮さを人々に与えたと推測される。もちろん、「ミーム化」による拡散効果という面もあるかもしれない。

このように、事例は多くはないものの、北朝鮮の国際的な注目度と相まって朝鮮音楽がニュースなどに取り上げられるケースはある。ただし、朝鮮音楽が韓国の大衆音楽（K-POP）のように世界的に流行して大きなファンダムが形成されうるかというと、率直にいってその可能性は非常に低いだろう。朝鮮音楽も K-POP も「コリア」の音楽であるが、この二つには大きな断絶がある。伝統音楽を基礎とした楽曲には南北の同質性が感じられるものもあるが、そのような音楽（の大部分）にさえ、埋め込まれた論理や文化規範（Cultural Codes）に違いがあるのである。

本章で語るまでもなく、K-POP の人気はもはや世界的なレベルにまで達し、すでに K-POP というジャンルは「国際性（Internationality）」を抜きには語れない[5]。K-POP における「国際性」は、K-POP が米国・ヨーロッパや日本のポップスの要素を吸収しつつ独自の発展を遂げ、その音楽スタイルがある程度普遍性を持ったこと意味する。一方で、そのような K-POP に魅了された人々が、主にオンラインでつながり、一国内に限定されないファンダムが拡大していることも非常に重要な現象である。ファンダムによる協同作業・共同行動が国境に限定されず国民国家の枠組みを飛び越えることからもわかるように、K-POPはすでに「国際性」と同時に「越境性（transnationality)」をも強く帯びているともいえる。

では、分断国家の一方である朝鮮民主主義人民共和国の音楽——朝鮮音楽——はどうだろう。朝鮮音楽のうち軽音楽分野は、NK-POPもしくはDPRK-POPといわれることもある。後で詳述するが、1980年代に登場した軽音楽団には日本に熱烈なファンが存在するし、2012年に金正恩が北朝鮮の最高指導者になってからは、牡丹峰楽団など新規性のあるグループが登場して話題となった。しかし、まだまだマニアックな分野という印象を免れない。

NK-POP（DPRK-POP）がなぜ一部の愛好家の視聴にとどまっているのだろうか。それは、NK-POPが北朝鮮以外の人たちの志向性にあまりにも合わないからである。北朝鮮において、音楽（のみならず芸術全般）は基本的に、同国を率いる朝鮮労働党の正統性と国家アイデンティティ、政策などを伝達するもの、つまり政治的な「宣伝扇動（propaganda and agitation)」の一形態と位置づけられている。特に、言葉にメッセージを載せる行為は非常に強い政治性を帯びるため重視されている。例えば、音楽分野でいえば、歌詞のないクラシック音楽よりも、歌詞を挿入する歌謡曲の方が、宣伝扇動性がはるかに強いということになろう。朝鮮音楽は、民族的な音楽を基盤に社会主義芸術理論（社会主義リアリズム）が加わり、さらに党と国家の強力な指導のもとで体系化されてきたのである。同国の統治理念である「主体《チュチェ》思想」が体系化の思想的基盤となったのは言うまでもない。これは音楽分野のみならず他の芸術分野でも基本的に同じで、北朝鮮はこれを「主体芸術」としている。

一方、韓国の歌謡は、植民地期の文化からの歴史的連続性のもと、分断体制出現以降にリベラル・デモクラシー／資本主義体制に合わせて発展してきたといえる。ある意味で非常に商業主義的な側面もある。進化と飛躍を重ね、現在は「K-POP」として世界的に認知されているのは先に述べた通りである。

さて、朝鮮音楽を理解するための視点はいくつか挙げられる。

まず、メロディ（旋律）・リズム（律動）・和声法・対位法といった要素から理論的に分析していく方法や、音楽史の一つとしてその変化を考察していく方法がある。また、筆者がそうであるように、朝鮮音楽の政治社会的な機能と文脈――例えば、宣伝扇動や公共外交――に主に着目して分析する方法もあろう。さらに、他の社会主義国の音楽と比較して朝鮮音楽の特徴を考える方法や、北朝鮮の芸術活動における音楽界の独特の位置を把握しようとする視点もある。

北朝鮮という国は、その特質上、同国を規定している思想・政治イデオロギー・政策をいかに国民（人民）に浸透させるかに膨大なエネルギーを注いでいる。社会主義国である限り、党と国家の正統性／正当性と指針を人民に伝え浸透させることが非常に重視される。北朝鮮は、外部からの自由な情報の流れを統制しているという点においても、この原則を徹底して行っているといえよう。したがって、朝鮮労働党および行政機関のみならず、北朝鮮におけるあらゆる組織生活において宣伝扇動を指揮する部署は最重要部署の一つである。かつて、金正日《キム・ジョンイル》国防委員長（朝鮮労働党総書記）はそのキャリアの初期に朝鮮労働党宣伝扇動部で勤務したし、現在は金正恩の妹である金与正《キム・ヨジョン》委員（国務委員）が党宣伝扇動部副部長として活動している。また、最近死亡した高位幹部の金己男《キム・ギナム》は、金正恩からも高く評価され信頼された人物であったが、金日成《キム・イルソン》主席の時代から同国の「宣伝扇動」政策に携わっていた。これらの事実だけでも、宣伝扇動がどれだけ重視されているのかがわかるだろう。

日本では一般的には違和感があるかもしれないが、北朝鮮において芸術と報道は宣伝扇動という意味において基本的な使命を同じくするし、芸術のなかでも音楽（特に歌謡）は宣伝扇動の手段として十二分に活用されてきた。朝鮮労働党中央委員会機関紙『労働新聞』一面に、党が人民に普及させたいイデオロギーが込められた歌謡の楽譜が掲載されることも度々ある。他国では、国民が読む主要新聞の一面に楽譜が掲載されることはまず想像できないだろう。

本章では、このような朝鮮音楽について紹介・検討してみる。北朝鮮の文献を検討しながら朝鮮音楽史を概観することで、朝鮮音楽の特徴と変遷を捉えてみたいと思う。

1　朝鮮音楽のはじまり

北朝鮮は、朝鮮音楽の源流を若かりし頃の金日成による文化活動に求めている。よく知られている通り、北朝鮮は建国の基礎を、中国東北部（旧満洲）における金日成の抗日武装闘争（パルチザン闘争）・共産主義運動に置いている。当時、朝鮮人による数多の抗日運動・独立運動があったが、金日成による闘争と運動こそが正統性を持つというのが北朝鮮の主張である。

金日成は闘争・運動を行う中で、思想を人々に伝播させる「宣伝扇動」として音楽や演劇を活用した。そのエピソードが金日成自身による回顧録『世紀とともに（세기와 다불어）』で描写されている。例えば次のようである。

> 1927年の冬休みの活動のなかでもっとも異彩を放ったのは、演芸宣伝隊の活動だった。撫松の演芸宣伝隊には、セナル少年同盟員と白山青年同盟員、婦女会員らが参加した。演芸宣伝隊は撫松とその周辺の農村集落を1か月ほど巡回して公演した。われわれは巡回公演の途上、各地に組織をつくり、大衆啓蒙活動を進めた。『血噴万国会議』『安重根、伊藤博文を射つ（原文ママ）』『娘からの手紙』などの演劇はいずれも、その年の冬にわれわれが撫松で創作し、公演した作品である[6)]。

これは、金日成が若干15歳のときに、抗日活動の一環として村人の啓蒙活動を行った場面である。もちろん、回顧録における描写であるので事実かどうかの厳密な検証は難しいが、旧満洲の農村で演劇を行い、それによって思想の宣伝扇動を行っていたことがよくわかる。ちなみに、『安重根、伊藤博文を撃つ（안중근 이등박문을 쏘다）』は1979年に映画化されており、『娘からの手紙（딸에게서 온 편지）』は1987年に国立演劇団によってリメイクされている。

また、金日成の回想では次の場面も興味深い。

写真１　歌謡「朝鮮の星（조선의 별）」については2002年（金日成主席生誕90周年）に記念切手ともなった。一番左の写真は学生時代の金日成

われわれは文学と芸術の使命について多くを語り合った。金赫《キム・ヒョク》は、文学と芸術は当然、人間賛歌となるべきだと力説した。吉林ですごすうちにその考えはさらに洗練されて、文学は革命賛歌となるべきだといった。文学観も革新的だった。われわれは金赫のそうした長所を参酌して、一時、彼に主として大衆文化啓蒙の仕事をまかせた。彼が演芸宣伝隊の活動をたびたび指導したのもそのためである[7)]。

金赫は、金日成が旧満洲で抗日運動を行っていた時の同志である。この描写は、後の朝鮮音楽の原点がよくわかる場面である。文学・芸術は革命に資するべきだというのである。なお、金赫は、金日成と旧満洲で1927年に会い、その後革命歌謡「朝鮮の星（조선의 별）」を作詞作曲して普及させたという。ここでいう「星」とは当時の金日成のことを指す（当時、金日成は仲間たちから「一星（ハンビョル）同志」と呼ばれた）。また、後日この歌を踏まえて、歌と同名の映画『朝鮮の星』（全10部）が制作された。

この時期と関連して言及しなければならないのは、北朝鮮で「不朽の古典的名作」と位置づけられている「思郷歌（사향가）」と「永久不滅の革命頌歌」とされている「金日成将軍の歌（김일성장군의 노래）」である。この二つは、金日成の人生・業績・威光を端的に表象するものとして、北朝鮮の歌謡の中では特別な地位を与えられており、さまざまな媒体で繰り返し流され、多くの行事で演奏・唱和されている。

まず、「思郷歌」を見てみよう。歌詞は次のようである[8)]。

1.

내 고향을 떠나 올 때 나의 어머니	私の故郷を離れてくるとき、私の母
문앞에서 눈물 흘리며 잘 다녀오라	門の前で涙を流し「気をつけて行って来なさい」
하시던 말씀 아 - 귀에 쟁쟁해	おっしゃった言葉　ああ耳に残っている

2.

우리 집에서 멀지 않게 조금 나가면	わが家から遠く離れずに少し行くと
작은 시내 돌돌 흐르고 어린 동생들	小さな小川がちょろちょろと流れ幼い弟たちが
뛰노는 모양 아 - 눈에 삼삼해	飛び回って遊ぶ姿　ああ　目にありありと浮かぶようだ

3.

대동강물 아름다운 만경대의 봄	大同江の流れ　美しい万景台の春
꿈결에도 잊을수 없네 그리운 산천	夢うつつにも忘れられない　懐かしい山川
광복의 그날 아 - 돌아 가리라	光復のその日に　ああ戻ろう

北朝鮮の説明によれば「思郷歌」は金日成の作詞作曲となっているが、韓国での研究によれば、フルート奏者で大韓帝国軍楽団員だった鄭士仁《チョン・サイン》の作曲であるという 9)。また、当時、多くの独立運動家によって歌われたメロディでもあるようだ。「思郷歌」は、少年金日成が、故郷を後にして革命への旅に出発したときに口ずさんだ歌として、北朝鮮では特別な歌とされている。回顧録『世紀とともに』の朗読放送の冒頭にもこの歌がイントロとして使われている。

次に、「金日成将軍の歌」を取り上げてみよう。この歌の作詞は、咸鏡南道出身の革命詩人である李燦《リ・チャン》、作曲は北朝鮮を代表する音楽家であった金元均《キム・ウオンギユン》である。1946 年 7 月に作られた。この歌は、金日成による満洲抗日遊撃隊闘争と朝鮮労働党の創立、そして朝鮮民主主義人民共和国樹立の正統性をつなげる歌であり、ある意味で北朝鮮の国歌よりも重要視されている。少々長いが歌詞を引用してみよう[10]。

장백산 줄기줄기 피어린 자욱　長白山の山なみを　血に染めて
압록강 굽이굽이 피어린 자욱　鴨緑江のうねりを　血に染めて
오늘도 자유조선 꽃다발우에　今日も自由朝鮮　花束の上に
력력히 비쳐 주는 거룩한 자욱　ありありと映る聖なる跡
아 -... 그 이름도 그리운 우리의 장군　ああ、その名前も恋しい我々の将軍
아 -... 그 이름도 빛나는 김일성장군　ああ、その名前も輝かしい金日成将軍

만주벌 눈바람아 이야기하라　満洲の野の雪風よ　語れ
밀림의 긴긴 밤아 이야기하라　密林の長い夜よ　語れ
만고의 빨찌산이 누구인가를　万古のパルチザンが誰なのかを
절세의 애국자가 누구인가를　絶世の愛国者が誰なのかを
(후렴)　(くりかえし)

로동자대중에겐 해방의 은인　労働者大衆にとっては解放の恩人
민주의 새 조선엔 위대한 태양　民主の新しい朝鮮には偉大な太陽
이십개 정강우에 모두다 뭉쳐　二十箇条政綱の上に皆が団結し
북조선 방방곡곡 새봄이 오다　北朝鮮の津々浦々に新しい春が来る
(후렴)　(くりかえし)

この歌は、第一節で金日成の抗日遊撃隊闘争を描写し、第二節で金日成の活動を称揚し、第三節で金日成による朝鮮解放と新社会の建設を歌っている。

「思郷歌」「金日成将軍の歌」以外にも重要な歌は多数あるが、あえて一つ挙げるとすれば「愛国歌」であろう。いわゆる国歌である。この「愛国歌」については2024年2月に話題になった。2023年12月に開催された朝鮮労働党中央委員会第8期第9次全員会議において、金正恩が「北南関係は、同族関係、同質関係ではなく、敵対的な二つの国家関係、戦争中にある二つの交戦国の関係に完全に固着した」と宣言したが、それを反映して、歌詞を一

部変えたからである。朝鮮半島全域を表す「三千里」という部分が歌詞から削除され「この世の中」という言葉に置き換えられた。もはや北朝鮮は韓国と「国と国の関係ではない、統一を志向する過程で暫定的に形成された特殊な関係」[11]ではなく「敵対的な二つの国家関係」だと金正恩は述べたが、その認識を忠実に表すように、国歌から「統一」を想起させる言葉が消えたのである。また、「愛国歌」というタイトルを変え「朝鮮民主主義人民共和国国歌」とした。国歌を「愛国歌」と称しているのは韓国も同じだが、その韓国と同一のタイトルにはできないというのが理由なのだろうか。現在のところ正確な理由は不明だ。

北朝鮮における楽団の本格的な始まりは、1946年7月創設の中央交響楽団である[12]。日本が敗戦し朝鮮半島が解放された約1年後に、本格的な楽団が創設されたのである。朝鮮民主主義人民共和国政府樹立の2年前であった。楽団創立時の団長は、李ミョンサン（리명상）であり、創立と同時に、北朝鮮共産党中央組織委員会庁舎で創立記念公演を行った。公演で最初に披露した曲は「金日成将軍の歌」であった。ちなみに、同曲を公演で演奏するように指示したのは、当時の金日成の妻であり、後に金日成・金正日と並んで「白頭山三大将軍」と称される金正淑《キム・ジョンスク》であったという[13]。

金日成は中央交響楽団創立記念公演を観覧し、その後演説した。金日成は演説の中で中央交響楽団団員たちを「芸術という武器をもって新しい民主朝鮮の建設のためにたたかう勇士」と呼び、「わが国の音楽は、人民の感情と情緒に合致し、新しい祖国の建設に決起した人民の革命的志向に合致したものとなるべきであり、民族の解放をなし遂げ新しい生活の創造に立ち上がった人民の喜びと誇り、自負心と革命的情熱を反映した人民的で、革命的な音楽とならなければなりません」「文学・芸術部門で日本帝国主義思想の残りかすを一掃し、民主的な建国思想をつちかうために力を注ぐべきです。こうすることによって、作家、芸術家は民主的で、愛国的で人民的な作品を創作することができます」と述べた[14]。

金日成は1949年12月、つまり朝鮮戦争勃発の前年にも芸術家に対して訓示を行っている[15]。この訓示からは、政治情勢に関して緊張感を持つ金日成の姿が見える。金日成は「当面の内外情勢は全人民に、つねに緊張した動員態勢を堅持して生活し働くことを求めており、とくに作家・芸術家に情勢の要請に即した文芸活動を強めるよう求めています。ところが現在、作家・芸術家はそうした方向で創作活動をおこなっていません。少なからぬ作家・芸術家は現情勢や当面の党の政策的要求を知らず、趣味本位の文芸活動をおこなっています」と批判し、「作家・芸術家は当然、わが党と人民の利益の擁護者、代弁者となり、人民を教育し共和国を死守する闘士とならなければなりません」と強調している。金日成のこの訓示は、南北の対立が日増しに厳しくなっている状況において、芸術家が党・政府の思う通りに活動しないことに苛立ちを隠していない。

金日成はこの訓示で具体的に 3 つの課題を出す。それは、「人民経済計画の遂行で英雄的偉勲を立てている労働者、農民をはじめ勤労人民の闘争をテーマにした文学・芸術作品の創作に力を注がなければなりません」「社会の民主化と祖国統一のためにたたかう南半部人民をテーマにした作品を多く創作しなければなりません」「人民武力である人民軍をテーマにした作品を多く創作しなければなりません」というものであった。

しかし、芸術家とは本来精神の自由を求めそれを表現する欲求が強く、特に日本による植民地支配時期に芸術の研鑽を積んだ一部の芸術家は、急激な社会主義化を推進した北朝鮮の動きにすぐにはなじめなかったようである。朝鮮戦争そして停戦後の戦後復興期に入っても、なかなか党・政府の思う通りには芸術家は動かなった。

1958 年 10 月 14 日の演説で、金日成は芸術家が持つ「個人主義・利己主義、功名主義」に強く反対し、「一部の作家、芸術家は、その作品が評価され受賞者にでもなれば喜びますが、そうでないと気分を悪くします。そのような実例は、『舞踊の大家』を自任するある芸術家に見出すことができます」と非難した[16)]。ここで取り上げられた「舞踊の大家」とは、名指しは避けられているものの、明らかに崔承喜《チエ・スンヒ》その人であった。崔承喜は、伝統舞踊とモダンダンスの融合で独特の境地に至り、日帝時代に世界的な名声を博した舞踊家であり、解放後に越北していた。金日成はこの演説で崔承喜の姿勢を強く批判した。また、林和《イム・フア》・李泰俊《イ・テジュン》などの著名なプロレタリア作家を「反動作家」と規定しながら「作家、芸術家のあいだで個人主義・利己主義、功名主義、自由主義、家族主義に反対する思想闘争を強くくりひろげるべき」と語った。金日成が作家・芸術家に求めたのは「自分の顔の傷を鏡に映して見るように、党政策を規準にしてその活動と生活を謙虚に検討し批判」することであり、「思想闘争と同時に、工場や農村など躍動する社会主義建設場に出かけ、現実から学び、自己を鍛える」ことであり、「わが党の政策を積極的に宣伝」することであった。

2　1960年代における金日成の芸術指導

1960年代に入ると、金日成は、映画界と音楽界により具体的な指示を出し始める。1960年11月には、映画関係者・音楽家との談話で、大衆による生産高揚運動である「千里馬《チョンリマ》運動」の精神を芸術で表現することを求めた[17]。映画については、「文学・芸術分野において、特に立ち後れているのは映画芸術」「映画の思想的内容が極めて貧弱」と批判している。1970年代からは金正日が映画製作に大々的に乗り出すが、この時点でその素地をつくっているように見える。

音楽についても「疾風のように駆ける人民の偉大な前進運動を十分に反映していません。チョンリマの騎手たちが勇ましく、楽しく歌えるようなすばらしい新しい歌がつくられていません」「歌のための歌はなんの役にも立たず、ただ自然を賛美するだけの歌も、これといった価値がありません」「少数の専門家だけが理解し、好む歌などは役に立ちません。芸術は、専門家でなければわからないという思想観点そのものが間違っています」と厳しく指摘している。基本的に社会主義リアリズムの原則を北朝鮮の芸術界にも適用させよという指導である。

また、1964年11月に文学・芸術分野の活動家を相手とした談話では、音楽についてさらに細かく指示を出している[18]。1960年代は、朝鮮半島南半部（大韓民国）で革命を起こして北朝鮮主導で統一を進めるという考え方、すなわち「南朝鮮革命論」が政策化してきた時期である。1964年11月のこの談話でも、前半部分で「南朝鮮革命論」が語られ「われわれの文学・芸術は、北半部での社会主義建設に奉仕するばかりでなく、南朝鮮革命と祖国統一をめざす全朝鮮人民の闘争に奉仕すべき」だとされた。

談話の後半部分では、「おお、吹雪よ吹雪」「決戦の道」「栄光の地—普天堡」「鴨緑江二千里」「泉のほとり」「青山の原に豊年がきた」などを高く評価しながら、今後の朝鮮音楽の創作原則について語った。それは「わが国の音楽は必ず朝鮮的なものを基調としなければならず、朝鮮人民の感情に合うものでなければなりません。朝鮮人の感情とかけはなれた純洋楽は、朝鮮人民の好みに合いません」というものであった。

そして「民族音楽では主として民謡を発展させるべき」「西道民謡が基調となっている『川向こうの村から新しい歌が聞こえる』は、非常に心を引くものがあります。民族音楽はこれを標準にして発展させるのがよい」「(筆者注：パンソリ[19]は）われわれの時代にはふさわしくありません」「南道唱を民族音楽の基本とすべきだという一部の人の主張は間違っています」「『春香伝』をはじめ、わが国の唱劇が人民から歓迎されない主な理由の一つは、しわがれ声をだす南道唱で歌うことにあります」「民族的な旋律と感情に合うように自然で、きれいな声をだせばよいのです。自然で、なめらかで、しかも美しい声をだす発声法を選ぶべき」というように非常に具体的な指示を出している。

この談話から判断するに、金日成がイメージしていた「民族的な旋律と感情」が込められた「きれいな声」とは、金日成が生まれた平壌地方を含む西道民謡の歌声である。金日成にとって西道民謡は耳慣れた歌であった反面、濁声を使う南道（全羅道）民謡とは距離感があったのであろう。金日成が提示したこの原則と具体策は、その後の音楽界に取り込まれていく。1960年代後半から本格的に音楽界を指導した金正日もこの原則を踏まえていく。

また、楽器についても具体的な指示を出した。「一部の人は民族楽器の改良に反対していますが、反対する必要はありません」といって伝統楽器の改良を支持している。これは、朝鮮の伝統楽器を大胆に改良した楽器製作（例えば、太平簫《ラビヨンソ》を改良したチャンセナプや、弦の数を大幅に増やした改良伽倻琴《カヤグム》など[20]）として実行に移され、朝鮮音楽の特徴となっている。また、「洋楽器にセナプ、ケンゴワリなどの民族楽器を組み合わせると、いっそう興をそそります」というコメントも演奏活動に反映され、北朝鮮においてオーケスト

ラに民族楽器を合わせて編成する「配合管弦楽」として成立した[21]。配合管弦楽の代表的な楽曲が、キム・オクソン（김옥성）作曲の「青山の原に豊年がきた（청산벌에 풍년이 왔네）」である[22]。

金日成は、ジャズについては全面的に否定し、「ジャズは青年を堕落させ、無気力にし、革命意識を麻痺させます。ジャズは、革命的な人民を堕落させるための帝国主義者の思想的武器」と規定し「ジャズを徹底的に排撃しなければなりません」としている。この点は、金正日が1991年に執筆した『音楽芸術論』でも繰り返されている。

一方で、建国から1960年代初めまでの北朝鮮の音楽界は、金日成による抗日革命・共産革命を宣伝することや、日本によって奪われた固有の文化を回復する動き、そして社会主義リアリズムの影響や朝鮮内の社会主義芸術運動の影響などがさまざまに入り込んだ状況で、活発な議論も行われていた。1955〜1967年に発刊された専門雑誌『朝鮮音楽』（朝鮮作曲家同盟中央委員会）を見ると、その状況がよくわかる。

しかし、1960年代終盤に差し掛かると、この動きは一つの方向に収斂し始めていく。主体思想の体系化、金日成を絶対的な中心とする政治体制の構築と歩みをともにするかのように、芸術もイデオロギーを内面化した堅固なものに、ある意味では非常に硬直したものになっていく。そこには、金正日の芸術界における指導の影響が強かった。

1960年代の音楽界（芸術界）の動向を考えるうえでは、やはり金正日の存在がそのカギである。彼は、すでに1961年に重要な談話を発表している。1961年3月2〜3日に平壌市内の牡丹峰劇場で朝鮮文学芸術総同盟結成大会が開かれ、同同盟が1953年9月以来8年半ぶりに再結成された。この大会の討論では、1925年に結成された朝鮮プロレタリア芸術家同盟（Korea Artista Proleta Federacio＝エスペラント語、通常のKAPF＝カプと呼ばれる）が、朝鮮半島において初めて社会主義リアリズムの道を開いたとカプの役割を高く評価し、その後、金日成による抗日遊撃隊闘争の影響で文学・芸術が質的・量的に飛躍したとした[23]。しかし、金正日は、大会閉幕直後の1961年3月5日に、金日成総合大学朝鮮語文学部学生に向けた談話で、大会の討論内容はカプの役割を評価しすぎていると批判し、「民族解放闘争の要求に正しい解答を与えたのは抗日革命文学芸術」「解放前、わが国における社会主義リアリズムの文学芸術の発展において決定的な役割を果たしたのは『カップ』の文学芸術ではなく、抗日革命文学芸術」だとして、金日成主導の抗日革命文学芸術こそが中心であると強く主張し、朝鮮文学芸術総同盟結成大会での議論を一部否定したのである[24]。芸術関連の最も権威ある公式行事での議論を批判し修正を図ったことは、芸術界における金正日の力を示す上で大きな意味を持っていた。

3　金正日による芸術指導と音楽界

1964年12月8日に朝鮮劇映画撮影所で朝鮮労働党中央委員会政治委員会拡大会議が行われた。この会議では、金日成が映画製作の成果を褒めて肯定的に評価したうえで、今後の課題について演説している[25]。そして、北朝鮮側の資料によると、この会議は北朝鮮の文学・芸術領域に関する金正日の指導力が発揮され始めたという意味で重要だという[26]。この会議の二日後の12月10日に、金正日は文学・芸術分野の活動家に対して演説を行い、「党性、労働階級性、人民性の原則は、文学・芸術作品の創作において堅持しなければならない根本的な原則」だと述べた[27]。『朝鮮大百科事典』によると、これらの原則は、次のように整理できる。

党性：朝鮮労働党と首領に対する際限のない忠実性。党性は具体的に、党の統一団結のために闘争し党の利益を第一とすること、階級的敵に対して妥協しないこと、不正に反対することなどとして発露されるが、何よりも首領の思想と領導を実現させるための忠実性が最高の発露だとされる[28]。

労働階級性：労働階級の自主的志向と要求を実現するための闘争精神。その最高表現は、首領に対する忠実性である。なぜならば、首領は労働階級の根本的要求を代表する者であり、労働階級の利益を体現するからである。また、朝鮮労働党は労働階級の利益を実現するための政治組織であり、勤労人民大衆は労働階級をその核心として成立する[29]。

人民性：人民大衆の力と知恵を信じ、人民大衆のために服務する共産主義者の思想および精神。その思想理論的基礎は、「以民為天」（人民を天のようにみなす）という群衆観と人民大衆を革命の主体とし、人民の主体性を強化することが革命の勝利における決定的要因となるという観点である[30]。

さらに、『朝鮮大百科事典』では、この党性・労働者階級性・人民性は互いに密接な関係を持っていると説明されている。作家・芸術家はすべからくこれら3つの資質を内面化し作品を創作しなければならないということであるから、芸術における創作活動の方向性は1960年代半ばに基本的に整理され集約されたといえよう。この後、金正日は1965年3月3日・1965年12月・1966年10月に立て続けに文学・芸術分野の談話を通して朝鮮労働党中央委員会メンバーに指針を伝えている。このように、北朝鮮内部の公式資料を見ていくと、1960年代中盤から金正日による文学・芸術分野の指導が本格化したことがわかる。それは、芸術活動は金日成の抗日武装闘争を起源とせねばならず、首領への忠実性・朝鮮労働党への忠実性を作品化することが最も重要な任務であるべきだというものであった。

この後、金正日の文学・芸術分野の指導の質がラディカルに加速していくのは1967年である。実は、1967年は政治的に大きな転換期であった。

1967年5月に開催された朝鮮労働党中央委員会第4期第15次全員会議で、金日成ら満洲派の主導によって甲山派が粛清され、金日成をトップとした「党の唯一思想体系」が公式化され始めた。金日成による抗日遊撃隊闘争のみを抗日運動の正答とみなし、金日成の哲学・思想のみを唯一のイデオロギーとしたのである。

『朝鮮大百科事典』によると、「党の唯一思想体系」とは、「全党を首領の革命思想だけが唯一支配するようにし、首領の唯一的領導のもとに全党が一つに動くことを要求する首領の思想体系、領導体系」と定義される[31]。首領の革命思想だけが正当性・正統性を持ち、それ以外の一切の思想を許容しないという点が強調される。また、党員は、首領の革命思想を信条化し、その思想通りに考え行動することが求められる。これは党内の自由な議論や発想を許さないことを意味した。

このような政治的大変動の後、金正日は1967年6月7日に「党の唯一思想教育に寄与する音楽作品をより多く創作しよう」という演説を行った。唯一思想体系を芸術界で徹底させ、さらに芸術による宣伝扇動力によって北朝鮮社会を唯一思想体系に塗り替えることが目的だった。金正日は「こんにち音楽創作家には、党の唯一思想教育に寄与するすぐれた音楽作品をより多く創作すべき重大かつ栄誉ある課題が提起されています」とし、「何よりも重要なのは、作品の思想的内容をわが党の唯一思想で一貫させること」であり、そのために「偉大な首領（筆者注：金日成のこと）の不滅の革命業績と指導の賢明さ、高邁な共産主義的徳性を内容とする作品の創作を主線として確固としてとらえていくことが重要」「偉大な首領を仰ぎ欽慕し、首領の革命業績をたたえる革命頌歌を数多く創作すべき」と指摘した。また、「音楽において主体を打ち立てることは、こんにちのわれわれの音楽芸術の実態と関連していっそう切実な問題」であり、「音楽芸術において主体を打ち立てるというのは、民族音楽を基本とし、わが人民の好みと感情に合うように音楽を発展させるということ」という原則を提示した[32)]。

金正日はこの後にも、「作家、芸術家の間に党の唯一思想体系を徹底的に打ち立てるために」（1967年7月3日）、「文学・芸術作品に党の唯一思想を具現するための事業を迅速におこなうことについて」（1967年8月16日）と短期間に立て続けに作家・芸術家および文学芸術部門の活動家に向けて演説をし、文学・芸術の力を総動員することによって、北朝鮮社会に「唯一思想体系」を確立させることを急いだ。

では、実際の芸術界はどのような動きを見せたのだろうか。

まず、1946年に創立された平壌歌舞団を再編成する形で、1969年9月27日に万寿台《マンスデ》芸術団が創立した。この芸術団は、金正日の指導のもとにつくられた、朝鮮労働党が直接主管する団体である。北朝鮮における一流芸術家である「人民芸術家」「人民俳優」「巧勲俳優」が所属する大所帯の団体であり、後に述べる革命歌劇『花を売る乙女』を得意演目とした。創立後すぐに北朝鮮を代表する芸術団として海外に派遣され、巡回公演を行った。1973年には日本でも巡回公演を行い、日朝国交正常化を念頭に置いた文化交流の「尖兵」となった。優れた技量による公演を披露し、日本の芸術家からも高い評価を得た。

金日成と同様に、金正日も映画をどのように「朝鮮化」していくかに高い関心を持ち情熱を注いだが、彼による本格的な芸術革命の実行は実は歌劇から始まった。歌劇の中心となったのは、『血の海《ピバダ》』という作品である。金日成が旧満洲で抗日運動に従事していたときに上演した『血の海』を原作としている。金正日は、この『血の海』を「歌劇革命」の第一号として指導を始め、内容においては唯一思想体系を展開し、形式においては朝鮮の伝統劇（唱劇）と西洋オペラを基礎にして融合改良し、新しい歌劇を作りあげ定式化した。これを「血の海式歌劇」という。1971年7月17日に金日成および党幹部・政府幹部は、北朝鮮式歌劇＝「血の海式歌劇」のモデルとなった革命歌劇『血の海』を観覧した。この観覧が『血の海』の初公演であった。

革命歌劇は金日成ら満洲抗日遊撃隊の闘争を正当化し美化したため、金日成はもちろんのこと、金日成とともに生死を共にした「同志」つまり遊撃隊出身の元老政治家らから高い評価を得た。革命歌劇の創作は、金正日が遊撃隊出身者の支持を得るのに大きな役割を果たした。

なお、革命歌劇『血の海』の公演を任されたのは1946年創立の「北朝鮮歌劇団」（1946年創立）であったが、公演をきっかけとして「血の海歌劇団」となった。「血の海歌劇団」は前述の万寿台歌劇団と同様、北朝鮮を代表する総合芸術団として海外公演も多数おこなってきた。

北朝鮮では、唯一思想体系つまり金日成による抗日革命・社会主義革命をストーリーの中心とした「血の海式歌劇」のうち、特に作品性が高いものを五大革命歌劇という。それは『血の海』（1971年7月）、『党の真なる娘』（1972年12月）、『密林を語れ』（1972年4月）、『花を売る乙女』（1972年11月）、『金剛山の歌』（1973年4月）である。創作年度を見るとわかる通り、これら五大革命歌劇は歌劇革命を北朝鮮社会に根付かせるために一気につくられたと思われる[33)]。

1970年代は歌劇のみならず、金正日による映画界の指導が多く行われた時期でもある。映画については詳しくは第6章を参照してほしいが、音楽と関連して述べるとすると、この時期は映画音楽が多くつくられたことが指摘でき、有名な歌手も映画音楽を通して多数登場した。例えば、革命歌劇『花を売る乙女』を映画化した映画版『花を売る乙女』の主題歌を歌った崔三淑《チエ・サムスク》（人民俳優）がいる。崔三淑は、韓国ドラマ『愛の不時着』第4話でも取り上げられたが、それくらい有名な、いわゆる「国民的歌手」であり、北朝鮮住民の中で知らない人はほとんどいないだろうと思われる。

4　1980〜2000年代初めの朝鮮音楽

1980年代――軽音楽団の登場

1980年代に入ると、世界的な潮流を意識して北朝鮮でも軽音楽の創出が試みられた。もちろん、この動きはこれまでと同様、金正日が主導した上からの動きであり、現場の芸術家たちによる下からの動きではなかった。それでも、本格的な軽音楽の導入は、北朝鮮の音楽シーンに大きな影響を与えた。この1980年代の軽音楽団の双璧は、旺載山《ワンジェサン》軽音楽団と普天堡《ポチョンボ》電子楽団である。

まず、1983年7月22日に万寿台芸術団の一部門から分岐する形で旺載山軽音楽団が創設された[34]。楽団は、歌手・演奏家・舞踊家（ダンサー）によって構成されており、多様な演奏が可能なように、最大47名の演奏家を配置することができた。さらに10人以上の舞踊手が登場する場合もあった。軽音楽団ではあるが、比較的規模が大きな楽団と言える。

旺載山という名前は、旺載山革命史跡地すなわち金日成が抗日遊撃隊闘争をした時期に重要な会議を行った咸鏡北道《ハムギョン》穩城《オンソン》郡旺載山里にちなんでいる。いわゆる「旺載山会議」である。『朝鮮大百科事典』は、旺載山軽音楽団を「現代的なわれわれの方式による軽音楽と歌、舞踊作品を創造することによって主体芸術発展に貢献することを使命としている」と説明している。

この楽団の元々のアイデンティティは、民謡を現代的にリメイクした楽曲とその楽曲に合わせて踊るダンス（舞踊）である。活動初期に披露した楽曲と舞踊としては、例えば「この山河あまりにもいいね（이 강산 하도 좋아）」「ケジナチンチンナゲ（쾌지나 칭칭나네）」などがある。もちろん、民謡というよりはポップスのような楽曲（「まだ言えない（아직은 말못해）」「私の名前

写真２　旺載山軽音楽団の公演

を尋ねないでください（내 이름 묻지 마세요）」など）も多数発表された。また、活動するにしたがって舞踊のジャンルも多岐にわたり「輪踊り（륜춤）」のような、当時の北朝鮮としては多少過激に見える舞踊も披露した。

旺載山軽音楽団には代表的な歌手が多数いるが、一人挙げるとすれば廉《リョム・》青《チョン》であろう。「正日峰の雷鳴（정일봉의 우뢰소리）」「また会いましょう（다시 만나요）」など有名な曲を独唱で歌い、『旺載山軽音楽団　廉青独唱曲集』という一連の CD が北朝鮮の木蘭《モンラン》ビデオ社から発売されている。

旺載山軽音楽団の創設から 2 年後の 1985 年 6 月 4 日に、もう一つの軽音楽団がつくられた。万寿台芸術団の電子音楽演奏団を分岐する形で創設された普天堡電子楽団である。楽団の名前は、金日成が旧満洲で抗日武装闘争をおこなっているときに、金日成の名前を一気に知らしめた「普天堡戦闘」に因んでいる。

写真３　普天堡電子楽団の CD。中央は同団歌手の金光淑の独唱集 CD、左は李京淑の独唱集 CD。

編成は、電子楽器（エレキギター、ベース、キーボード）、ドラム、歌手で構成され、主役は基本的に歌手であり、電子楽器やドラムはバックバンドの役割を果たした。また、基本的にバックバンドは男性が担当し、歌手は女性が担当した。有名な歌手としては、金光淑《キム・グァンスク》・趙錦花《チョ・グムファ》・全恵英《チョン・ヘヨン》などがおり、それぞれ独唱（ソロ）アルバムが発売されるほど人気を誇った。また、「人民芸術家」称号を持つ著名な音楽家である李鍾旿《リ・ジョンオ》が、作曲家として同楽団に参与した。普天堡電子楽団による楽曲のうち有名なのは、「口笛（휘파람）」「攻撃戦だ（공격전이다）」「お会いできてうれしいです（반갑습니다）」「わが国が一番良い（내 나라 제일로 좋아）」などがある。「口笛」は韓国でも有名になったし、「攻撃戦だ」は、日本の愛好家たちの間で「コンギョ」として知られている。

なお、日本では、旺載山軽音楽団よりも普天堡電子楽団が有名になった。その理由はさまざまあるだろうが、1991年に行われた普天堡電子楽団の日本巡回公演が大きいだろう。

1980年代末から1990年代になると、北朝鮮には社会的・経済的な危機が、少しずつではあるが本格的に訪れた。まず、1980年代末に東欧の社会主義国が次々に崩壊していった。そのピークは、1990年の東西ドイツの統一であろう。そして、1991年にソ連が崩壊し、北朝鮮は名実ともに重要な後ろ盾を失った。

次に、1994年7月に金日成が死去した。建国以来、強力なリーダーシップを発揮し、唯一無比の「首領」として党運営・国家運営に携わってきた「建国の父」の死は北朝鮮住民に強い衝撃を与え、今後どうなるのかという社会不安を醸成した。金日成の死去により、予定されていた南北首脳会談（金泳三大統領―金日成主席）もキャンセルとなり、南北関係の改善には至らなかった。

さらに、これまでおこなってきた経済政策・社会政策の負の部分が累積し、この時期に一気に表面化した。天候不順などによる農作物の不作がこの状況に追い打ちをかけた。また、朝鮮半島を取り巻く第一次核危機（1993～1994年）が勃発し、北朝鮮は国際的にも孤立化を深めてしまった。91年に本格化した日朝国交正常化交渉も、結局、核兵器開発疑惑や日本人拉致疑惑、ミサイル問題などの影響で頓挫した。

1990年代末には、北朝鮮は深刻な経済的危機に陥り、食糧配給など社会主義制度の根幹が麻痺し、エネルギーも十分に供給できなくなり、食糧難にまでつながった。研究機関や研究者によって諸説あるが、この時期の北朝鮮では少なくとも数十万人規模での餓死者が出たようである。この時期は、北朝鮮では「苦難の行軍」期と言われる。この経験は、北朝鮮の人々に大きな危機感と衝撃を与えた。後に、この時期を振り返るような映画「慈江道の人々」(2001年)や「昨日、今日そして明日」(2003年)(長編映画シリーズ『民族と運命』第52〜60部)が制作されもした。

金正日は「苦難の行軍」期を乗り切るために「先軍政治」を掲げた。比較的統率がとれ行動できる組織だった朝鮮人民軍を社会再建に振り向けたのである。朝鮮人民軍は当然ながら党の防衛と国防も担っているため、対内・対外活動の両方に朝鮮人民軍が立つことになった。この「先軍政治」は「苦難の行軍」期を乗り切るための統治理念と政策であった。つまり、北朝鮮が経済的に立ち直り社会秩序を回復するまでの非常事態体制であったと理解できる。

このように考えると、朝鮮音楽がこの時期にどのような方向へ舵を切ったのか想像できるかもしれない。80年代に登場し90年代初めまで人気を得た軽音楽団は後退し、代わりに朝鮮人民軍所属の軍楽団である功勲国家合唱団が前面に出てきた。功勲国家合唱団の前身は古く、1947年2月に創立した楽団だ。当時は、保安幹部訓練大隊部協奏団(後の朝鮮人民軍協奏団)の下部組織であった。功勲国家合唱団は基本的に男声合唱団と男性演奏者によるオーケストラおよび創作や公演を取りまとめるスタッフで構成されており、構成員は150名にものぼる。

代表曲として「社会主義を守ろう(사회주의 지키세)」「先軍長征の道(선군 장정의 길)」などがある。功勲国家合唱団は前述した通り、その前身を含めて1947年から存在していたが、特別な楽団として北朝鮮社会で注目され前面に出てきたのは「先軍政治」の時期である。功勲国家合唱団の経歴とアイデンティティ、そして1990年代中盤からの作風を踏まえると、明らかに金正日の先軍政治を守るための最も強力な宣伝扇動隊の役割を果たしている。

功勲国家合唱団が朝鮮音楽史に残した役割は大きく、北朝鮮特有の政治用語である「音楽政治」も、実は功勲国家合唱団との関連で初めて使用された[35]。

2000年代に入っても北朝鮮の経済状況はよくはならなかったが、それでも最悪の危機は脱したということで、「苦難の行軍」は2000年10月に公式に終了宣言がなされた。とはいうものの先軍政治は続いていたので、音楽界でも功勲国家合唱団も音楽界の最重要楽団として存在していたが、一方で少しずつ変化も現れた。

それは、オーケストラでありながら、クラシックとポップスの両方を演奏できるように編成された銀河水《ウナス》管弦楽団と、同様の編成楽団として万寿台芸術団の中に創設された三池淵《サムジヨン》楽団の登場である。ここでは、より活発に大々的に活動を展開した銀河水管弦楽団について取り上げよう。

銀河水管弦楽団は2009年5月に公式的に登場した。確認できる限り、2009年9月8日に万寿台芸術劇場で行われた公演が最初の演奏であった。この公演は、ロシア21世紀管弦楽団とユルルロブ名称国立アカデミー無伴奏合唱団・銀河水管弦楽団・朝鮮人民軍功勲国家合唱団による合同公演であった。

銀河水管弦楽団はフランスのパリでも公演を行い、「アリラン変奏曲」を演奏して高い評価を受けた。この時に指揮者を務めたのは韓国出身の世界的な指揮者である鄭明勲《チョン・ミョンフン》である。南北朝鮮の関係が良好だったがゆえに実現したコラボレーションであった。

韓国の先行研究によると、銀河水管弦楽団創設の背景には、金正日の後継者として金正恩が新たに後継者と内定されたことと関係があるという[36]。このような背景を踏まえてか、銀河水管弦楽団は新しい試みにも挑戦した。例えば、金日成・金正日が批判していたジャズ風の演出を一部取り入れ、既存の楽曲「すてきな人（멋있는 사람）」を大胆に編曲して公演で披露した。ちなみにこの曲を当時歌ったのは、のちに金正恩の配偶者となる李雪主《リ・ソルチュ》であった。

この時期に指摘しておかなければならない出来事の一つは、2008年5月に行われた、ニューヨーク・フィルハーモニック（New York Philharmonic）による平壌訪問公演であろう。朝鮮民主主義人民共和国の国歌である「愛国歌」とアメリカ合衆国の国歌である「星条旗」が平壌で同時に演奏されたことは史上初めてであった。そして、米朝に国交がないどころか朝鮮戦争の休戦という一触即発の状況が続いていた中で、米国を代表するオーケストラであるニューヨークフィルが平壌で公演するのは、政治外交的な意味も付与した。結局、公演に金正日は出席しなかったが、楊亨燮《ヤン・ヒョンソプ》(最高人民会議常任委員会副委員長)が出席した。米朝関係につかの間の緊張緩和を与えた行事だった。なお、この平壌公演には、イタリア在住の日本人で音楽パトロンのチェスキーナ・永江洋子の助力があったことは興味深い事実である。また、平壌を訪問したニューヨークフィルのメンバーの中には日本人演奏家もいた。

5　金正恩時代——牡丹峰《モランボン》楽団の登場

2011年12月、金正日が勤務中に急死し、20代後半の若者であった金正恩が2012年から執権することになった。権力移行期は「遺訓統治」を行うとしても、今後北朝鮮情勢がどのようになるのか様々な推測がなされた。当時としては、金正恩の統治能力や手法は未知数であったからである。

金正恩時代を「アイコン」として象徴的に見せつけたのが、新たに創設された牡丹峰楽団であった。前述した通り、2009年頃から音楽界では段階的な「変化」が起こってきたと解釈できるが、牡丹峰楽団のデビューはこの「変化」が突然現れたような印象を与えた。それほど鮮烈だったのである。

北朝鮮の公式文献によると、牡丹峰楽団は金正恩の直接的な指示によって創設が検討され、2012年3月に朝鮮労働党が主管する楽団として出帆したが、その存在が公式的に海外に知られたのは2012年7月の「示範公演」である。女性演奏者・歌手によるクロスオーバー・エレクトリック・オーケストラ(crossover electronic orchestra)楽団で、卓越した技術、きらびやかな舞台装置と衣装、洗練された演出で、韓国・日本はもちろんのこと諸外国で話題になり、その変化の意味が探られ始めた。

北朝鮮内部の論理としては「継承と革新」が重要なので、牡丹峰楽団は楽団系統的には普天堡電子楽団を継承しているとされた。これは金正恩時代が

写真4　牡丹峰楽団の公演

金正日時代の遺産を「継承」していることを強調する論理だったが、一方で牡丹峰楽団の存在は金正恩時代の独自色を鮮明に出すものであったので、「革新」に強く力点が置かれていたことは明白であろう。

牡丹峰楽団の登場は北朝鮮の住民にも大きな影響を与えたようで、『朝鮮新報』は、驚き衝撃を受けている住民の声を伝えている[37]。まさに金正恩による「音楽政治」の始まりだったと言える。牡丹峰楽団の公演には、金正恩だけでなく、配偶者の李雪主《リ・ソルチュ》が連れ立って公演を観覧する回数が多いことも興味深い現象であった。最高指導者が夫婦同伴で公演を鑑賞する姿を公開するというのは、金日成・金正日の時代には見られなかった現象であった。

楽団の編成と特徴としては、次のことが指摘できる。

まず、編成は歌手、電子楽器（電子バイオリン、電子チェロ、エレキギター、エレキベース、キーボード）、サックス、ピアノ、ドラム、その他打楽器であり、バイオリンとチェロが主旋律を担う。これはクラシック楽団の形式を踏襲したものといえよう。主要メンバーは基本的にトップ楽団から選抜されているが、才能ある若手も多く登用した。団長は、玄松月《ヒョン・ソンウォル》である。玄は、平壌音楽舞踊大学出身で、旺載山軽音楽団や普天堡電子楽団で活躍した。独唱を任されるくらいの実力の持ち主であり、歌手としてカリスマ性があった。現在は党の高位幹部であり、金正恩の側近である。主に、儀典関連の仕事を任されていると思われる。

忘れてはならないのが、牡丹峰楽団は全員が軍人であるということである。北朝鮮の公式文献（『金日成総合大学学報・歴史学』第65巻第2号）によると、創作活動と公演を軍隊式で行うとされており、その意味で2012年8月の「火線公演」（軍人慰問公演）が大きな意味を持っていたとされている。

曲の特徴としては、希望を与え、未来を肯定する明るい歌が多い。「金正恩時代」は明るい未来が待っているというメッセージを伝えているようだ。実際に、金正恩は、2012年4月15日の金日成主席の生誕100周年閲兵式で演説を行い、「わが人民が二度とベルトを締めないようにし（筆者注：決して飢えさせないようにし）、社会主義富貴栄華を思う存分楽しむようにする」ことを宣言したので、それとの関係もあるだろう。また、過去の曲を大胆に編曲しリメイクした。「愛国歌」（2024年からは正式名称を「朝鮮民主主義人民共和国国歌」へ改称）までロック調に演奏したことは驚きに値する。ただし、ある意味でこのような大きな変化は「形式」にとどまり、「内容」については金正日執政期から本質的な変化はなかった。指導者および党の称揚、祖国愛、革命精神鼓舞、戦意高揚、社会主義固守などが中心テーマになるからである。「内容」については「宣伝扇動」の本質にかかわることなので簡単には変化させられないのであろう。

また、前述の北朝鮮の公式文献によると、現実的な目的の一側面が垣間見える。それは牡丹峰楽団の公演は「青年のための公演」ともいえるものであり、青年に社会主義文化の音楽（牡丹峰楽団）を聞かせ「帝国主義思想文化」「ブルジョア文化」の影響を洗い流すというものであった。つまり、北朝鮮に何らかの形で入った資本主義諸国の大衆文化（実質的には韓国の大衆文化）は青年に強い影響を与えてしまうため、それらを朝鮮音楽によって排撃することに、牡丹峰楽団創設の目的の一つがあったのである。

前述した通り、牡丹峰楽団の重要な側面はクロスオーバー・エレクトリック・オーケストラである。これは90年代〜2000年代初めにかけてヨーロッパで人気のあったスタイルである。イギリスのベネッサ・メイ（Vanessa-Mae）から流行が始まり、ボンド（Bond）で最高潮に達した感がある。波及力はヨーロッパ全体に広がり、東欧まで至った。プリンセス・オブ・バイオリン（Princess of violin、ハンガリー）が有名である。クロスオーバー・エレクトリック・オーケストラは、ロック調に編曲した楽曲を電子洋楽器で演奏するスタイルだったが、中国では、2001年にデビューした「女子十二楽坊」

が伝統楽器でクロスオーバースタイルを実践した。牡丹峰楽団も、ヨーロッパでの流行から10年ほどタイムラグはあるものの、このような世界的趨勢を取り入れた楽団と指摘できる。

牡丹峰楽団は、外国曲、特に米国の軽音楽や映画音楽を多く演奏した。示範公演では、ディズニーメドレーや映画「ロッキー」のテーマを披露した。これまではほとんどなかった現象である。これは米国への対話メッセージではないかという推測も流れた。

牡丹峰楽団が特別な楽団であることのもう一つの理由がある。それは、2014年5月16〜17日に平壌で開催された第9回全国芸術人大会である。金正恩はこの大会に書簡を送り、首領の文化芸術・党政策の文化芸術・人民の文化芸術・戦闘的文化芸術として発展させるための指針を伝え、さらに「牡丹峰楽団の創造精神、創造気風」をすべての芸術人が見習うように指導した。この大会で、牡丹峰楽団は芸術界の最高峰として規定された。創立約2年しか経過していない牡丹峰楽団が模範と規定されたポイントは、技量ではなく創作姿勢であり、これは停滞している芸術界に風穴を開けようという金正恩の意図だったと思われる。牡丹峰楽団は金正恩のメッセージを伝達する媒体であり、同時に牡丹峰楽団自体が金正恩のメッセージそのものでもあった。

北朝鮮は、牡丹峰楽団を「起爆剤」として登場させたのみならず、より大きな政策的方向に位置づけた。牡丹峰楽団は、金正恩が目指す「社会主義文明国」実現のための重要なアクターだった。この「社会主義文明国」は金正恩時代のオリジナリティともいえる。金正日時代の「強盛大国（強盛国家）」すなわち政治軍事強国・社会主義経済強国・科学技術強国という理念・政策目標に新たな要素を加えたのである。「社会主義文明国」とは、「社会主義文化が全面的に開花発展する国」とされているが、端的に言って教育・保健医療・体育・道徳・芸術・都市美観・環境整備などの諸分野を同時に整えることによって、文化的に一流の国家になるという構想である。この構想に牡丹峰楽団を位置づけたのであった。なお、北朝鮮が大々的に告知し誇っている「黎明通り」建設も、「都市美観」という意味ではこの構想に位置づけることもできる[38)]。

また、2019年までは文化外交使節としての牡丹峰楽団の可能性が開かれていた。有名なのは、2015年12月の牡丹峰楽団中国公演（於北京）である。この公演は、演出についての中国側の要請を北朝鮮が拒絶する形で中止になった。また、2019年12月に牡丹峰楽団が訪中する予定だとの憶測もあった(10月に韓国メディアが多数報道)。もちろん、1970年代に万寿台芸術団や血の海歌劇団が世界巡回公演をしたことや、1991年に普天堡電子楽団が日本公演を行ったことを考えると、前例がないわけではなく、むしろ有名芸術団が文化外交使節化することは十分あり得ることである。

なお、牡丹峰楽団の社会的地位は、2018年に朝鮮労働党出版社から刊行された『朝鮮労働党の歴史』に明確に記録されている。歴史的には、牡丹峰楽団は1980年代の普天堡電子楽団の後継とされ、党の正史に堂々と位置づけられた。

牡丹峰楽団と同時に創設された楽団として注目に値するのは、旺載山芸術団内部のユニット楽団として出帆した青峰《チョンボン》楽団である。金正恩の直接指示によって2015年7月に創設された。「青峰」という名前は、やはり金日成による抗日革命史跡に因んでいる。初披露は、モスクワで行われた「朝ロ親善の年」開幕式だったことも注目される。北朝鮮は、ロシアの招きに応じて芸術団をモスクワに送ったが、その芸術団はまだ国内で公表されていなかった青峰楽団であったのである。朝ロ関係という、北朝鮮から見たら重要な外交関係の式典に、有名芸術団ではなく創立まもない無名の芸術団を派遣したことは、この楽団は実は安定感のある有名歌手・演奏家で構成されていることを伺わせた。青峰楽団はデビュー公演でロシア民謡メドレーを歌い、朝ロ親善に芸術で貢献した。これは、青峰楽団による文化外交・公共外交であった。

青峰楽団は女性歌手数人とバックバンド（男性中心）で編成されている。バックバンドは金管楽器やサックスなどブラス（Brass: 吹奏楽器）に主軸が置かれている。牡丹峰楽団はクロスオーバー・エレクトリック・オーケストラと歌謡の両方ができる楽団だが、青峰楽団は基本的に歌謡重視である。青峰楽団は旺載山軽音楽団内部のユニットではあるが、旺載山軽音楽団が得意だった舞踊という特徴は見られない。

写真５ 2021年に発表された新曲「その情についていく(그 정을 따르네)」のミュージックビデオはキム・オクチュが中心となった。

おわりに――三池淵《サムジヨン》管弦楽団・国務委員会演奏団の登場とその後

2018年1月1日に金正恩が「新年の辞」を発表しながら第23回オリンピック冬季競技大会（以下、平昌オリンピック）に選手団を送る用意がある意思を明らかにすると、南北関係が急速に接近し始めた。北朝鮮は南北文化交流にも乗り出し、万寿台芸術団三池淵楽団を拡大再編成して「三池淵管弦楽団」とし、韓国に派遣した。三池淵管弦楽団のメンバーに青峰楽団・牡丹峰楽団の歌手・演奏家の一部が合流し、牡丹峰楽団団長だった玄松月が三池淵管弦楽団団長も務めた。兼任ということになろう。

三池淵管弦楽団が最も注目されたのは、2018年2月8日の江陵《カンヌン》公演と2018年2月11日のソウル公演である。ここで、同楽団は北朝鮮の曲はもちろんのこと、李仙姫《イ・ソニ》・沈守峰《シム・スボン》・羅勲児《ナ・フナ》など韓国大衆歌謡の大御所の有名曲も多数演奏し、韓国人の観客から好評を得た。玄松月が舞台に上がって、北朝鮮の歌謡「白頭《ペクトゥ》と漢拏《ハンナ》は我が祖国」を披露するサプライズもあった。

三池淵管弦楽団は平壌に帰還した後、金正恩から慰労され、楽器一式を贈られるとともに専用の劇場も与えられた。北朝鮮の「模範楽団」になったのである。2018年4月14日および11月2日には中国芸術団訪問歓迎公演をおこない、さらに2018年11月4日にはキューバ内閣首相訪朝歓迎公演もおこなった。外国との文化外交の最前線に立つ楽団となったのである。

2018年6月の第一回米朝首脳会談の時には、玄松月は金正恩の随行団の一員としてシンガポールを訪れた。会談では、米朝間で共同声明が採択されたため米朝関係が前進する可能性が見られた。このときに、北朝鮮側は三池淵管弦楽団の米国公演の可能性を米国側に打診した可能性が高い。米朝関係前進のための文化外交使節として三池淵管弦楽団を前線に立たせるという意図があったと強く推測される。

前述した通り、2008年にニューヨーク・フィルハーモニーが平壌を訪問して公演を行ったが、その「答礼」はまだなされていない。北朝鮮側から見れば、三池淵管弦楽団の米国公演が実現していれば、それは「答礼」であると同時に、北朝鮮と米国を文化外交において対等の格式に位置づけるパフォーマンスとなったであろう。しかし、その後、2009年の第二回米朝首脳会談が事実上の決裂に終わり「ハノイノーディール」となったため、三池淵管弦楽団の米国公演の可能性も霧散した。

三池淵管弦楽団が北朝鮮を代表する「模範楽団」として音楽界に君臨すると思いきや、米朝関係・南北関係の頓挫によってその消息はほとんど聞かれなくなった。代わりに、北朝鮮のトップ楽団になったのは、「国務委員会演奏団」である。国務委員会演奏団は、公式的には2020年1月25日の「正月祝賀公演」で登場し、以降の重要な公演の主役となった。例えば、2021年1月5日の朝鮮労働党第8回大会、2021年1月14日の朝鮮労働党第8回大会記念閲兵式、2021年2月16日の光明星節記念公演（国務委員会演奏団・功勲国家合唱団)、2021年4月15日の太陽節記念公演（国務委員会演奏団・功勲国家合唱団・三池淵管弦楽団）など、党の重要会議もしくは「民族最大の名節」（最高指導者の誕生日）における公演である。北朝鮮の国家行政のトップである国務委員会直属の宣伝扇動機関として、国務委員会演奏団の役割は明白であった。

国務委員会演奏団の形態は、オーケストラ演奏と重厚な合唱団、トップ歌手のソロで構成されるオーソドックスなものである。重要な歌手としてはキム・オクチュがいる。キムオクチュは、2017年の牡丹峰楽団の地方巡回公演に部分参加し、三池淵管弦楽団による江陵・ソウルでの公演にも参加した経歴がある。国務委員会演奏団に移籍し看板歌手としてソロ曲を披露するようになり、2021年7月に、北朝鮮の芸術人としては最高峰の称号である

「人民俳優」称号を授与された。キャリア形成半ばの30代と思われる歌手が「人民俳優」称号を授与されたのは極めて異例であり、この授与が国務委員会演奏団の地位を象徴しているようであった。

国務委員会演奏団は、安定感があって万人受けする反面、牡丹峰楽団のような「創作気風」が感じられる楽団ではなく、三池淵管弦楽団のような新鮮味がある楽団でもなかった。新型コロナウイルス感染症の世界的流行によって北朝鮮は一時的に門戸を閉ざしたが、文化面でも保守化傾向を見せた。音楽界は、三池淵管弦楽団以前・牡丹峰楽団登場以前に戻ったかのようであった。もちろん、これは音楽界のみではなく社会全体の変化に合わせたものなのかもしれない。国務委員会演奏団が前面に立つことは、米朝関係・南北関係の悪化と事実上の断絶、新型コロナウイルス感染症による影響、度重なる洪水被害、なかなか向上しない経済状況などの背景を見ると、国難を音楽の力によって乗り越えるということなのかもしれない。1990年代末から功勲国家合唱団が前面に出てきたことが想起される。

本章は紙幅の関係上、朝鮮音楽のすべてを紹介・解説することはできなかった。ここで取り上げた楽団以外にも、多くの楽団があるし、北朝鮮が重視している「群衆芸術」すなわち普通の人たちによる芸術活動にまで言及すれば、そのすそ野はもっと広い。本章は、北朝鮮の音楽界を歴史的に辿ることによって朝鮮音楽の特徴をとらえようと努めた。読者が朝鮮音楽を理解するに当たって本稿がその助けになれば幸いである。

参考文献リスト

〈webサイト〉

20세기 북한예술문화사전（20世紀北韓芸術文化辞典）http://nks.ac.kr/Default.aspx

〈文献〉

李喆雨『朝鮮音楽—金正恩第1委員長時代へ』レインボー出版、2012年。

ファンキー末吉『平壌6月9日高等中学校・軽音楽部北朝鮮ロックプロジェクト』集英社インターナショナル、2012年

森類臣「万寿台芸術団の対日文化外交—芸術と宣伝扇動の相克」『北朝鮮の対外関係—多角的な視角とその接近方法』晃洋書房、2022年、208–239頁。

森類臣「「金正恩時代」の「音楽政治」―牡丹峰楽団を中心に」『現代韓国朝鮮研究』第 18 号、現代韓国朝鮮学会、2018 年、34–52 頁。

Pekka Korhonen & Tomoomi Mori, “The Samjiyon Orchestra as a North Korean Means for Gender Based Cultural Diplomacy”, *European Journal of Korean Studies* Volume 19, No. 2, The British Association for Korean Studies, 2020, pp. 57–82.

1） 本稿では、党もしくは国家（行政）の職位を用いることにする。

2） *Why North Korea's latest propaganda bop is a huge TikTok hit*, BBC, 4 May 2024 https://www.bbc.com/news/articles/ckv7yk88q0go

3）「“人々のありのままの心情を” ／新曲「親しい父」に大反響」『朝鮮新報』2024 年 5 月 27 日。

4） この曲は、最高指導者の名前を、「総書記」「委員長」「元帥」など職階や「同志」などの敬称を付けずに何度も繰り返した。これは、歌の題名通りに「親近」感を朝鮮人民に与える狙いがあったと思われる。1990 年に出された「親しい名前（친근한 이름）」の歌詞で、当時の実質的な指導者（金正日）の名前を何度も敬称を付けずに繰り返したことを想起させる。指導者に敬称を付けない歌は異例ではあるが、このように前例がなくはない。

5） Korean Culture and Information Service & Ministry of Culture, Sports and Tourism, 2011, *'K-POP: A New Force in Pop Music'*

6） 金日成『世紀とともに　1』（日本語版）平壌、外国文出版社、1991 年、282–283 頁。

7） 金日成『世紀とともに　2』（日本語版）平壌、外国文出版社、1991 年、109 頁。

8）『思郷歌』の朝鮮語歌詞は、北朝鮮の公式ホームページ『내나라（わが国）』の該当ページ。（http://www.naenara.com.kp/main/hymn_music/b/g3/ko）から引用した。日本語訳は筆者（森）がおこなった。

9）『20 세기 북한예술문화사전』上の「사향가（思郷歌）」の説明による。http://nks.ac.kr/Word/View.aspx?id=1575

10）『金日成将軍の歌』の朝鮮語歌詞は、北朝鮮の公式ホームページ『내나라（わが国）』の該当ページ（http://naenara.com.kp/main/hymn_music/a/1/ko）から引用した。日本語訳は筆者（森）が行った。

11）『南北基本合意書』1991 年 12 月 13 日の序文。

12） 조선작곡가도맹중앙위원회『해방후 조선음악』（朝鮮作曲家同盟中央委員会『解放後の朝鮮音楽』）1956 年、132 頁。中央交響楽団はこの後、1947 年 1 月に「国立交響楽団」に改編された。なお、北朝鮮の記事（例えば「관록있는 예술창조집단 - 국립교향악단（貫禄ある芸術創作集団―国立交響楽団）」（http://www.kcna.co.jp/calendar/2021/08/08-07/2021-0807-003.html）や韓国発の記事では、国立交響楽団（＝中央交響楽団）の創立日を 1946 年 8 月 8 日としているが、これは正確には創立記念公演が行われた日である。本稿では、前掲書の記述にしたがって、創立時期を 1946 年 7 月

とした。

13）「北 '주체교향' 의 상징 , 조선국립교향악단 창립 70 돌」『통일뉴스』（「北 '主体交響' の象徴、朝鮮国立交響楽団創立 70 年『統一ニュース』）2016 年 8 月 8 日 https://www.tongilnews.com/news/articleView.html?idxno=117693

14） 金日成「音楽家は新しい民主朝鮮の建設に積極的に貢献すべきである―中央交響楽団創立記念公演を観て芸術家におこなった演説（1946 年 8 月 8 日）」『金日成著作集 2』平壌、外国文出版社、1980 年、318–320 頁。

15） 金日成「作家・芸術家の当面のいくつかの課題　作家・芸術家におこなった訓辞（1949 年 12 月 22 日）」『金日成著作集 5』平壌、外国文出版社、1981 年、295–305 頁。

16） 金日成「作家、芸術家のあいだで古い思想の影響を一掃するたたかいを力強くおし進めることについて　作家、芸術家におこなった演説」（1958 年 10 月 14 日）」『金日成著作集 12』平壌、外国文出版社、1983 年、511–518 頁。

17） 金日成「チョンリマの時代にふさわしい文学・芸術を創造しよう　作家、作曲家、映画人との談話」（1960 年 11 月 27 日）」『金日成著作集 14』平壌、外国文出版社、1983 年、410–430 頁。

18） 金日成「革命的な文学・芸術の創作について　文学・芸術部門の活動家におこなった演説（1964 年 11 月 7 日）」『金日成著作集 18』平壌、外国文出版社、1984 年、412–429 頁。

19） パンソリ（판소리）とは伝統的な民俗芸能の一つである。通常、歌い手（語り手）一人と鼓手一人によって成立する。

20） 太平簫は朝鮮半島の伝統楽器。二枚リードの木管楽器で、チャルメラと同様の系統である。チャンセナプ（장새납）はセナプ（太平簫）を改造した楽器。1970 年代に北朝鮮で登場した。伽耶琴も朝鮮半島の伝統楽器である。日本の「箏」と同様の系統である。

21） セナプ（새납）は太平簫のことである。ケンゴワリ（꽹과리）はケンガリとも表記する。金属製の打楽器（小型のドラ）であり、バチで打ち鳴らして使用する。

22） キム・オクソンは、朝鮮歌謡として北朝鮮住民に長年親しまれている「黄金の木りんごの木を山に植えました（황금나무 능금나무 산에 심었소）」の作曲家でも有名である。キム・オクソンの人生は、2012 年に「従軍作曲家　キム・オクソン（종군작곡가 김옥성）」（二部作）として映画化された。

23）「조선문학예술총동맹 결성 대회 개막」『로동신문』（「朝鮮文学芸術総同盟結成大会開幕」『労働新聞』）1961 年 3 月 3 日。

24） 김정일「항일혁명문학예술은 우리 문학예술의 유일한 혁명전통——김일성종합대학 조선어문학부 학생들과 한 담화（1961 년 3 월 5 일）」『김정일선집 1（증보판）』조선로동당출판사（金正日「抗日革命文学芸術はわれわれの文学芸術の唯一の革命伝統―金日成総合大学朝鮮語文学部学生とした談話（1961 年 3 月 5 日）」『金正日選集 1（増補版）』朝鮮労働党出版社）、2009 年、40–54 頁。

25） 金日成「革命教育、階級的教育に寄与する革命的な映画をより多く創作しよう朝鮮労働党中央委員会政治委員会拡大会議でおこなった演説（1964 年 12 月 8 日）」『金正日著作集 18』平壌、外国文出版社、1984 年、430–445 頁。

26） 조선문학예술총동맹 중앙위원회 편찬『20 세기 문예부흥과 김정일 2　영화예술 1』문막예술출판사（朝鮮文学芸術総同盟中央委員会編纂『20 世紀文芸復興と金正日 2 映画芸術 1』文学芸術出版社）、2002 年、38–39 頁。

27） 김정일「혁명적인 문학예술작품 창작에 모든힘을 집중하자—문학예술부문 일군들앞에서 한 연설（1964 년 12 월 10 일）」『김정일선집 2（증보판）』조선로동당출판사（金正日「革命的な文学・芸術作品の創作に全力を集中しよう　文学・芸術部門の活動家を前にしておこなった演説（1964 年 12 月 10 日）」『金正日選集 2（増補版）』朝鮮労働党出版社）2009 年、48–62 頁。

28） 백과사전출판사『조선대백과사전（6）』백과사전출판사（百科事典出版社『朝鮮大百科（6）』百科事典出版社）、1998 年、128 頁。

29） 백과사전출판사『조선대백과사전（7）』백과사전출판사、1998 年、472–473 頁。

30） 백과사전출판사『조선대백과사전（28）』백과사전출판사、2001 年、658–659 頁。

31） 백과사전출판사『조선대백과사전（6）』백과사전출판사、1998 年、164 頁。

32） 김정일「당의 유일사상교양에 이바지할 음악작품을 더 많이 창작하자 —문학예술부문 일군 및 작곡자들 앞에서 한 연설（1967 년 6 월 7 일）」『김정일선집 1（증보판）』（金正日「党の唯一思想教育に寄与する音楽作品をより多く創作しよう—文学芸術部門の活動家および作曲家たちの前でおこなった演説（1967 年 6 月 7 日）」『金正日選集 1（増補版）』1992 年、205–217 頁。

33） 국립통일교육원『2023 북한 이해』국립통일교육원 연구개발과（国立統一教育院『2023 北韓理解』国立統一教育院研究開発課）、2023 年、275–276 頁。

34） 旺載山軽音楽団は後に「旺載山芸術団」に改称した。

35） 音楽政治は、2000 年 2 月 7 日に 4.25 文化会館で行われた人民武力省音楽発表会において初めて提起された概念である송명남「《모란봉악단》을 통해 보는 조선의 문화정책과 인민생활」（宋明男「《牡丹峰楽団》を通してみた朝鮮の文化政策と人民生活」）『朝鮮大学校学報』vol. 25、2015 年、164 頁。

36） 『20 세기 북한예술문화사전』上の「은하수관현악단（銀河水管弦楽団）」の説明による。

http://nks.ac.kr/Word/View.aspx?id=1642

37） 「모란봉악단 시범공연에 접한 시민들 ,《TV 화면앞을 떠나지 못했다》」『조선신보』（「牡丹峰楽団示範公演に接した市民たち、《TV 画面の前を離れられなかった》」『朝鮮新報』）2012 年 7 月 14 日

38） 詳しくは以下の論稿を参考していただきたい。

모리 도모오미「김정은 정권 음악 정책의 논리 : ‘음악정치’ 의 함의 확대와 ‘사회주의 문명국’ 개념을 중심으로」『통일과 평화』15 권 2 호（森類臣「金正恩政権による音楽政策の論理— ‘音楽政治’ の含意拡大と ‘社会主義文明国’ 概念を中心に」『統一と平和』15 巻 2 号、2024 年、45–87 頁。

（北朝鮮研究との出会い）

筆者はこれまで韓国研究に従事してきた。博士論文の主題も韓国のジャーナリズムと現代史に関わるものであったし、その関心は当然今でも続いている。一方で、朝鮮半島分断体制のもう片方の国――朝鮮民主主義人民共和国（北朝鮮）――に対する興味もやはり強く持っていた。もちろんそこには、独特で堅固な社会主義体制を続けており、外部からの接近が容易ではない北朝鮮を知りたい気持ち、俗に言えば「怖い物見たさ」のような心境がなかったかと言えば嘘になる。

博士論文を書き上げた後、北朝鮮に関する学問研究に取り掛かりたい気持ちが沸き上がった。ただ、北朝鮮研究のうち、政治・経済・歴史などのメジャーな分野には、筆者が尊敬するたくさんの優れた先輩がいて、自分がそこに入りこむのは難しいと思った。さらに社会主義国研究には独特の「技術」がいることは容易に想像できた。大学院でこの分野に取り組んだわけではない私には、なかなか壁が厚く思えた。学問的なディシプリンの問題も当然そこには横たわっていた。まず、どのような分野であれば、これまでの私の研究キャリアを生かしつつ、研究の端緒をつけられるのかを吟味する必要があった。

筆者はこれまで、社会学の重要な研究領域である「ジャーナリズム」「マス・コミュニケーション」「メディア」に関して研究を行ってきた。このキャリアを考えるのであれば、北朝鮮のマスメディア（新聞放送など）を研究することが真っ当かと思われた。北朝鮮のマスメディアは社会主義国独特の論理で運営されており、つまるところ党と国家のイデオロギー・政策を効果的に人民に伝えることが役割である。北朝鮮のマスメディアについては日本ではほとんど先行研究がなかったが、韓国で出版された先行研究を読んでみたり、日本で入手できる北朝鮮の原文資料を見てみた。興味深い点も多々あったが、この分野を自分が本格的に研究すべきかと考えたときに、どうも持続する気がしなかった。

悶々としていた時に、2012 年 7 月にデビューした牡丹峰楽団の映像をいくつか見た。ちょうど、牡丹峰楽団が話題になっていた時期である。これをきっかけとして興味を持ち、北朝鮮の音楽についていろいろ調べるうちに、これまでの研究キャリアを生かして朝鮮音楽研究を始められるのではないかという直感が働いた。音楽が趣味だったこともプラスに作用したのかもしれない。結果として、この直感は私にとって正解だった。

研究を少しずつ始めて見ると、朝鮮音楽の歴史はとても興味深く、さらに音楽が宣伝扇動はもちろんのこと、南北関係・公共外交に至るまで広がりを持っていたことが分かった。現在は、音楽はもちろん、関連芸術（舞台芸術、マスゲームなど）にも少しずつ研究関心を広げている。

（森　類臣）

第7章　映画

芸術映画からみる北朝鮮の政治と社会

横溝未歩

はじめに――社会をひもとく手段としての映画

北朝鮮映画はプロパガンダ映画だというイメージが強く、日本ではこれまで十分に研究されてきたとは言い難い。しかし、プロパガンダ映画を作るのは何も北朝鮮だけではない。愛国心を煽ったり、自国を正当化したりする映画はどの国にも存在する。ではなぜ、北朝鮮映画ばかりがプロパガンダ映画だという理由で人々の関心から遠ざけられてきたのだろうか。それはおそらく、すべての映画が完璧に朝鮮労働党の政策的意図によって作られており、それゆえに一定の「枠組み」から決して抜け出すことが許されず、結果として型にはまった映画ばかりになってしまうことが理由として挙げられるだろう。また、男女の恋愛を中心に据えたラブストーリーやファンタジー、アクション、サスペンス、ホラーといったジャンルの映画が存在し得なかったことや、巨額の資金が投入された大掛かりな映画が製作されなかったことも、人々の関心を集められなかったもう一つの理由といえるかもしれない。

北朝鮮映画が宣伝扇動や人民を教育するための手段であることは否定できない。北朝鮮自身が映画をそのように位置づけているからである。とはいえ、プロパガンダ映画だからといって見る価値がないわけではない。北朝鮮の映画から得られる情報は極めて多い。

映画は朝鮮労働党の政策を人々にわかりやすく解説する役割を負っている。映画を見ることで北朝鮮の政策、政治、社会について知ることができるようになっている。映画はまた、北朝鮮に住む人々の生活をわずかながらも覗き見ることのできる数少ない手段の一つである。北朝鮮の『労働新聞』をはじめとするいくつかの新聞や、公式のウェブサイトを通して北朝鮮国内の情報に触れることは可能だが、それらの記事を読んでも人々の生活は見えてこない。朝鮮中央テレビでは様々な映像――例えば高層ビルが立ち並び、煌びやかな光を放つ平壌や、農村に新しく建設された「文化住宅」、最新式の工場や近代的な農場の様子――を見ることができるが、これは果たして本当の北朝鮮の姿なのだろうか。その一方で、映画は――虚構を含みながらも――人々の暮らしを描き出す。社会の描写がリアルであってこそ、映画は人民に教訓や生活の指針を提示し、模範を示すことができるからである。

そのため、映画には北朝鮮社会の否定的な部分もある程度正直に描かれる。例えば、障害のある男性に娘を嫁がせた郡農村経営委員長の「自己犠牲精神」を称賛する映画「主人たる心」(1996) は北朝鮮社会が障害を持つ人との婚姻に強い拒否感を持っていることを、「温かい光」(1990) は現行の生産にのみかまけて骨の折れる事業には手を出さない農場幹部の存在を描き出す。金日成の死後から始まった「苦難の行軍」をテーマにした複数の作品では、食べるものがなくなった人民が「代用食品」として泥炭を原料にした食品を作り出したり、職場で「殉職」したりする現実を描く。生活に根づいた「否定的な現象」は、映画や小説といった創作物の中からのみ垣間見ることのできる部分である。そのような視点から見れば、映画に対する研究は北朝鮮の社会と政治をひもとく一つの手段だといえるのである。

1　北朝鮮映画の研究方法

資料について

北朝鮮映画の研究をする際、最初の関門は資料集めである。北朝鮮は公式の対南ウェブサイト「わが民族同志」や、放送大学サイト「わが民族講堂」などで芸術映画を配信していた。しかし、2023 年末に金正恩《キム・ジョンウン》委員長が「北南関係はもはや同族関係、同質関係ではない、敵対的な 2 つの国家の関係、戦争中にある 2 つの交戦国の関係」だと宣言して韓国を「外国」と位置づけたのに伴い、対南ウェブサイトは一斉に封鎖された。

そのため手軽に映画を見る方法としては YouTube などに転載されたもの

を探すことになる。朝鮮の公式に近いアカウントとしては朝鮮総連のアカウント（https://www.youtube.com/@elufatv）があり、朝鮮中央テレビで放映された映画や番組などが順次アップロードされている。

北朝鮮の朝鮮映画輸出入社が経営するサイト「朝鮮映画」（http://www.korfilm.com.kp/）では映画の短いサンプルを見ることができる。映画DVDの購入は現時点では韓国の海外特殊図書専門輸入業者である「アジアジャーナル」（http://www.asiajournal.co.kr/）に限られる。『朝鮮芸術文学年鑑』など映画関連図書については上記の『アジアジャーナル』のほか、朝鮮半島の図書を取り扱っている日本のレインボー通商（https://www.rainbow-trading.co.jp/）で購入することができる。映画専門雑誌『朝鮮映画』などの北朝鮮図書はアジア経済研究所図書館（https://www.ide.go.jp/Japanese/Library/About.html）で閲覧が可能である。

資料収集の問題の次の関門は、北朝鮮の映画の多くに日本語字幕がついていないことである。運よくDVDを入手できた場合にも、英語の字幕がついていることは多いが、日本語の字幕はない。日本ではかつて、日本語字幕のある北朝鮮映画のビデオテープが販売されていたことがあるが、現在はビデオテープを再生できる環境がないことがほとんどであろう。結局、映画をより理解するためには韓国語とは違う「朝鮮語」にある程度習熟する必要がある。

研究の限界

北朝鮮映画によって朝鮮社会を垣間見ることができる、と述べたが、創作物である以上、虚構が含まれていることは否定できない。1978年に北朝鮮に拉致され、86年に脱出するまで北朝鮮で複数の映画を製作した韓国の申相玉《シン・サンオク》監督は著書[1)]に次のように書いている。

「党の命令一つで引っ越さなければならない住宅なので、誰もきれいに手入れをしようとはしない。はなはだしいのはカーテンを吊ろうともしないのだ。ある家庭では、木で粗雑につくられた机と戸棚以外には、別にこれといった家具がない。映画の室内シーンには間違いなく出てくるテレビ受像機は、どんな家にもあるものではない。

映画でなぜ現実と異なる描写をするのかと尋ねたところ、彼らは将来はああなるのだから関係ないのだと、あっさりと答えるのだった」

韓国ドラマにしばしば「財閥二世」が登場し、まるで宮殿のような家が映し出されるのと同様に、程度は違うが北朝鮮映画にもこのような虚構が存在するということを念頭に置いておくべきであろう。

金日成《キム・イルソン》の革命業績を描いた「革命映画」も、北朝鮮独自の「歴史観」を反映したものであり、それが客観的事実に基づいているのかという点については留意すべきである。ただし、北朝鮮における「正しい歴史」がどういうものであるかについての理解を深めることができるため、必ずしも否定的な部分ばかりではない。

写真１　芸術映画「ある支隊長の物語」（1966）のヒロインを演じる禹仁姫

1966年版の芸術映画「ある支隊長の物語」では禹仁姫がヒロインであるシム・ヘヨンを演じていた。この映画は1983年に新たに作り直され、映画「花を売る乙女」の主人公を務めた洪英姫《ホン・ヨンフィ》がヒロインを演じている。

北朝鮮映画独特の「限界」についても言及しておかざるを得ない。

北朝鮮映画に出演した俳優に「政治的問題」が発生した場合、その人物がどれほど有名な俳優で、またどれほど人気を博した映画であっても映画は闇に葬られてしまう。

いくつかの例がある。最も有名なのが禹仁姫《ウ・インフィ》[2)] である。彼女は俳優の称号としては最も高い「人民俳優」称号を持った女優であった。彼女は「ある支隊長の物語」(1966)、「祖国のツツジ」(1970) などの作品に出演したが、80年に帰国同胞とスキャンダルを起こし、同僚の映画人らの前で公開処刑されたと伝えられている。彼女が出演した映画はすべて闇に葬られた。現在、上記２本の映画は他の俳優を使って撮り直されたものが朝鮮中央テレビなどで放映されている。

写真２　映画から消された俳優チェ・ウンチョル

上段左は「大紅湍の責任書記」(1997) のチェ・ウンチョル（チャン・ミョンウ役、右)、上段右は 2023 年にテレビで放映された際に合成されていたパク・ジョンテク。下段左は「曲折多き運命」のチェ・ウンチョル（オム・チョルミン役、右)、下段右は 21 年に再放送されていた時に合成されていたキム・ウォン。

金正恩時代も例外ではない。2013 年の張成沢《チャン・ソンテク》粛清事件に関連して張の姪の夫チェ・ウンチョル、女優のキム・ヘギョン、パク・ミヒャンの 3 人が銃殺されたという[3]。

チェ・ウンチョルが出演した映画には「大紅湍《テホンダン》の責任書記」(1997)、「曲折多き運命 3・4 部」(1990〜95) がある。2014 年以降、これらの映画はテレビで放映されなくなったが、2021 年以降に再放送された際には、彼の姿のみが消され、別人の俳優の顔が巧みに合成されていることが判明した。

「遠い未来の私の姿」(1997)、「幹は根から育つ」(1998) などの映画で数多く主演を務めたキム・ヘギョンは張成沢が寵愛していた女優だったとされる。また、「ある女学生の日記」(2006)、「祝福された大地で」(2010) などに出演したパク・ミヒャンは、張成沢の粛清事件に関連して追放されたスウェーデン大使の親戚にあたり、夫や息子と共に収容所に入れられたという[4]。彼女らが出演した映画も2014年以降テレビ放映されなくなったが、2020年ごろからキム・ヘギョン、パク・ミヒャンの名前をクレジットタイトルから削除して再放送が復活した。

「問題」が生じた映画は、作品自体が闇に葬られるほか、上記のように映画の映像や内容が一部編集されてしまう。一度闇に葬られてしまった映画へのアクセスは極めて困難になると言わざるを得ない。

北朝鮮の映画はその時々の政策を反映する。政策の転換によって、時代にそぐわなくなった作品が闇に葬られる可能性も大いにある。南朝鮮（韓国）における「革命」や統一運動をテーマとした作品はかつて一つのジャンルを形成していたほど多く作られた。

金日成は1964年に次のように述べている。

「映画芸術部門で南朝鮮人民の英雄的な闘争を描いたりっぱな映画を多くつくるならば、それは南朝鮮人民の革命闘争を励まし、共和国北半部人民を社会主義建設にふるいたたせるうえで大きな貢献をなすでしょう」[5)]

しかし、2023年末に金正恩は「北南関係はもはや同族関係、同質関係ではない、敵対的な2つの国家の関係、戦争中にある2つの交戦国の関係として完全に固着された」と宣言したのち、現在まで分断の固定化に向けた措置を着実に講じている。それに伴い「南朝鮮人民の闘争」「統一問題」をテーマとして扱った映画はおそらく闇に葬られることになるだろう。

2　北朝鮮国内における芸術映画の位置づけ

われわれは映画を娯楽ととらえるが、北朝鮮においてその位置づけは大きく違う。

北朝鮮の辞書[6)]を引いてみると、映画は「人々の革命化を促進し、科学技術知識と文化的素養を高める力ある手段である。革命的な映画は、人々を教育し闘争へと鼓舞する力ある武器である」と解説されている。

では、人々を「革命化」するとはどういうことであろうか。「人々を革命的世界観に立った熱烈な革命家、真の共産主義者にすること。人々から利己主義、個人主義をはじめとするブルジョア思想の根を抜き、人々を党と領袖のために一身を捧げて闘う強い意志を有した革命家にすること（略）」だとされる。すなわち映画は、人々に政治的に「正しい」思想を植え付けて教育し、朝鮮労働党と領袖（最高指導者）のために自らを捧げるよう導く「道具」だと考えられているのである。

こうした使命を持つ北朝鮮の芸術映画は人民を教育し、党の政策を人々に伝達する内容のものとなる。そのため北朝鮮映画を見ることは、北朝鮮社会を外から、すなわち西側の論理で眺めるのではなく、北朝鮮社会を内側から、北朝鮮の論理をもってして「理解」する一助になるといえよう。

ブルジョア文化の浸透を防ぐための手段

北朝鮮は「ブルジョア文化」、すなわち西側の文化を「欺瞞と詐欺、極端な自由主義、人種差別と人間憎悪、個人の享楽と黄金万能（主義）を扇動」[7]するものだと定義づけ、そのような思想文化が国内に流入することを極めて強く警戒する。

そのため外国文化の流入を防ぐ法的根拠も整えている。

2023年9月に改正された「社会主義憲法」は第3章で「国家は、社会主義的民族文化建設において帝国主義の文化的浸透を排撃し、主体性の原則と歴史主義原則、科学性の原則から民族文化遺産を保護し、社会主義の現実に即して継承し、発展させる」と規定する。

2022年には「反動思想文化排撃法」[8]が制定され、同法の使命は「反動的な思想文化、反社会主義思想文化の流入・流布行為を防ぐための闘争を力強く展開し、われわれの思想陣地、革命陣地、階級陣地を強化することに寄与する」ものとされている。「反動的な思想文化」として名指しされているのは「傀儡（韓国）」や「敵対国」の映画や録画物、図書、歌、イラスト、写真」「性録画物または色情および迷信を説く映画や録画物、編集物、図書、写真、イラスト」などであり、これらを大量に流入させ、あるいは流布した場合には最高で死刑が求刑される。

西側の映画、ドラマが不法に北朝鮮に多く流入している現在、国産の「思想的に正しい文化芸術」に求められる役割は特に大きい。「敵」に対する幻想を粉砕する上で、特に重要な役割を果たしているのが「階級教育主題」の映画[9]である。代表的な作品として「崔鶴信《チェ・ハクシン》の一家」(1967) を挙げることができる。少し内容を見てみよう。

冒頭では次のような字幕が映し出される。

「いまだ地球上に世界反動の元凶である米帝国主義が存在する限り、そして彼らが広めている『自由』と『博愛』と『援助』に関する各種の神話に幻想を持つ人々が残っている限り、この一家庭の悲劇は単なる過ぎ去った物語ではないであろう」

名家の主である崔鶴信牧師は人々の尊敬を集めていた。朝鮮戦争中の「一時的後退」期、多くの人々は朝鮮人民軍と共に北上することを選ぶが、崔は共産主義とは相いれないとして家族と共に自宅に残ることを決める。崔は朝鮮式に改名までした米国人リチャード牧師を信頼しており、彼や米軍が朝鮮人の味方だと考えて心を許していた。しかしリチャードは米中央情報局(CIA) 朝鮮担当の一人であり、崇米思想の強い崔を利用していただけであった。

崔が長女ソンオクを連れて米軍のパーティーに参加した際、ソンオクを見《み》初《そ》めたリチャードの部下キングスターがソンオクを凌辱しようとして抵抗を受け、彼女を殺して海に遺棄する。リチャードはそれを知りながらも部下の行いを秘匿する。

父親の崇米思想を受け継いだ長男ソングンは韓国軍人となるが、一方、次女のソンミは共産活動に参加している。ソンミのために崔一家は米軍の監視対象となり、ソングンは軍内でアカのレッテルを張られて困難な立場に立たされる。追いつめられたソングンは妹ソンオクの敵(かたき)であるキングスターを殺して自決する。長女の死が米軍の仕業だと知ってしまった妻も米軍によってひそかに射殺された。

自分の崇米思想のせいで家族のほとんどを失った崔はようやく米国の真の正体を悟って朝鮮人民軍と合流する。映画は、「米国の悪魔らをこの地から掃滅してくれ。あの米国侵略者らを最後の 1 人まで掃滅してくれ。ことごとく、皆……!」と訴える崔の慟哭で終了する。

この映画は、米国や米国が持つ「自由」のイメージ、キリスト教の「博愛」のイメージに幻想を持つことへの警戒心を北朝鮮人民に植え付けることを目的に製作された。北朝鮮においてはこのように、「敵」に対する警戒心を高め、「敵」の文化に対する憧れを持たないよう教育するための文化芸術作品が常に必要とされているのである。

人民を教育するための手段

金正日《キム・ジョンイル》は次のように述べている。

「映画芸術はわが党の威力ある宣伝手段であり、革命闘争と建設事業において大きな役割を果たしており、全般的文学芸術発展において極めて重要な位置を占めています」[10)]

北朝鮮では、映画を鑑賞した後、その内容をしっかりと理解し、体得するための学習が伴う。それが「映画実効闘争」と呼ばれるものである。

金正日は1961年に、映画を鑑賞した後に集会を開いて映画を見て感じたこと、学んだことを討論するようにさせ、映画の主人公のように生きよう、という決意を固めさせるべきだとしてこの「映画実効闘争」に関する方針を提示した[11)]。

この「闘争」は現在も行われており、最近の映画実効集会では、解放後の土地改革によって分配された土地で精力的に農業にとりくむ農民を描いた「農民英雄」(1975)、自らの故郷を開拓することに人生をかけた女性管理委員長を描いた「キキョウの花」(1987)、模範的な党幹部を描いた「ある党員の姿」(1994)などの芸術映画がしばしば取り上げられている。

農場などの各単位で行われる映画実効集会の例[12)]を見てみよう。農場員らに芸術映画「農民英雄」を見せたあと、扇動員が「農民英雄と私」というテーマで映画の主人公の精神世界について解説する。その後、農場員らに「決意」を発表させるという流れで行われる。農場員らは、「映画の主人公の高潔な精神世界は、党を奉じる良心と義理がはたしてどのようなものでなければならないかを悟らせてくれた」「農場の主人としての本分を果たす」などという「決意」を披露する。

1970年代には上記の映画実効闘争に加えて「映画学習体系」が金正日によって確立された。金正日はこの時、金日成の革命の歴史と偉大さを反映した文献記録映画と芸術映画に対する学習を強化するよう指示した[13)]。

朝鮮労働党の機関紙『労働新聞』でも「映画の名セリフを通じた教育」のための記事がしばしば掲載されている。芸術映画に登場する名セリフを引用し、そこから人々が学ぶべき姿勢、教訓が解説されるというものである。

芸術映画は単なる娯楽ではなく、党の政策や方針を人民に理解させる手段として活用されており、重要な思想教育の一環だということがわかるだろう。

金日成の偶像化のための手段――「領袖形象映画」の登場

北朝鮮映画の歴史は、金正日が党中央委員会での事業を開始したころから大きく動き出した。

映画マニアだったとされる金正日は、金日成を神格化する映画を作ることで金日成からの信頼を得て、後継者への足掛かりとした。

北朝鮮公式の歴史によると金正日は1964年6月19日から党中央委員会で「党を組織・思想的に強化することに関する」事業を開始した。このころから金正日は映画事業に深くかかわっていたと思われる。金正日が初めて指導したとされる映画は、同年に発表された「成長の道」である。

その翌年には「文学芸術革命」に言及しつつ、「映画部門における革命的変革」を起こすことを呼びかけた[14)]。金正日はこの時期にはすでに映画を活用して金日成を神格化する構想を持っていた。

「今日、わが国の社会主義文学・芸術が解決すべき根本的な問題は、領袖を形象化した新しい革命的文学・芸術を建設することです」[15)]

映画や演劇、文学、美術などの芸術分野において「領袖」(最高指導者。金正日が映画を指導していた時期には金日成を指す)を描く作品を「領袖形象創造作品」という。美術においては金日成の姿を描く作品であり、文学においては金日成が登場人物として登場する作品を指す。そして映画においては、金日成に扮した俳優が登場する映画が「領袖形象映画」である。映画事業に取り組んだ金正日はこの「領袖形象映画」を製作して金日成を神格化し、その「功績」で父に認められようとした。当時は、金正日の継母・金聖愛が金日成のナンバー2として登場していた時期であり、金正日は父親の信認を得なければならない差し迫った状況に置かれていた[16)]。

金正日は「不朽の古典的名作」(北朝鮮では金日成や金正日が自ら創作したと

写真3　文化芸術部革命事績館（当時）に掲げられている金正日の言葉 [17]

同事績館（現・文化省革命事績館）には金正日の言葉が掲げられている。そこには「私が映画部門事業に対する指導を本格的に始めたのは、芸術映画『成長の道で』を作った時からです」と書かれており（金正日の写真右側にある「教示板」）、金正日が23歳で党中央委員会の仕事を開始した直後から芸術映画に対する指導を行っていたことが示唆されている。

される文芸作品をこのように呼ぶ）を映画化することと、抗日革命闘争時代の金日成の姿を芸術映画に登場させ、その偉大性を広めることを映画部門における「課題」として提示した。金日成を他人である俳優が演じることはややもすれば「不敬」ともみなされかねないため、こうした方針を示すことができたのは、金正日が金日成の息子という特別な立場にあったからであろう。

金正日が映画事業の指導を始めた翌年の65年には金日成俳優が登場する映画「信念」が作られた。これが初の「領袖形象映画」である [18]。1930年代の女性抗日革命家の獄中闘争をテーマとする同映画では、普天堡戦闘における勝利の後、大衆の前で演説する金日成の姿が1場面だけ演じられたという。この映画をみた金日成は「内容もよく、とてもうまく作った」と高く評価したものの、金日成俳優が演説するシーンを削除したほうがよいと述べたようである。しかし金正日は当時、「芸術映画において領袖を形象すること

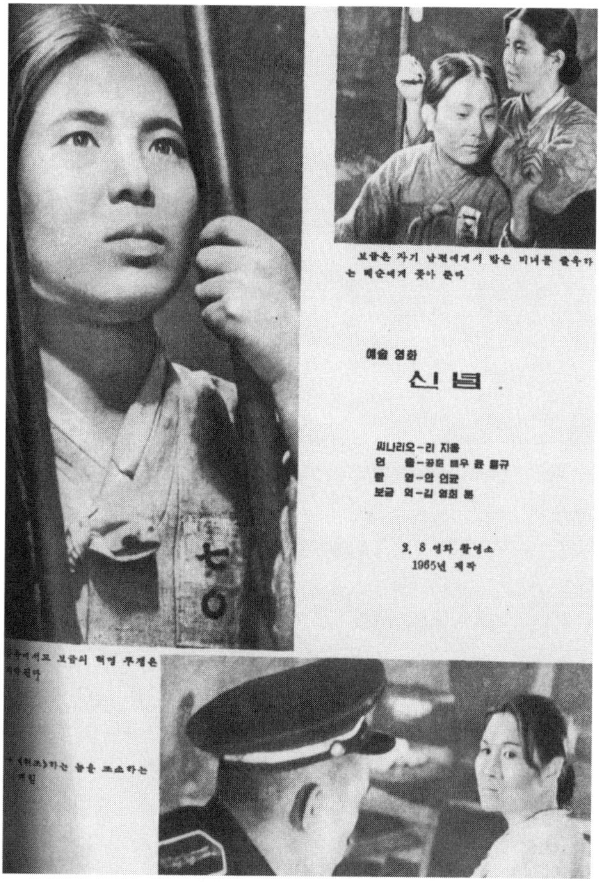

写真４　芸術映画「信念」（1965）のポスター

はわが人民の一様な念願」だとして、このシーンをそのまま残して普及させている。

とはいえ、同映画について報じた当時の雑誌『北朝鮮映画』[19]や『文学新聞』[20]は、金日成俳優が登場したことについて不自然なまでに言及していない。現在この映画は朝鮮中央テレビなどで放映されておらず、日本や韓国などにはDVDも存在しない模様である。現在、公式的には初の「領袖形象映画」は、1977年に製作された「世界に燃える炎」ということになっている。このことからも、領袖を扱う「領袖形象映画」は極めて高いレベルで作るこ

写真5　北朝鮮公式の初の「領袖形象映画」である「世界に燃える炎」（1977）に登場した金日成を演じる俳優

とが求められる「敏感な」映画だということがわかる。

「領袖形象映画」の先駆けとなった映画「信念」製作後、金正日は金日成俳優を一シーンだけでなく全面的に登場させるための準備事業に本格的に取り掛かる。それが、62年2月の談話[21]において指示された「白頭山創作団」の設置（1967年2月）である。同創作団は、金日成の「革命歴史」を描く映画や金日成やその家族が登場する映画を製作するための専門機関である。のちに金正日の妻の1人となって金正男《キム・ジョンナム》を生んだ女優・成蕙琳《ソン・ヘリム》もここに配属された[22]。同創作団には金日成に扮するいわゆる「1号俳優」が2人所属していたと伝えられている。

白頭山創作団は「世界に燃える炎」（1977）、「司令部を遠く離れて」（1979）、「白頭山」（1980）、「民族の太陽」（1987〜91）、「わが国」（1988）、「革命闘士・孔栄」（1992）などの作品に金日成を登場させ、その「革命業績」を宣伝した。そのほか、金日成の父・金亨稷《キム・ヒョンジク》や弟・金哲柱《キム・チョルジュ》、妻・金正淑《キム・ジョンスク》を登場させた映画も製作した。

金日成俳優の1人、カン・ドクが2003年製作の「豆満江のほとりで」に登場したことが確認できるが、それを最後に金日成俳優の姿はスクリーンから消えた。新たな「領袖形象映画」への挑戦は、金正恩時代に引き継がれていくことになる。

著作「映画芸術論」の発表

金正日の大きな関心の中、1960 年代後半から 70 年代には金日成の革命の歴史を描く「革命映画」や「領袖形象」作品のほか、幅広いテーマで多くの映画が製作されたことにより「映画革命」の一大開花期と呼ばれる。

金正日は 73 年 4 月、映画製作の思想理論・方法を示した「映画芸術論」を発表した。ここではテーマの選定から構成、物語の展開、名セリフを創作することをはじめ、演出、演技、撮影、音楽理論に至るまで、映画創作の指針が事細かに記されている。しかし皮肉にもこの著作の発表により、映画はここで示された方針からの逸脱を許されなくなる。それは結果として朝鮮映画の硬直化、マンネリ化をもたらすことになったのである。

3　金正恩時代の芸術映画（2012〜）——マンネリ化の打開を目指して

金正恩時代は芸術映画の「停滞」の時代だといわれる。世界の耳目を集めた牡丹峰楽団のような「新たな芸術」が生み出された音楽分野と違い、映画部門は目立った成果を収めることができずにいる。特に 2019 年から 21 年の 3 年間にはただの 1 本の映画、ドラマも発表されなかった。22 年からは少しずつ作品が発表されるようになっているが、かつては 1 年に約 20 編前後の芸術映画が作られていたことを考えると、金正恩時代の映画部門はいまだ停滞の中にいるといえる。

金正恩時代の芸術映画の傾向について見る前に、金正恩執権後から 2024 年までに発表された芸術映画・テレビ映画（ドラマ）を右の表で俯瞰してみよう。

金正恩時代の映画部門の不振の原因は、金正恩の関心不足なのだろうか。その可能性は低い。前述のように北朝鮮において映画は人々を教育するための手段であり、教科書である。金正恩は映画を含む文学芸術分野の重要性を認識しており、2014 年 5 月に第 9 回全国芸術人大会を開いて参加者らに書簡を送り、「文学芸術は革命と建設を主導する威力ある武器である」と言及した。その中で、特に映画部門が立ち遅れていることを叱咤激励し、「第二次映画革命」を起こすことを宣言したのである。

表1　金正恩時代の芸術映画・ドラマ[23)]

タイトル	製作年度	時代背景	舞台の場所	キーワード
従軍作曲家キム・オクソン（1, 2）	2012	解放後から朝鮮戦争の時期	戦場、農村など	実話、祖国建設、金日成称賛
金同務は空を飛ぶ（朝英合作）		金正日時代	炭鉱、平壌	社会主義の優越性
平壌での約束（朝中合作）		金正日時代	平壌	朝中親善
夢をささやく声（1, 2）		金正日時代	春香幼稚園（モデルは新義州本部幼稚園）	実話、早期英才教育、人材養成
自らを捧げよ（1〜10）		金正日時代	咸鏡北道	若者の農場進出、地方農業、幹部事業の重要性、反官僚主義
懲罰（1〜16）		解放直後	列車など	反日スパイドラマ
桂月香（11〜23）		李氏朝鮮時代	平壌	反日歴史ドラマ
山の向こうの村（朝米合作）		朝鮮戦争期	朝鮮半島北半部	分断の悲劇、朝鮮未公開
最前線の小さな家	2013	金正日時代	最前線の軍部隊	模範的な軍医の姿を示す
私達のご近所さん		金正恩時代（2012）	平壌	家族ドラマ、夫婦の別居と再結合
待ち遠しい父（1, 2）		金正恩時代（2012）	慶上幼稚園（平壌）	実話、音楽英才教育
少年探求者たち		（現代と推測される）	某中学校	教育、科学技術の重要性、SF
砲声のない戦区（1〜5）	2014	第二次世界大戦後	—	スパイ映画
小学校の小さな運動場（1〜3）		金正恩時代	通川郡（江原道）	児童教育、体育熱風
イネの花	2015	金正恩時代	地方農場	模範としての扇動員の姿を強調
表彰		金正恩時代	南興青年化学連合企業所（平安南道）	「労働階級の良心」を強調
防弾壁（1〜14）		1944年〜	—	金日成決死擁護、「革命の敵」との対決
わが家の物語	2016	金正恩時代	南浦市	実話、社会と集団のための献身、社会主義の優越性を強調
卒業証		朝鮮戦争期（回想部分）、金正恩時代（現在）	金日成総合大学（平壌）など	大学生に対する金日成の「愛」、金正恩への恩返し
服務の足跡		金正日時代（苦難の行軍時期）	人民軍運輸区分隊	実話、自力更生の精神
貴重に思え		金正恩時代（2012）	黄海北道／平壌など	「一つの大家庭」、社会主義の優越性を強調
北方の朝焼け（1〜10）	2017	金正日死去前後	慈江道	科学技術発展の重視
壬辰年の山参採りたち（1〜8）	2018	16世紀末	開城	反日歴史ドラマ、アクション物

一昼夜	2022	1958年	―	実話、領袖決死擁護
最後の一球（1~6）		～1975年	カルカッタ（第33回世界卓球選手権大会）	実話、アクション物
ある検察幹部の手記（1~8）	2023	朝鮮戦争期	平壌など	領袖決死擁護
72時間	2024	朝鮮戦争期	不明	（テレビ未公開）

この書簡を受けて映画部門が試行錯誤した末、22年ごろからはかつては存在しなかった、金正恩時代特有の作品ともいえるものが発表されるようになっている。

いまだ参考にできる資料は多くないものの、ここからは金正恩時代の映画の特徴を北朝鮮社会と関連させつつ見ていく[24]。

「先軍時代」の終結

北朝鮮ではかつてより軍隊に関する軍事物（軍隊や軍事に関するジャンルの作品）映画が求められてきた。このジャンルを主に扱う2・8劇映画撮影所（現在は朝鮮4・25芸術映画撮影所）は1959年5月に設立された。金日成は同撮影所に対し「軍民一致と将兵一致の問題、人民軍内で軍事規律を強める問題、軍事訓練を強化する問題、軍人に勇敢さと大胆さ、強靭性と組織性、集団的英雄主義を培う問題」などを扱った映画を製作すべきだと述べている[25]。初期の軍事物映画は朝鮮戦争を背景にした作品や反偵・偵探物（スパイ映画）が中心的なテーマであった。

金正日時代には「先軍時代」が幕を開けた。1989年に起きた天安門事件、ベルリンの壁崩壊、ルーマニア大統領の処刑といった世界史的な変革が直接的な契機となり[26]、また1994年の金日成の死によって内外共に厳しい状況に陥った金正日は、1990年後半ごろから軍を優先するという先軍《ソングン》政治、先軍思想を明確に打ち出した。

先軍思想は、90年代以降に作られた映画に大いに反映された。「歳月は流れても」（1990）、「わが高地」（1991）、「所属のない部隊」（1993）、「兵士は母校に帰ってきた」（1995）など朝鮮戦争を扱った映画では、主人公や登場人物が「金日成将軍万歳！」を叫んで戦死するシーンが多く描かれ、祖国守護精神、領袖決死擁護精神が強調された。

「先軍時代」にはそれまでより幅広いテーマの軍事物映画が多く作られた。模範的な軍人としての姿を示す「近衛兵の息子たち」(1995)、軍人やその家族のために自らの角膜を差し出す女性を主人公とした「娘の心」(1995)、平壌の空を守る女性高射砲部隊を描いた「女性中隊長」(1996)、軍人を育成する金日成政治大学を舞台にした「依頼」(1997)、母娘二代が海岸砲中隊に勤務して金正日に称えられる「赤い柿」(1998)、軍官の妻としての心得を説いた「軍官の妻たち」(2000)など、軍隊に関連する様々な映画が作られた。

写真6　24年に公開された芸術映画「72時間」(前・後編)[27]

北朝鮮公式メディアは同映画について24年10月現在、一切報じておらず詳細は不明だが、朝鮮戦争を舞台にした映画だと推測される。ポスターには、北朝鮮軍の中で最も早くソウルに侵入し、中央庁に国旗を掲揚したとされる近衛ソウル柳京洙第105戦車師団の312号戦車のイラストが描かれているのが確認できる。

金正恩は金正日の死後しばらくの間「先軍思想」を引き継いだが、自らの業績を積み重ねて「独り立ち」を進めていく中で、少しずつ「先軍」を過去の遺物として歴史の中に埋めていく。

2019年に改正された憲法では「先軍思想」の単語は序文の1カ所を残してすべて削除された。朝鮮労働党の組織と党員の活動の準則となる「朝鮮労働党規約」からも2021年改正版から「先軍」の文字が消えた。2012年に制定された「先軍節」(8月25日)も、金正日が先軍革命領導を開始したとされる日(1960年8月25日)から60周年を迎えた2020年以降は「(金正日が)革命武力に対する領導の最初の足跡を刻んだ時」と言いかえられるようになり、こうして「先軍」は完全に過去のものとなったのである。

金正恩は「映画部門の創作家、幹部らは単に現実物(現実の生活を基本テーマとする作品)、軍事物のテーマであればいいかのように考えて、新世紀の要求に即して映画の形態と形式を多様に発展させることに注意を向けられずにいる」[28]と指摘しており、金正恩時代の軍事物映画の割合は従来よりも減少している。

とはいえ、2024年に新たに公開された芸術映画は朝鮮戦争期のソウル侵攻をテーマとしたものであることが判明している。2018〜19年の間に行われた米朝会談が決裂に終わり、北朝鮮は現在、米国との対決姿勢を強めている。その流れの中で、朝鮮戦争勃発の日（6月25日）にあわせて反米感情を高揚させる戦争映画を公開したものと思われる。

北朝鮮は今後しばらく現在の「新冷戦の構図」を浮き彫りにし、国民の反米感情をかき立てるための戦争映画、軍事物を製作する可能性が高い。とはいえ、後述する金正恩時代の映画の特徴をみる限り、戦争映画、軍事物であっても従来の自己犠牲一辺倒のストーリーとは異なり、海外の戦争映画によくみられるようなアクション性に富む方向性を追求していく兆しがある。

金正恩時代の新たなテーマ

金正恩時代を代表する政治理念は「人民大衆第一主義」である。金正恩は2013年1月の演説[29]で初めてこの言葉を使用した。「人民大衆第一主義」とは簡単に言えば「人民重視思想」であり、すべては人民の利益、便宜を志向し、それに服従すべきだと説く思想である。そうした政治思想が映画の内容にも反映されている。

新しい映画の特徴とした、人々に希望を与えるようなテーマが選ばれていることが挙げられる。

一つ目は、早期英才教育に関する映画・ドラマが作られている点を挙げることができる。「夢をささやく声」（2012)、「待ち遠しい父」（2013）では幼稚園の教員が、「小学校の小さな運動場」（2014）では小学校の教員が、子供たちの夢や天性を早期に正しく見出し、それを伸ばしていく教育を施すことの重要性がテーマとなっている。

また「少年探求者たち」（2013）は、物理サークルに所属する中学生らが「メアリ音波探知機」を使って物質にしみ込んだ過去の音声を復活させることに成功するというサイエンス・フィクション要素を持った映画で、子供のひらめきが科学の発展につながることを示しつつ、子供たちに祖国のために学習するよう呼び掛ける作品になっている。

若くして最高指導者に就任した金正恩は当初、「青年指導者」のイメージを活用しつつ、「青年重視の政治」を強調した。今後の体制を担う根幹となる青年世代を重視し、優遇することが体制の安定を保証すると考えていたからであろう。

金正恩執権下における青年世代は、既存の世代とは違うといわれている。成長期に「苦難の行軍」と呼ばれる経済難を経験した彼らは、チャンマダン（市場）経済の中で生きてきた「チャンマダン世代」（1980 年代以降に生まれた青年層を指す）と呼ばれ集団、組織よりも個人を重視する性向があるといわれている[30]。こうした世代は国内に多く流入した韓国映画やドラマの影響をすでに受けており、党の政策によって青年世代を「武装」させ、引き締めを図る必要がある。

そのような背景により金正恩はこれまで 1）「全般的 12 年制義務教育」[31]の実施（12 年 9 月）2）玉流児童病院建設の指示 3）「育児法」の制定（22 年 2 月）——など、次世代のための細やかな施策を講じてきた。

上記で言及した映画は、子供や青年らに対する金正恩の「愛」を伝えると同時に、教育熱が高まる中で学校教育への信頼性を高め、子供たちにより希望の持てる将来を示すという役割を担っているといえる。

金正恩時代の映画の特徴の二つ目は、「豊かさ」に対する憧れを肯定的に描いている点である。かつての北朝鮮映画では豊かな生活を享受している人物は悪役として設定されるのが普通であった。例えば、人民を搾取する地主や資本主義に染まった韓国人など、北朝鮮で「階級の敵」とされる人々である。一方で、主人公（北朝鮮映画では正しい思想を持った人物が主人公として設定される）は社会と集団のために自らを犠牲にすることをいとわない性格として描かれるのが常であった。

金正恩時代の映画は「豊かさ」それ自体を「悪」とはみなさず、人民が豊かさを享受する姿が肯定的に描かれるようになった。

例えば「待ち遠しい父」の舞台は英才教育を施す平壌の慶上《キョンサン》幼稚園である。主人公の父親は一建設労働者だが、倉田《チャンジョン》通りの高層マンションを無償で与えられて家族は何不自由のない暮らしをしている。隣の家の女児の父親は作曲家で、部屋にはアップライトピアノが置かれている。彼らは「金を 1

2012年に完工した平壌の倉田通り

アップライトピアノのある家庭

国内線利用のシーン

写真7 「待ち遠しい父」(2013)の舞台となっている倉田通りのマンションと豊かな生活を示すシーン

文も出さずに」幼稚園で高いレベルのピアノの指導を受け、国際コンクールに出場して高く評価される。この映画では主人公の家族が、国内線(ドラマ内では平壌→両江道三池淵)を利用して両江道で働いている父親に会いに行こうとする空港でのシーンも映し出されるが、日常の一場面として飛行機を移動手段とした場面が描かれるのは極めて珍しい。

人民大衆第一主義を掲げる金正恩時代は「人民生活の向上」が一つの大きな政策テーマである。金正恩は21年に平壌市5万戸住宅建設を発起した。これは5年間にわたって毎年、1万戸の家を建設するというもので、24年現在、すでに4万戸以上の住宅が建設された。これらの多くは高層アパートで、下層部には生活に必要な商店が併設されている。また1万戸の住宅とは別途に、旧金日成邸を撤去して建設された瓊楼洞《キョンルドン》の住宅(22年完工)は冷暖房やシステムキッチンが完備された豪華住宅で、有名アナウンサーの李春姫《リ・チュンヒ》や崔成原《チェ・ソンウォン》が入居したことで話題を呼んだ。豊かさを否定的にとらえず、人々の理想の暮らしを示す映画は、人民生活向上という金正恩の政策を反映した

松華通り（22 年完工）

普通江川岸階段式住宅区（22 年完工）

前衛通り（24 年完工）

和盛地区（第 2 段階工事 24 年完工）

写真８　金正恩時代に平壌に建てられた住宅の一部

出典：『労働新聞』サイト

ものだといえよう。

ドラマ「小学校の小さな運動場」が地方集落を舞台にしていることにも注目したい。英才教育を行う名門学校の多くは平壌に置かれているが、同ドラマの舞台となっている小学校は江原道にある小さな学校である。主人公である元プロ体育団選手は自らの経験からサッカーの早期教育の重要性を認識し、サッカーが好きな小学生らに寄り添い、高いレベルの指導を施す。こんな田舎の学校から世界的な選手が輩出されるわけがない、という周囲の声をはねのけ、チームを江原道トップのチームへと導いていく。

この映画が製作される 1 年前には平壌国際サッカー学校が建設されている。同校は全国の「サッカー神童」を入学させており、実力のある生徒は海外への留学も可能だという。このような現実を踏まえて同ドラマは、全国の子供たちが平壌でサッカーを学び、世界に羽ばたくことができるという夢を提示しているのである。

金正恩は 2024 年に地方を発展させ、都市と地方の格差を減らすことを目指した「地方発展 20×10 政策」を発起した。これは、毎年 20 の市、郡に現代的な地方産業工場を建設する事業を 10 年間行うことで、地方の物質的・文化的水準を大きく引き上げようという政策である。

このように「人民生活の向上」に大きな力を入れている金正恩時代には、豊かな生活を享受したいと思う人々の当然の願いを反映して、映画においても洗練され、家財道具のそろった豊かな家を描くようになった。「豊かさ」に対する認識は、かつてとは大きく変化しているといえる。

一方で、「社会と集団のために自らを捧げる」行為は現代でも「社会主義的美風」として讃えられる。「わが家の物語」(2016) は実話を元にしたもので、2016 年の平壌国際映画祝典で最優秀映画賞を授与された。主人公のモデルは南浦市千里馬区域社会給養管理所で働く労働者チャン・ジョンファで、未婚の身で 7 人の孤児を引き取って育てたことにより、金正恩に「未婚の母(처녀어머니)」と讃えられた人物である。映画では主人公が、同情されることを嫌がる思春期の子との関係に悩みつつも、子供らに対する献身的な行動で母として受け入れられていく過程が描かれている。

未婚の女性が孤児を引き取って誠心誠意育てる物語は、北朝鮮映画でよく見られるテーマである。しかし、かつての映画では孤児を引き取った女性が将来を約束した恋人に別れを告げたり、養子への愛情が減じるのを恐れて実子を作らないと決心したり、養子の病気の治療のために自らの体の一部を移植してやったりするなど、悲壮な自己犠牲の精神が強調されるストーリーになっていた。一方、「わが家の物語」は、孤児らが社会の多くの人々に見守られ、助けられながら「一つの大家庭」の中で自らの夢に向かって成長していくという未来志向的な雰囲気の中でストーリーが進んでいく点がこれまでの映画との差異だといえるだろう。こうしたところにも、人々の夢や理想を実現させ、明るい未来を示そうという金正恩時代の映画の特徴が現れているといえる。

新たな「領袖形象映画」に向けて

前述したように最高指導者の業績を伝える映画政策の歴史は、金正日によって創始された。

とはいえ、金正日時代に作られた「領袖形象映画」には金正日を演じる俳優は存在しなかった。それについて、金正日は 1989 年に次のように言及している[32]。

「領袖の後継者問題で芸術映画を新たに作る必要はありません」「もちろん、領袖の後継者問題で芸術映画を作ることはできます。しかしそれは今後、15年か20年経った後に考えることのできる問題です」。

金正恩は2014年5月に第9回全国芸術人大会の参加者らに送った書簡の中で「偉大な領袖（金日成）と将軍（金正日）の不滅の業績と偉人的風貌を表現した革命映画を創作することは、時代と革命の要求であり、人民の望みです」[33] と指摘した。

金正恩はこれまで存在しなかった金正日の「崇高な姿」を映画化することに関心を払っており、金日成の革命の歴史を描いた「朝鮮の星」(1980～1987)、「民族の太陽」(1987～1991) などを基に、金正日を描いた多部作の革命映画「鋼鉄の霊将」をはじめとする領袖形象映画を作るよう求めたとされる[34]。

金正恩は、金日成と金正日を登場させる「革命映画」を製作する上で重要なことについて、1）金日成と将軍の人間的な風貌をリアリティーを持たせて描くべき、2）金正日の業績を一つの部門（軍事部門を指すとみられる）に限定せず、業績を幅広く盛り込むべき——との2点を強調した[35]。

注目されるのは前者である。金正恩はこの部分について比較的具体的な言及を行っている。金日成や金正日の「偉人的風貌」ばかりを描き出そうとすれば、人間味があふれる生きた人間ではなく、堅苦しい無味乾燥な人間として描いてしまうという結果がもたらされるとし、金正恩は「卓越な領導者としての領袖の偉大な風貌と、現実において生きて息をする、活動する偉人としての人間的風貌」を共に描き出してこそ、映画が高い思想芸術的価値を発揮することになる、との方針を提示している。

「領袖」を最高指導者という肩書を持った記号、人民からかけ離れた超越した人間としてではなく、人民と苦楽を共にし、生き生きと生活する人物像を描き出す——それが金正恩時代の「領袖形象映画」に対する一貫した要求である。

金日成・金正日俳優を登場させる革命映画製作の方針は2014年に提示されたが、2024年現在、いまだ領袖形象映画が公開された様子はない。金正日が金日成の革命の歴史を映画化するための白頭山創作団を作ってから初の

「領袖形象映画」が製作されるまで10年の歳月が必要だったことを考えると、金正恩時代の新しい「領袖形象映画」が登場するまではもう少し時間がかかるものと思われる。

「アクション映画」の登場――娯楽性の追求

金正恩時代の映画は「人民大衆第一主義」の考え方に基づく映画だということは前述した。

金正恩は次のように述べている。

「人民が好み、楽しんで見るものこそ立派な作品であり、芸術水準が高い作品である」[36)]

これは、金正恩時代の映画が娯楽性を追求しているところに如実に表れている。

北朝鮮映画は人民の思想教育の手段であるが故にその「思想性」が最も重視され、娯楽性は置き去りにされてきたきらいがある。金正恩はこうした従来の映画の単調さやマンネリ化を克服し、見て楽しめる映画を作ることを求めた。その一環として提起したのが「活劇映画（アクション映画）」の製作であった。

金正恩は10代のスイス留学時代、コンピューターゲームやスポーツブランド、アクション映画に強い関心を持っていたことが西側メディアで伝えられている[37)]。金正恩は執権直後から大規模なプールやスキー場などを整備したが、おそらくそれは自らが西側世界で体験した「よいもの」を北朝鮮に持ち込もうという試みの一つだったと思われる。同様に映画部門にも大胆に新しい形式を取り入れ、より面白みのあるものを作ろうと考えた。

北朝鮮でアクション映画は、任侠映画や殺人、強盗、暴行、レイプなどを素材とする映画とみなされ、否定的にとらえられていたという。しかし金正恩は映画の形態と形式を多様に発展させるため、アクション映画を「われわれ式に」創作することに関する方針を提示し、「ほかの国のよいところをわれわれの好みに合わせて導入すれば、われわれのものになる」という見解を示したという。

金正恩は「活劇映画を作るためにはまず体育をテーマとした映画を作って

足掛かりとする必要がある」と求めた。そうして作られたのが、全6部作のドラマ「最後の一球」(2022)である。長編小説『消えない彗星』をドラマ化したもので、北朝鮮初の世界卓球女王となった朴英順《パク・ヨンスン》選手(1956～1987)が主人公のモデルである。田舎の村で生まれ育った負けず嫌いの少女、英順が卓球選手として成長し、ついには世界の舞台で優勝するまでのストーリーを描いている。

このドラマの特異な部分は派手なアクションシーンのみならず、国際大会の裏で行われている世界的なスポーツ賭博とそれを牛耳るマフィアの世界が描かれていることである。この賭博には日本や香港、タイなどの関与が示唆され、彼らの会話はすべて英語で行われ、セリフは朝鮮語字幕で示されている。

マフィアは賭博を有利に進めるために英順の試合への介入も試みるが、英順は韓国、中国の選手に勝利して優勝する。裏世界の「悪の存在」を描き出してアクション映画のような雰囲気の醸成には成功しているが、本筋にはあまり関係のないストーリーに終始しているのは、北朝鮮映画におけるアクション映画の方向性がまだ固まっていないせいであろう。

新たに製作された「一昼夜」(2022)も金正恩時代の新しい形態の映画だといえる。

実在の人物である羅明姫《ラ・ミョンフィ》(1936～2020)が主人公のモデルである。彼女には2013年、共和国英雄称号が授与された。彼女が鉄道兵指揮部で看護員として働いていた1958年、国の幹部らが地下室で反党的陰謀、そして金日成の排除について話し合っていることを知り、それを命がけで外部に伝えたことで金日成を守ったというストーリーである。この映画の特徴は、殺人やスリルあふれるシーンなど、サスペンス、ホラーの要素がふんだんに盛り込まれていることであった。

このように2022年以降に公開された映画にはアクション、サスペンス、ホラーなどの要素が取り入れられており、朝鮮映画にかつて存在しなかった「新しいジャンル」の映画が今後も生み出されていくであろうことが期待される。

北朝鮮におけるアクション映画を含む、新たなジャンルの映画の製作は北

朝鮮チームの作戦を盗み聞きする女

マカオのＫとして登場する人物

マフィアの一味

マフィアに捕獲されるＫと女

Ｋはマフィアの陰謀を妨害するための戦いを繰り広げる

写真９　ドラマ「最後の一球」（2022）に挿入される特徴的なシーン

朝鮮映画界において極めて新しい挑戦であるが、しかし同時に限界も存在する。金正恩は、アクション映画を作る際には「人民に対する教育と青少年らの心理を正しい方向に導くことに寄与するように作るべき」だと要求した。これは、映画は教育に資するものでなければならないというこれまでの方針から逸脱することはできず、表現に制限が加えられるということを意味する。

今後製作される映画がこの制限の中でいかに娯楽性の高い新たなジャンルの映画を作り出していけるかという点が、金正恩時代の映画部門の成否を分けることになるだろう。

おわりに

政策に応じて変化する北朝鮮の映画は、金正恩時代に入ってこれまでにない新たな展開を迎えている。豊かで明るい生活の描写、娯楽性を追求したストーリー、これまでに存在し得なかったジャンルの導入は、新たな映画時代の幕開けを感じさせる。

そのような変化をもたらした原因の一つは、国内に多く流入しているとされる韓国ドラマ・映画であろう。脱北者らに対する調査によると、韓国のドラマや映画などの映像を隠れて見る行為が拡散しており、2016 年から 2020 年に脱北した北朝鮮住民の 83.3% が国内で外国の映画や動画に接していたという結果が出ている[38)]。住民らは韓国映画を見て韓国社会と北朝鮮社会を比較するようになり、「人間らしく生きること」について考えるようになったという証言もある[39)]。

北朝鮮は最近外国、特に韓国のドラマや映画を流布、視聴した者を厳格に罰する法律を制定したが、人々の「外の世界」に対する関心、そして韓国のような自由で豊かな社会で生きたいという願いを抑えきれずにいる。

金正恩はそれゆえに、南北韓の関係を「敵対的な 2 つの国家の関係」として新たに規定し、彼らが統一への「幻想」を持たないようにさせる一方で、「人民大衆第一主義」の理念を掲げて人民生活の向上に注力している。その流れの中で、娯楽性を追求した新たな映画ジャンルが登場することになったといえよう。

この章で見てきた通り、北朝鮮の芸術映画は常に党の政策、政治思想を反映しているため、金正恩時代に製作された映画は現在の社会や人々の生活の様子、また党の政策や政治思想を理解する上で役に立つ。

とはいえ、映画を北朝鮮理解のための手段にとどめておくのはもったいない。映画が思想教育のための手段となり得るのは映画が人々に訴える力を持つ芸術だからであり、元来「娯楽性」を備え持っているからではないだろうか。職場などで繰り返し鑑賞を強いられる朝鮮人民にとっては面白みがないものに思えるかもしれないが、そうした「強制」から自由な外部の人間は北朝鮮映画に他の国の映画にはない新鮮さと面白さを見出すこともできる。

北朝鮮を研究する上で映画やドラマから接近する方法はいまだ重視されているとは言いがたいが、世界的な新型コロナウイルス（COVID–19）の流行後、依然として入国が困難な北朝鮮の社会を覗き見る「窓」としての役割を芸術映画は今後も果たし続けるであろうし、北朝鮮研究に新たな視点を提供できるのではないかと期待している。

参考文献リスト

門間貴志『朝鮮民主主義人民共和国映画史—建国から現代までの全記録』現代書館、2012 年。

イ・ヒャンジン「コリアン・シネマ—北朝鮮・韓国・トランスナショナル」みすず書房、2018 年。

1） 崔銀姫・申相玉『闇からの谺』（下）、文春文庫、1992 年、195 頁。

2） 同上、33–39 頁。

3） 「『粛清の嵐』吹かせる金正恩（2）張成沢親族と関連者の処刑続く—有名俳優も」アジアプレス、2015 年 5 月 26 日 https://www.asiapress.org/apn/2015/05/north-korea/2_118/（2024 年 6 月 20 日参照）

4） 太永浩『三階書記室の暗号』キパラン、2018 年、337 頁。

5） 金日成「革命教育、階級教育に寄与する革命的な映画をより多く創作しよう」（1964 年 12 月 8 日）『金日成著作集（18）』1984 年（日本語版）、491 頁。

6） 本章では主に、朝鮮のアプリである電子図書《未来》2.0（2007 年）を使用している。

7） 「極端な個人主義が蔓延する殺伐とした薄情な社会」『労働新聞』、2023 年 11 月 29 日。

8） この「反動思想文化排撃法」に関する内容は、全文を初めて入手した『デイリーNK』によって公開されたものから翻訳、引用している。

9） 「階級教育主題」の映画とは「人々を搾取階級と搾取社会を憎む精神で武装させ、彼らが労働階級の階級的観点と革命的立場を持つように教育することに寄与する作品」を意味する。

10） 金正日「映画芸術教育事業において社会主義教育学の原理を徹底して具現することについて」（1971 年 7 月 8 日）『金正日選集（4）（増補版）』朝鮮労働党出版社、2010 年、75 頁。

11） 「映画実効闘争」は「主体型の共産主義革命家の典型である映画の主人公の英雄的闘争と革命的生活を示し、それを見習い、事業と生活において実効が現れるようにさせる思想教育方法」だとされる。リ・ギルウン「映画実効闘争はわが党の威力ある大

衆教育方法」『朝鮮映画』文芸出版社、1991 年、53 頁。

12) これは、黄海南道安岳郡の農場で行われた映画実効集会の例である。「映画実行集会を通じて」『労働新聞』、2023 年 11 月 2 日。

13) 「映画学習体系を確立してくださり」『朝鮮映画』文芸出版社、1993 年、9 頁。

14) 金正日「文学芸術部門で革命を起こすことについて」(1965 年 3 月 3 日)『金正日選集 2 (増補版)』朝鮮労働党出版社、2009 年、95–100 頁。

15) 金正日「革命的映画の創作に新たな転換をもたらそう」(1966 年 2 月 26 日)『金正日選集 1』外国文出版社、1992 年(日本語版)、130 頁。

16) 成蕙琅「北朝鮮はるかなり―金正日官邸で暮らした 20 年」文春文庫、2003 年、378 頁。

17) 『朝鮮映画』文芸出版社、1989 年、4 頁。

18) 金正日「領袖形象問題は映画芸術部門において必ず解決すべき問題である」(1965 年 12 月 16 日)『金正日全集 (9)』朝鮮労働党出版社、2014 年、64–67 頁。しばしば初の「領袖形象映画」は「世界に点じる炎 (누리에 붙는 불)」(1977) であると言及されてきた。しかしこの談話によると、芸術映画「信念」には一場面ではあるが、金日成を演じた俳優が登場することが触れられている。

19) チョン・ムングン「不屈の闘志の形象―芸術映画『信念』を見て」雑誌「朝鮮映画」、1966 年 6 月、29–30 頁。

20) ビョン・ビョンスン「鉄格子に閉じこもられても自由は捨てられない―芸術映画『信念』について」文学新聞、1966 年 1 月 25 日。

21) 金正日「白頭山創作団を設けることについて」(1967 年 2 月 26 日)『金正日選集 2 (増補版)』朝鮮労働党出版社、2009 年、266–270 頁。

22) 門間貴志『朝鮮民主主義人民共和国映画史』現代書館、2012 年、120 頁。

23) 『朝鮮文学芸術年鑑』文学芸術出版社と、朝鮮中央テレビで放映された映画・ドラマ、西側メディアの情報から筆者作成。このほか、「熱誠読者」「タニシ騒動」「誰のためのことなのか」「寿命が来た！」「端材」「21 秒」など教育的内容の短編映画が 2021 年から 2022 年の間に朝鮮中央テレビで放映された。この時期に作られた映画のようだが、何年に制作されたか正確な年度は不明。

24) これ以降は、抜粋版が公表されている金正恩の映画関連唯一の著作「時代と革命の発展の要求に即して主体的文学芸術の新たな全盛期を開いていこう」(2014 年 5 月 16 日)と、この著作を補塡する内容の書籍『敬愛する金正恩同志は先軍文学芸術の卓越した英才』を主な資料として使用している。

25) 金日成「朝鮮 2・8 劇映画撮影所のいくつかの課題について」(1971 年 10 月 22 日)『金日成著作集 (26)』朝鮮労働党出版社、1984 年、447–448 頁。

26) 礒﨑敦仁・澤田克己『最新版　北朝鮮入門』東洋経済新報社、2024 年、44–45 頁。

27) 在朝鮮ロシア大使館が、フェイスブックで新作映画が公開されたことを公表したことにより判明した。朝鮮は、米国は朝鮮戦争が「72 時間で決着がつく」と「大言壮語」していたと主張しており、映画のタイトルはそこからつけられたものと推測される。在朝鮮ロシア大使館 FB、2024 年 6 月 25 日。https://www.facebook.com/RusEmbDPRK/posts/883574557143342?ref=embed_post（2024 年 6 月 25 日参照）

28） リ・ヒョンスン「新世紀の映画革命の明るい前途を照らした輝かしい英知」『敬愛する金正恩同志は先軍文学芸術の卓越した英才』社会科学出版社、2015 年、137 頁。

29） 金正恩「党細胞事業を改善、強化し、党の戦闘的威力をあらゆる面から高め、強盛国家建設を力強く推し進めよう」（2013 年 1 月 29 日）、『労働新聞』、2013 年 1 月 30 日。

30）「北朝鮮の MZ 世代―チャンマダン世代の特徴と動向」KB 金融持株経営研究所、2024 年 6 月。

31） 朝鮮では 1973 年から「全般的 11 年生義務教育制度」を行っていた。2012 年の「全般的 12 年生義務教育」の実施により、5 歳から 17 歳までの子供が義務教育を受けることになった。

32） 金正日「映画創作において党の意図を正確に反映すべきである」（1989 年 5 月 5 日）『金正日全集（44）』朝鮮労働党出版社、2022 年、214 頁。

33）「敬愛する金正恩同志が第 9 回全国芸術人大会の参加者らに歴史的な書簡『時代と革命の発展の要求に合致するように主体的文学芸術の新たな全盛期を開いていこう』を送った」『労働新聞』、2014 年 5 月 17 日。

34） チェ・グァンイル「敬愛する金正恩同志の領導を高く奉じて先軍時代の主体的文学芸術の新たな全盛期を切り開いていこう」『敬愛する金正恩同志は先軍文学芸術の卓越した英才』社会科学出版社、2015 年、195 頁。

35） リ・ヒョンスン、2015 年、125–127 頁。

36） リ・ヒョンスン、2015 年、121 頁。

37）「幼い金正恩、ゲーム、ブランド運動靴、アクション映画に関心」聯合ニュース、2010 年 9 月 27 日。https://www.yna.co.kr/view/AKR20100927203800085（2024 年 6 月 22 日参照）

38）「2024 北朝鮮人権報告書」韓国統一部、2024 年 6 月、43 頁。

39）「北朝鮮人権白書 2023」韓国統一研究院、2023 年 12 月、187–188 頁。

（北朝鮮研究との出会い）

私が初めて韓国映画を見たのは2000年のことだった。それが「シュリ」（韓国での公開は1999年）である。韓国の情報員と北朝鮮の特殊工作員の悲恋を描いた映画で、私はこの映画を見て初めて隣国の「分断」について考えることになった。（注：以下では作品の結末に触れます）

ソウルに送り込まれた北朝鮮の工作員リ・バンヒ（韓国での名前はイ・ミョンヒョン）は熱帯魚販売店を営みながら、韓国情報機関の要員のユ・ジュンウォンに接近する。深い仲になったジュンウォンにバンヒはキッシンググラミーをプレゼントする。2匹が向かい合ってキスを繰り返すような動きをするところから名づけられた名前だ。バンヒはこの魚の体内に盗聴器を仕込み、それを通じて韓国情報機関の動きを探る。

朝鮮での過酷な工作員訓練過程を突破したえりすぐりの工作員であるバンヒだが、ジュンウォンと親しくなる中で次第に人間らしい生活を求めるようになっていく。恋人との結婚を間近にして幸せに浸るバンヒだが、上官から連絡を受けて任務のためスタジアムに向かう。ソウルのスタジアムでは南北サッカーが行われ、その後南北の首脳会談が行われる予定だった。バンヒの上官で特殊8軍団所属秘密特殊隊員のパク・ムヨンは、競技場で南北の首脳を殺害して戦争を起こし、祖国統一を行おうとしていた。

「北の兄弟は餓死しているのに、ここ（韓国）じゃゲロを吐いてやがる。まったく不公平な世の中だ」
「『われらの願いは統一、夢にも願いは統一』お前らが呑気《のんき》にこの歌を歌っている瞬間にも北の人民たちは飢えと病で道端に倒れて死んでいる」
「サッカーで南北が一つになるだって？　ふざけたことをいうな」

スタジアム爆破の試みはジュンウォンによって阻止される。この場所で会ったジュンウォンとバンヒは敵同士だった。韓国軍に取り囲まれ銃口をつきつけられながらも、バンヒは韓国大統領の乗った車に銃を向ける。その彼女を撃ったのはジュンウォンだった。血にまみれた彼女は、悲しげな瞳で恋人を数秒眺めた後、ゆっくりと崩れ落ちる。

ムヨンの怒りに満ちたセリフと、バンヒの悲しげな表情は私の中でそのまま韓国・北朝鮮のイメージとなった。大学・大学院では韓国政治を専攻し、中でも統一政策に関心を持った。それだけ映画の感化力＝訴求力は大きかったのである。

さて、映画のタイトルになった「シュリ」は朝鮮半島固有種の淡水魚で、日本語ではヤガタムギツクという。南北の人々は半島を自由に移動することはできないが、この魚は川を通じて自由に行き来することができる。
北朝鮮にも同様のイメージを持つものがある。「雁」である。韓国や外国に住む同胞が、足を踏み入れることのできない朝鮮を想う気持ちを歌った「雁の群れが飛ぶ」は、芸術映画「民族と運命」シリーズに効果的に挿入される。

一目見てみたい故郷に
帰りたい祖国に
ああ、私の心は雁となり
キルルキルルと鳴いて飛んでいく

政治体制は違っても、離れ離れになった「故郷」に対する切実な想いは、韓国も北朝鮮も変わりがない。
しかし分断の悲劇は80年の歳月を経ても解決するどころか、分断の固定へと進んでいる。金正恩は2023年12月、「北南関係はもはや、同族関係、同質関係ではない、敵対的な二つの国家の関係、戦争中の交戦国の関係として完全に固定された」と宣言した。
「シュリ」でロマンチックな魚として登場するキッシンググラミー。この魚がキスをする理由は、縄張りを争って相手を威嚇するための闘争行動だという。まるで韓国と北朝鮮のようではないか。私の中のリ・バンヒは今も悲しげな表情を浮かべてじっと引き裂かれた祖国の片割れを眺めている。

（横溝未歩）

第8章　言語

北朝鮮の朝鮮語教科書に現れた言語的特徴

高木文也

はじめに

ある国や地域の文化・歴史・慣習・思想は、「言語」に反映される部分が少なくない。つまり、言語は社会の写し鏡のような存在であるということができる。北朝鮮の場合も例外ではない。この国を理解するためには、「言語」というフィルターを通して考察するという方法が一定程度、有効である。このような理由から本章では、北朝鮮の言語資料の中でも非母語話者用に作成された朝鮮語教材を取り上げ、そこに現れる言語的特徴を分析することにする。一連の分析を通して北朝鮮の言語はもちろん、社会の一側面が解明されることが期待される[1)]。

1　研究動向

北朝鮮の言語（教育）を扱った日本語による研究は、政治、経済、社会、歴史などの分野に比べて、極めて少ないのが現状である。ここでは数少ない論考の中から北朝鮮の言語について研究を行おうとする者にとって有用と思われるものを列挙することにする。なお、ここでは日本語で書かれたもの、比較的、参照がしやすいものを中心に取り上げる。

音韻・文法：韓成求（2018）

北朝鮮の言語における音韻・文法的特徴について日本語で体系的な解説を行ったほぼ唯一の論考である。この論考ではまず序論に続く第2章で平壌方言を「実際に平壌で行われている言語」(p.236)、文化語を「共和国の規範語としての標準語」(p.236) と定義しており、両者の関係は韓国における「ソウル方言」と「標準語」の関係と並行的であるとしている。記述変種に対する定義が正しくなされないまま「北朝鮮(平壌)の言語」と一括りにされた場合、記述の正確性・信頼性が著しく低下することになるため、この指摘は極めて重要である。また、続く音韻体系と音声(第3章)、音韻現象(第4章)、文法(第5章) に関する記述部分については、(1) 著者の平壌滞在中の観察に基づき実例をあげている点、(2) 記述の過程で北朝鮮、韓国における研究成果を適切に引いている点、(3) 音韻や文法における特定の下位分野に限定されることなく網羅的な記述を行おうとしている点において、その信頼性が高い。一方で語彙や社会言語学的な考察が十分ではない点は課題として残る。

表記・語彙①:文嬉眞(2004)

表記と語彙について南北の差異という観点から考察した論考である。この論考では分断後の南北の言語政策について実際に制定された正書法を検討しながら分析している。まず、表記については南北の差が大きくなった一つの契機として北朝鮮で1948年に採用された「조선어 신철자법」(朝鮮語新綴字法) をあげており、具体的には頭音法則、사아시옷(間のS)、活用形(半母音の介入)、子音字の名称における違いを指摘している。また、語彙については北朝鮮で使われる밥공장(飯工場) のようにそもそも韓国では翻訳自体が困難な語彙があること、外来語の受容方法が異なること、동무(友) と동지(同志) のように南北で異なった意味が付与された語彙があることを指摘している[2)]。このように同論考では重要な指摘を行っている一方で、用例の提示がさほど多くなく、実証的な研究となっていない点が惜しまれる。

語彙②:鄭稀元(2007)

語彙について南北の差異という観点から考察した論考である。この論考では、まず南北における語彙の差異が発生した理由として、①異なる地域語、②国語醇化(外来語の固有語化) と文化語、③言語規範、④体制(政治、経済、文化）といった要素をあげている。また、南北で形態が異なる言葉としては、①文化語に流入した北部方言、②国語醇化により生まれた語彙、③語文規定により変化した語彙などを、形態は同じだが意味が異なる語彙としては、①全く違う意味を持つ語彙、②語感が異なる語彙、③新しい意味が追加された語彙があるとしており、それぞれについて具体例を示している。さらにこのほかにも南北で新たにできた語彙や字母の名称・順序についても取り上げているが、いずれについても豊富な用例を提示している点で読者の理解の助けになると期待される。ただし、あくまで語彙項目に関する分析であり、文章・談話、語用論レベルで分析したものでない点には注意を要する。

言語政策（社会言語学）：徐旻廷（2020）

北朝鮮の言語政策について社会言語学的方法論により分析した博士論文である。まず、第1章では文盲の一掃や漢字廃止、国語醇化運動、文化語運動などの言語政策、さらには主体思想との関係についての概説が行われる。そして、第2章では新聞（紙上討論）、第3・4章では雑誌『文化語学習』、第5章ではドラマ「우리 이웃들（ご近所物語）」などの媒体に現れる言語を通して、命名やジェンダー、日常生活語彙に関する考察が展開される。いずれも実際に北朝鮮で流通する言語資料をもとにした分析であるため、社会における言語使用の実態に迫ることができるという点で重要な研究である。ただし、書きことばやドラマなど言語資料が限定的であるという点には留意しなければならず、今後の研究の進展が期待される。

言語政策（指導者の教示）：文嬉眞（2010, 2011, 2013）

北朝鮮の言語政策を分析する際に重要な事項として、指導者の教示・談話があげられる。そのうち文嬉眞（2010）は第1次金日成教示（1964年1月3日）、文嬉眞（2011）は第2次金日成教示（1966年5月14日）、文嬉眞（2013）は第1次金正日談話（1961年5月25日）、第2次金正日談話（1963年10月25日）、第3次金正日談話（1964年1月6日）について全文の日本語訳、および朝鮮語原文を示している。原文については北朝鮮の刊行物で、日本語訳については『金日成著作集』『金正日選集』などで閲覧が可能であるが、両者をまとめたものとしてはこれらの論考が有用である。同国における指導者の教示・談話は、実際の言語政策に直接、反映されることになるため、言語の分析に先立って参照することが求められる。

ところで、レファレンス（参考書、目録）としては사회과학출판사（社会科学出版社）から刊行されている『조선말대사전』（朝鮮語大辞典）を参照するのがよい。同書はおおよそ10年に1度の頻度で改訂がなされるが、資料の希少性に鑑みて、1992年版、2006–07年版、2017年版などアクセスのしやすいものをまず参照すればよいだろう。また、韓国の国立国語院が運営する「우리말샘」というオンライン国語辞典（https://opendict.korean.go.kr/main）では、一部、北朝鮮の語彙も収録している。

このように北朝鮮の言語をめぐる先行研究、文献は極めて少ない。本章では取り上げていないが、このほかに韓国内で発表された書籍や論文も参照されたい。また、北朝鮮の諸方言が基層となり、発展した変種に中国朝鮮語や高麗語（旧ソ連地域を中心に使用される朝鮮語）がある。これらに対する研究成果も北朝鮮の言語を知るうえで間接的に参考となることがある。

2　調査・分析の方法

本章では、北朝鮮で刊行された朝鮮語教材に現れた言語的特徴を分析する。具体的には、金正恩政権期の状況を踏まえつつ、より多様な文化圏の学習者を意識した2015年刊行の下記の英語版教材を分析対象とする。

김범주・허철웅（2015）『혼자서 배울수 있는 조선말（1）（2）ひとりで学べる朝鮮語（1）（2）You Can Learn Korean by Yourself』조선출판물수출입사朝鮮出版物輸出入社[3)]

本書は、会話を中心とした独学用の朝鮮語教材（2巻シリーズ）である[4)]。第1巻は主に①字母の読み書きを学ぶ基礎編、②인사말（挨拶ことば）や

거리에서（街で）などテーマ・場面別の会話を紹介する第 1 編、③特定のテーマや場面を設定せずに박 동무가 어디에서 삽니까？（朴さんはどこに住んでいますか？）―（그는）평양에서 삽니다（(彼／彼女は）平壌に住んでいます）といった「質問→回答」のパターンプラクティスを多く扱う第 2 編により構成されている。

また、第 2 巻は第 1 巻 第 2 編と同様の内容で構成される第 3 編、Entry and Exit（出入国）、At the Hairdresser's（美容院で）、Shopping（買い物）など特定場面における表現・語彙集的な性格を帯びた第 4 編から構成されている[5)]。

本書は全体を通じて会話文を中心に展開しているが、その発話者については김（金）、리（李）、박（朴）といった主要な姓が確認されるのみで特定の登場人物は設定されていない（イラストや写真の挿入もない）。なお、独学用の教材であることから会話本文や語彙、文法・表現解説にはすべて英訳が付されており、会話本文には発音記号も示されている。しかし、一方で練習問題の解答や語彙索引は掲載されていないため、教師が存在することを前提とした教材という側面も強い。

3　考察

本節では、北朝鮮で刊行された非母語話者用の朝鮮語教材にみられる言語的・社会的特徴について①表記、②語彙、③文法、④日常会話表現、⑤地理・文化・社会という観点から考察する。以降で用例を提示する際には、次のような略称を用いる：

『혼자서 배울수 있는 조선말（1）ひとりで学べる朝鮮語（1）』
⇒［1：掲載頁数］
『혼자서 배울수 있는 조선말（2）ひとりで学べる朝鮮語（2）』
⇒［2：掲載頁数］
借用語のもととなった語（必要に応じて提示。外来語は常用漢字による）
⇒〔　〕

韓国の標準語による表記・表現⇒*

また、分析の過程において参照する語文規定に関しては、次のような略称を用いる：

『조선말규범집 朝鮮語規範集』（국어사정위원회［北朝鮮］国語査定委員会(2010)）のうち、

「맞춤법 正書法」⇒「正書法〈北〉」

「띄여쓰기규정 分かち書き規定」⇒「規定」

『한글 맞춤법 ハングル正書法』（문화체육관광부［韓国］文化体育観光部(2017)[6]）⇒「正書法〈南〉」

①表記

頭音法則

「正書法〈南〉」では第10～12項で、漢字語において語頭でㄹのあとに母音［i］、半母音［j］が続いた時にㄹがㅇに、それ以外の母音が続いた時にㄹがㄴに変化し発音・表記されること、さらに語頭でㄴのあとに母音［i］、半母音［j］が続いた時もㄴがㅇに変化することが規定されており、これを頭音法則（두음 법칙）という。しかし、文化語（平壌方言）においてはこの法則が適用されないため、語頭にㄹやㄴが立つ語彙がみられる。

(1) 리해 理解［1:96］*이해
　　륙십분 六十分［1:55］*육십 분
　　래일〔来日〕明日［1:69］*내일
　　녀자〔女子〕女性［2:90］*여자

分かち書き

分かち書きは、「規定」に則って行われている。ここでは、北朝鮮の正書法に特徴的な例をいくつか示す。

(2) 고향소식　故郷の便り［2:26］*고향 소식
점심식사　昼食［2:52］*점심 식사
거리이름　通りの名前［2:148］*거리 이름
좀더　もう少し［2:70］*좀 더

(3) 리해해주셔서　理解していただき［1:96］*이해해 주셔서
가보았습니까？　行ってみましたか？［2:56］*가 보았습니까？
찾고있습니다　探しています［2:71］*찾고 있습니다

(4) 몇분　何分［1:60］*몇 분
아홉살　9歳［1:65］*아홉 살
구름 한점　雲一つ［1:80］*구름 한 점

(5) 수여받은데 대하여　授与されたことについて［1:115］*수여받은 데 대하여
그럴수도 있지요　そんなこともありますよ［1:94］*그럴 수도 있지요
다른것을　他のものを［2:172］*다른 것을
표파는곳　切符売り場［2:96］*표 파는 곳

(2) は合成語の例であるが、「規定」総則 第2項にあるように「하나의 대상이나 행동, 상태」（一つの対象や行動、状態）を表す場合は、分かち書きをしない。なお、この原則は（3）のように토（吐）[7] が現れた場合にも適用される点に注意したい。つまり、いわゆる分析的な形（analytic form）を構成し、2語以上で一つの文法的な形を表す場合においても分かち書きをせずに表記することになる。また、(4) は「規定」総則 第4項により数詞と単位名詞を、(5) は「規定」総則 第5項により、連体形語尾と불완전명사（不完全名詞）[8] をそれぞれ分かち書きせずに表記した例である。以上のような例は、「正書法〈南〉」ではいずれも分かち書きをする。

사아시옷（間のS）

「正書法〈南〉」第30項では、［A］と［B］という語が合成されて［AB］という一つの語（合成語）を構成する時、차（茶）＋집（店）→찻집（茶屋）のように前部要素［A］の末尾に終声字ㅅを挿入して表記することがあると

定めている。このㅅを사아시옷（間のS）というが、北朝鮮の標準語である文化語においては、このㅅを表記しないことになっている。よって、次のような語の使用が確認される。

(6) 어제밤　昨晩［1:213］*어젯밤
　코물　鼻水［2:84］*콧물
　후추가루　胡椒［2:119］*후춧가루
　저가락　箸［2:123］*젓가락

表記は上のとおりだが、実際には、例えば코물［콘물］や후추가루［후춛까루］のように間にㅅが入ったかのように発音される点には注意を要する（ただし、本書では、例えば저가락の発音表記は［jôkarak］となっているため、実際の発音は母語話者に確認しながら学ぶ必要がある）9)。ところで、웃옷（上着［2:60］*윗옷）や웃방（上の部屋［2:166］*윗방）などは、あたかも合成語の前部要素にㅅが挿入されているかのように表記されるが、これらについては「正書法〈北〉」第18項では、우（上）＋옷（服）／방（部屋）による合成語ではなく、웃-（上の～）が接頭辞（앞붙이）として結合したものであると説明している10)。

②語彙

語種別

固有語や漢字語、外来語といった語種別にみてみると、次のような語彙が確認された。

(7) 固有語
　손짐　手荷物［2:89］*수하물
　기다림칸　出発ラウンジ［2:97］*공항 라운지
　물음칸　インフォメーション（デスク）［2:97］*안내데스크
　소젖　牛乳［2:118］*우유
(8) 漢字語1

원주필〔円珠筆〕ボールペン[11)] [1:121]*볼펜

촬영기〔撮影機〕ビデオカメラ [1:154]*캠코더

통과사증〔通過査証〕トランジットビザ [2:98]*환승 비자

음식표〔飲食表〕[2:117], 식사안내표〔食事案内表〕メニュー [2:122]*메뉴

(9) 漢字語2

위생실〔衛生室〕トイレ [1:109]*화장실

필갑〔筆匣〕筆箱 [1:150]*필통

비행장관세〔飛行場関税〕空港施設利用料(PFC) [2:98]*공항 이용료

호실관리원〔号室管理員〕客室係 [2:111]*객실 담당 종업원

(10) 外来語

콤퓨터〔computer〕コンピュータ [1:154]*컴퓨터

텔레비존〔television〕テレビ [1:184]*텔레비전

가제〔gauze〕ガーゼ [2:143]*거즈

라지오〔radio〕ラジオ [1:181]*라디오

빠다〔butter〕バター [2:119]*버터

바께쯔〔bucket〕バケツ [1:27]*바케쓰

요드팅크〔Iodine Tincture〕ヨードチンキ(殺菌剤) [2:144]*요오드 팅크

(7) は固有語の例である。1966年の第2次金日成教示にも「우리는 한자말과 외래어를 고유한 우리 말로 고치고 우리 말을 체계적으로 발전시켜나가야 하겠습니다」(我々は漢字語と外来語を固有の私たちのことばに直して、私たちのことばを体系的に発展させていかなければなりません) とあるように、韓国では漢字語や外来語で表される語彙が、北朝鮮では純固有語により表されている。このような例からは、一種の民族主義を反映した言語政策が垣間見える。また、(8) (9) は漢字語の例であるが、(8) は韓国では外来語で表現されるもの、(9) は韓国では用いられない造語法をみせるものである。さらに (10) は外来語であるが국어사정위원회 [北朝鮮] 国語査定委員会 (2012)『외국말적기법 外来語表記法』に従って、░の部分 (主に初声と中声) で韓国とは異なる借用法がみられる。

混種語

上でみた語種のうち異なる2種を組み合わせて作られる語である。これらは合成語として1語の扱いを受けるため、「規定」総則第2項に従って、分かち書きをせずに書く。

(11) 固有語＋漢字語

날씨예보〔—予報〕天気予報 [1:81]*일기 예보

짐운임〔—運賃〕手荷物料金 [2:97]*수하물 요금

긴양말〔—洋韈〕ストッキング [2:175]*스타킹

(12) 漢字語＋固有語

철길〔鉄—〕鉄道 [2:107]*철도

목욕칸〔沐浴—〕バスルーム [2:114]*욕실

사탕가루〔砂糖—〕砂糖 [2:118]*설탕

(13) 外来語＋漢字語

발레무용〔ballet- 舞踊〕バレエ [2:165]*발레

(11)(12) のような例からは、合成語においてもやはり固有語を多く用いるという北朝鮮の言語政策をみることができる。

文化語・平壌方言

北朝鮮における言語規範であるところの文化語、あるいはその土台となった平壌方言の出現も顕著に確認された（以降、用例中の下線は本章の筆者による）。

(14) 인차 돌아가겠습니다. すぐに帰ります。[2:50]*곧

얼마 물면 됩니까？ いくら払えばよいですか？ [2:156]*내면

우편국에 들렸습니까？ 郵便局に寄りましたか？ [2:25]*우체국, 들렀습니까？

머리를 씻겠습니까？ 髪の毛を洗いますか？ [2:134]*감겠습니까？

언제부터 앓고있습니까？ いつから具合が悪いですか？ [2:137]*몸

이 아픕니까？

このほかに눅습니까？（安いですか［1:144］*쌉니까？）、책상우（机の上［1:149］*책상 위）、바래웁니다.（見送ります［1:186］*바랩니다, 배웅합니다）のような文化語語彙が多く確認された。本書は2015年に刊行されたものだが、北朝鮮では2023年に「평양문화어보호법」（平壌文化語保護法）を採択しており、文化語の使用は今後ますます重視されていくものと思われる。

ところで、本書には오래지 않습니다.（時間が経っていません［2:64］*오래되지 않았습니다）、어데로（どこに［1:103］*어디로）、한번 다시（もう一度［2:53］*다시 한 번）のように口語的な要素を持つ表現も多く登場する。これらは平壌方言の特徴を反映したものとみられる。

数詞

数詞についてみてみよう。

（15）김：오늘이 며칠입니까？　今日は何日ですか？[12]。
　　　리：（구월）구일입니다.（초아흐레입니다.）（9月）9日です。
　　　리：（삼월）일일입니다.（초하루입니다.）（3月）1日です。
　　　리：（오월）이십삼일입니다.（스무사흘입니다.）（5月）23日です。［1:73］
（16）김：그 연필은 값이 얼마입니까？　その鉛筆の値段はいくらですか？
　　　리：（이 연필은）25원입니다.（この鉛筆は）25ウォンです。［1:110］
（17）김：어린이모자는 값이 얼마입니까？
　　　　　子供（用）の帽子の値段はいくらですか？
　　　리：348원입니다. 348ウォンです。
　　　김：남자구두는 값이 얼마입니까？
　　　　　男性（用）の靴は、値段はいくらですか？
　　　리：580원입니다. 580ウォンです。
　　　김：양복천 한메터에（값이）얼마입니까？
　　　　　スーツ（用の）布、1メートルで（値段は）いくらですか？
　　　리：145원입니다. 145ウォンです。［1:111］*일 미터

（18） 김：지금 네시입니까？　今、4時ですか？

리：（中略）아닙니다. 삼분전 네시입니다.

（中略）いいえ。4時3分前です。[1:55]*네 시 삼 분 전

（15）は日付の練習をする課に現れた対話である。ここで注目したいのは、「9日」を구일のほかに「초아흐레」、「1日」を일일の他に「초하루」、「23日」を이십삼일のほかに「스무사흘」と表現している部分である。3②（7）でもみたように北朝鮮では言語政策として固有語の使用を重視しているが、このように日付においても（韓国では使用されなくなりつつある）固有語表現を積極的に使用している。また、（16）（17）は値段を尋ねる練習をする課に現れた対話である。数詞の練習もさることながら実際に帽子や靴など、日用品を買う場面を想定して、実践的な練習ができるように配慮がされている。一般に外国人が北朝鮮通貨の원（ウォン）を手にする機会は少ないと思われるが、おおよその現地物価について知る手がかりになる会話となっている。なお、（17）の한메터（1メートル）のように、韓国で漢字語数詞を用いる部分に固有語数詞を使用した例がみられるのも特徴的である。本書では、このほかにも한주일（1週間［1:212］*일 주일）、두주일（2週間［2:64］*이 주일）や1（한）키로메터（1キロメートル［2:148］*일 킬로미터）といった例が確認された。最後に（18）は、○분전△시で「△時○分前」という意味を表す北朝鮮に特徴的な表現である。これは、漢語の差三分四点（4時3分前）という表現から影響を受けたものだと思われる。

③文法

終止形（語尾）など

本書で確認された終止形（語尾）などの用例をみてみよう。

（19） 저의 말을 아시겠습니까？　私が言っていることがおわかりですか？［2:86］

（20） 잘 있었니？　元気にしていた？　잘 있어라. 元気でいてね。［1:37］

（21） 이젠 일어나자요. もう起きましょうよ。［2:61］

(22) 당신은 어제 아파서 연회에 오지 못했습니까？
あなたは昨日、体調が悪くて宴会に来られなかったのですか？［2:30］

本書は非母語話者用の教材であるため、例文における終止形語尾の待遇法（계칭：階称）としては、上称（존대：尊待）が大部分を占めているが、その中でも（19）のような합니다体の使用が圧倒的に多い[13)]。これは韓成求（2018）でも述べられているように平壌方言（文化語）では、ソウル方言（韓国の標準語）に比べて해요体を用いる割合が少ないという事実と関係が深い。また、挨拶ことばを扱う課においては、対等・目下に対する表現がみられるが、ここでは해라体が現れている点が興味深い。これは分析変種において、해体が多く用いられないこととの関係が深い。また、平壌方言（文化語）で特徴的に用いられる語尾の形式としては、（21）にみられる -자요（～しましょう〈勧誘〉）がそのほとんどであった。最後に否定・不可能表現は、（22）のようにいわゆる前置形（안 / 못～）ではなく、後置形（-지 않-/-지 못하-）が圧倒的に多く使われる傾向にある。

活用形（第Ⅲ語基）

ここでは活用形のうち、いわゆる第Ⅲ語基（-아 / 어-形）の形態論的特徴についてみることにする。

(23) 당신은 어제 어디에서 쉬였습니까？　あなたは昨日、どこで休みましたか？［1:158］
(24) 제가 사람을 잘못 보았습니다．私が人を見間違えました。［1:94］
(25) 정말이예요．本当です。［1:84］

（23）は動詞쉬다（休む）の第Ⅲ語基を形成する母音として -어- ではなく、-여- がついた例である。本書ではこのような例は、語幹末母音がㅟの場合だけでなく、例えばㅣ、ㅐ、ㅚのような場合にも確認された[14)]。

여기다→여기였다　思った［2:17］*여겼다

만지다→만지였다　触れた［2:91］*만졌다
대학생이다→대학생이였습니다　大学生でした［1:78］*대학생이었습니다
개다→개였습니다　晴れました［1:82］*갰습니다
되다→되여　なって［1:96］*되어 / 돼

なお、複合動詞を形成する際に用いられる第Ⅲ語基においても、헤여진지（分かれてから［2:65］*헤어진 지）、비여있음（空き［2:98］*비어 있음）のように -여- がつく例が確認された。

（24）には、-보아- がみられるが、本書ではこのように보다（見る）の第Ⅲ語基に縮約をしない形がより多く用いられていた。なお、韓国の標準語では書きことばにおいて非縮約形がしばしば現れるが、話しことばにおいては出現が相対的に少ない。こうした縮約を回避する例は、빌려주었습니까？（貸しましたか？［1:204］）のように주다（あげる）の第Ⅲ語基 -주어- にもみられた。また、（25）は指定詞の해요体を作る第Ⅲ語基であるが、정말이에요ではなく정말이예요という形が現れていた。同様の例としては、아니예요？（違いますか？［2:142］）がある。

④日常会話表現

本書は文法や語彙よりも実用的な会話を重視したものなので、北朝鮮における日常生活で用いられる多様な表現が確認できる。例えば、次のような表現は特徴的である。

（26）김：일을 방해해서 안됐습니다.　仕事をお邪魔して、すみませんでした。
　　리：일없습니다. 일을 다 끝냈습니다.　大丈夫です。仕事はすべて終わり（終わらせ）ました。［1:95］*미안합니다, 괜찮습니다
（27）새해를 축하합니다.　新年、おめでとうございます。［1:114］*새해 복 많이 받으십시오
（28）잘 가세요.　さようなら。［1:37］*안녕히 가세요
（29）그간 앓지는 않았습니까？　お元気でいらっしゃいましたか？［1:38］*그동안 잘 지내셨습니까？

このほかに기꺼이.（喜んで［2:82］）や천만에.（どういたしまして［2:83］）といった表現もみられた。

⑤地理・文化・社会

地理

本書では、北朝鮮のことを조선（朝鮮［1:86］、英訳：Korea）や우리 나라（わが国［1:88］）と称しており、同国の地理に関する語彙も多く確認される。まずは自然についての対話をみてみよう。

(30) 김：백두산은 높이가 몇메터입니까？
　　白頭山は高さが何メートルですか？
　리：2750 메터입니다. 2,750 メートルです。［1:139］

(31) 김：백두산천지의 깊이는 몇메터입니까？
　　白頭山天池の深さは何メートルですか？
　리：384 메터입니다. 384 メートルです。［1:140］

(32) 대동강은 압록강보다 깁니까？　大同江は鴨緑江より長いですか？
　—길지 않습니다.（짧습니다）長くありません。（短いです）［1:144］

これは数詞や比較表現を扱う課の対話であるが、単純に習得目標となる文型を使用するにとどまらず、積極的に北朝鮮各地の自然や名勝地を紹介していることがわかる（一方で韓国の自然、名勝地に関する記述は認められない）。こうした記述は、下に示すように都市、行政区域を含め、北朝鮮全土に広く及んでおり、定番の観光地以外にも外国人が多くは訪問しないであろう地域の名称も確認された。

〈自然〉

금강산	金剛山［1:144］	조선서해	朝鮮西海［1:145］
조선동해	朝鮮東海［1:145］	묘향산	妙香山［1:200］
서해갑문	西海閘門［2:159］		

〈都市、行政区域〉

신의주	新義州［1:145］	청진	清津［1:145］
평양	平壌［1:163］	남포	南浦［1:163］
삼지연군	三池淵郡［1:163］	함흥	咸興［1:172］
원산	元山［1:172］		

以上のような記述から本書では、北朝鮮の地理について初級会話教材としては、比較的深い知識を提供しようとしていることがわかる。なお、地理に関して一つ興味深いのは、本書には농촌（農村）と도시（都市）を比較した内容が比較的、多いということである。

(33) 김：그의 부모들은 농촌에서 살았습니까？
彼の両親は農村で暮らしていましたか？
리：아닙니다.（그들은）도시에서 살았습니다.
いいえ。（彼らは）都市で暮らしていました。［1:163］

(34) 저 할머니는 도시에서 왔습니까？　あのおばあさんは、都市から来ましたか？［1:175］

このように北朝鮮社会において両者は（他の言語圏に比べて）より対極的に認識されており、出身や居住地が敏感なマターとなっていることが示唆される。

続いて、北朝鮮の首都である平壌に関する対話をみてみよう。

(35) 김：인민극장은 어디에 있습니까？　人民劇場はどこにありますか？
리：（인민극장은）창전거리에 있습니다.
（人民劇場は）倉田通りにあります。
김：평양체육관이 창광거리에 있습니까？
平壌体育館は蒼光通りにありますか？
리：아닙니다. 천리마거리에 있습니다. いいえ。千里馬通りにあります。
김：어디에 개선문이 있습니까？　どこに凱旋門がありますか？

리：（개선문은）김일성경기장앞에 있습니다.

（凱旋門は）金日成競技場の前にあります。［1:106］

これは道を尋ねる際の一連の会話であるが、パターンプラクティスを通じて、平壌の地名、および建築物について学べるように工夫がされている。このほかにも次のような固有名詞の使用が確認でき、実際の訪朝時に備え、平壌の地理や名所の位置を把握するのに役立つ内容となっている。

〈通りの名称・地名〉

통일거리	統一通り［1:101］	광복거리	光復通り［1:102］
승리거리	勝利通り［1:108］	만경대	万景台［2:159］

〈施設名〉

평양학생소년궁전　平壌学生少年宮殿［1:108］

주체사상탑　主体思想塔［1:140］

평양기계대학　平壌機械大学［1:182］

개선청년공원　凱旋青年公園［2:49］

국제친선전람관　国際親善展覧館［2:159］

인민대학습당　人民大学習堂［2:159］

평양산원　平壌産院［2:159］

평양대극장　平壌大劇場［2:163］

また、本書では（문수）놀이장（（紋繍）遊泳場＝ウォーターパーク［1:105, 158など］）や마식령스키장（馬息嶺スキー場［1:81, 88など］）が繰り返し登場するが、これらはいずれも金正恩総書記の指示により2013年に開園した肝いりの施設である。このように本書では、北朝鮮政府が特に海外からの観光客にアピールしたい施設について積極的に取り上げており、一種のガイド的な役割を果たしていることも確認できる[15]。

交通

交通に関する用例をみてみよう。本書では多様な交通機関が取り上げられているが、とりわけ多く登場するのが航空と鉄道に関する表現である。ここでは紙幅の関係上、特徴的な語彙・表現をいくつか羅列しておく。

(36) 航空

2 호출구〔二号出口〕2 番搭乗口 [2:97]*2 번 탑승구

항로번호〔航路番号〕航空券番号 [2:97]*항공권 번호

1 등급〔一等級〕ファーストクラス [2:97]*퍼스트 클래스, 일등석

(37) 鉄道

28 렬차[16)]〔二十八列車〕28 番列車 [1:194]*28 호 열차

1 등차표〔一等車票〕一等車のチケット [2:104]*특실 표

여기서 얼마동안 멎습니까? ここでどのぐらい止まりますか? [2:106]

交通機関に関しては、このほかにも택시 정류소〔taxi 停留所〕(タクシー乗り場 [2:152])、시내뻐스, 시외뻐스, 무궤도전차〔無軌道電車〕, 전차〔電車〕(市内バス、市外バス、トロリーバス、路面電車 [2:156–157]) といった表現が使用されている。これらの機関は北朝鮮滞在時にどの程度、利用可能かはさておき、少なくとも理解語彙としては重要なものだといえよう。

飲食

飲食に関する語彙をみてみよう。本書では多様な飲み物、食べ物が取り上げられているが、ここでは紙幅の関係上、やはり特徴的な語彙・表現に限って、いくつか羅列しておく。

(38) 飲み物

레몬수〔檸檬水〕レモネード [2:123]*레모네이드

인삼술〔人参—〕高麗人参酒 [2:93]*인삼주

포도술〔葡萄—〕ワイン [2:120]*와인

꼬냐크〔cognac〕コニャック [2:123]*코냑

샴팡〔champagne〕シャンパン［2:123］*샴페인

(39) 食べ物

남새　野菜［2:122］*야채，채소

삶은 닭알[17]　ゆで卵［2:122］*삶은 달걀

도마도〔tomato〕トマト［2:123］*토마토

조선사과〔朝鮮―〕朝鮮リンゴ［2:121］

지진 물고기　火を通した魚［2:122］*생선 조림（英訳：boiled fish）

쵸콜레트〔chocolate〕チョコレート［2:123］*초콜릿

에스키모〔eskimo〕アイスクリーム［2:123］*아이스크림

과일청량음료〔―清涼飲料〕シャーベット［2:123］*셔벗[18]

생과자〔生菓子〕ケーキ［2:123］*케이크

人名と呼称

本書の例文に登場する人名の一部を呼称とともに示すと、次のようになる。

(40) 姓＋-동무〔同務〕～さん

김동무　金さん［2:26］　리동무　李さん［2:76］

박동무　朴さん［1:94］　최동무　崔さん［1:154］

(41) 名前＋-동무〔同務〕～さん

용수동무　ヨンスさん［1:181］　영남동무　ヨンナムさん［1:184］

금순동무　クムスンさん［1:184］　철민동무　チョルミンさん［1:184］

순희동무　スンヒさん［1:185］　명진동무　ミョンジンさん［1:186］

(42) 職業名[19]＋-동무〔同務〕～さん

운전수（운선사）동무　運転手（運転士）さん［1:65］

기자동무　記者さん［1:189］　판매원동무　販売員さん［1:190］

기사동무　エンジニアさん［2:59］

本書では、特定の登場人物を設定していないため、人名については（40）（41）のように朝鮮人のものが散発的に使用されている。まず姓については、いわゆる３大姓とされる김（金）、리（李）、박（朴）の使用が圧倒的に多く

認められる。韓国では一般に姓のみに -씨〔氏〕（～さん）をつけて呼称することは失礼にあたるとされるが、本書では姓のみに -동무〔同務〕（～さん）をつけた呼称が多くみられるという点で違いをみせる。また、名前については韓国で近年、하나（ハナ）や아름（アルム）など固有語による名前が増加しつつあることとは対照的に本書では、영남동무（例：永南さん）や순희동무（例：順姫さん）など、基本的には漢字で表記可能な名前のみが採用されている（ただし、漢字の併記はない）。

ところで、-동무（～同務）は上述のように人名につく例のほか、(42) のように職業名につく例もみられる。この呼称の使用については、第 1 巻の 46 ページ（第 1 編第 2 課）に解説があり、同等あるいは目下の相手に対しては동무（同務）を、目上の相手に対しては동지（同志）を用いることが説明されている。本書では全編を通して동무（同務）の使用が多くみられた。

このほかに稀に영철학생（ヨンチョル学生 [2:45]）、선생（～さん [2:82]）[20] といった表現も認められる。さらに人称代名詞としては、2 人称では당신（あなた）が、3 人称では그（彼・彼女）が多く用いられる。これらは、いずれも現代ソウル方言（あるいは韓国の標準語）では多く使用されない語彙である。

(43) 당신은 무슨 일을 봅니까？　あなたはどんな仕事をしていますか？ [1:44]

政治・社会

本書は非母語話者の学習者のために書かれたものであるが、北朝鮮の政治や社会を反映した記述も一定数、確認できた。以下に例を示す。

(44) 김：오늘이 사월 십오일입니까？（分かち書きは原文ママ）
　　今日は 4 月 15 日ですか？
　리：예. 사월십오일, 태양절입니다.
　　はい。4 月 15 日、太陽節です。[1:74–75]

(45) 김：김일성종합대학은 어디에 있습니까？
　　金日成総合大学は、どこにありますか？

리：(김일성종합대학은) 모란봉기슭에 있습니다.

(金日成総合大学は) 牡丹峰の麓にあります。[1:107]

(46) 김：그들은 경제대표단으로 외국에 갑니까?

彼らは経済代表団として外国に行きますか?

리：아닙니다. (그들은) 과학자대표단으로 (외국에) 갑니다.

違います。(彼らは) 科学者代表団として (外国に) 行きます。[2:12]

(44) は日付を尋ねる練習をする課の対話であるが、日付に加え、태양절(太陽節)[21] という北朝鮮における重要な祝日をあえて提示し、新出語彙でもこれを扱っている。さらに (45) は位置を尋ねる会話の中で金日成元主席の名を冠した大学名が現れるが、このうち首席名の部分が**ゴシック体**により表記されている[22]。また、(46) では경제대표단 (経済代表団) や과학자대표단 (科学者代表団) という語が現れているが、初級の教材にこのような難解な語彙をあえて使用する意図は、北朝鮮政府が目下、経済や科学発展に力を入れており、今後こうした分野での諸外国との交流を活性化したいと対外的に示すためと考えられる[23]。このほかにも北朝鮮社会において重要視される思想体系である주체사상 (主体思想 [2:2]) や、計画経済における用語である년간계획 (年間計画 [1:117])、투쟁 (闘争 [1:147]) をテーマにした国民的歌劇である혁명가극《꽃파는 처녀》(革命歌劇「花を売る乙女」[2:53]) といった語彙を使用している部分などに、社会・政治体制が反映されていることを見て取れる。

ところで、本書は非母語話者が朝鮮語を学ぶために執筆された教材であるが、執筆者はその読者として一体どのような人々を想定しているのであろうか。明示的な記述はないものの、次のような語彙の使用からその一部を推測することができる。

(47) 저는 영국에서 왔습니다. 私はイギリスから来ました。[2:81]

(48) 조영사전이 있습니까? 朝英辞典はありますか? [2:173]

(49) 나에게는 300 파운드 있습니다. 私には 300 ポンドあります。[2:94]

(50) 런던까지 가는 표 두장을 주십시오.

ロンドンまで行くチケットを、2枚ください。[2:96]

(51) 저는 프랑스사람입니다. 私はフランス人です。[2:2]

上掲のように例文中には、特にイギリス、次にフランスに関する記載が多い（このほかにも유럽음식（ヨーロッパ料理［2:121]）や리스봉（リスボン［2:157]）、꾸바（キューバ［2:179]）といった語彙の使用が認められる)。こうした特定の国家・地域名が多く登場すること、さらには英訳が掲載されていることをふまえると 24)、本書は欧州圏の学習者を念頭に置いて書かれているものと考えるのが妥当である。

なお、本書では北朝鮮にとって重要な友好国である中国やロシアに関する記述はみられないことから、これらの言語圏の学習者は対象とされていないとみるのが妥当である 25)。さらに敵対関係にある米国に関する記載もほぼ確認がされないが、나는 딸라를 가지고있습니다.（私はドルを持っています[2:130]）や 20 딸라를 바꿔주십시오.（20 ドルを換えて下さい［2:131]）といった例文には딸라（ドル）が現れており、これらは習慣的に米ドルを指すものと思われる 26)。北朝鮮を訪問する外国人は、米ドル、ユーロ、人民元のいずれかを使用することが一般的であることから、実際の貨幣の使用状況に配慮していることが窺える 27)。

また、前述のとおり、本書には在外公館が置かれる首都、平壌の地名や通りの名前が多く登場しているほか（3⑤（35))、交通機関を利用した比較的自由な移動を想起させる例文（3⑤（37)）や、欧州が主産地となる飲食物の名称（3⑤（38)（39))、(お土産ではなく）日用品の買い物をするような例文(3②（16)（17)）も散見される。さらには당신은 외무성에서 일합니까？（あなたは外務省で働いていますか？［1:162]）という例文も確認されることから、より具体的な読者として、特に在平壌の外交官やその家族（あるいはその子女、留学生）を想定している可能性が高い。

さらに、このほかに本書にみられる이 전보를 치고싶습니다.（この電報を打ちたいです［2:126]）や이 필림을 현상해주십시오.（このフィルムを現像して下さい［2:174]）といった表現からも北朝鮮における生活習慣の一端を垣

間見ることができる。

おわりに

本章では、北朝鮮で刊行された非母語話者用の朝鮮語教材にみられる言語的・社会的特徴について分析を行った。その結果、分析教材には（指導者の教示・談話をも反映させた）言語規範や北朝鮮の言語使用、地理・文化・社会といった内容が反映されていることが明らかになった。一連の考察を通して、朝鮮語教材の言語的分析により北朝鮮という国家の一端を把握することが可能であることが示唆されたが、本章ではごく基礎的な分析にとどまったため、今後はより多様なテクストを対象に詳細な分析を行っていく必要がある。

参考文献リスト

韓成求「共和国の言語—文化語と平壌方言」野間秀樹編著『韓国語教育論講座 第3巻』くろしお出版、2018年。

徐旻廷「社会言語学的視点から見た北朝鮮の言語—新聞・雑誌・ドラマの言語を中心として」一橋大学 博士学位論文、2020年。

鄭稀元「韓国と北朝鮮の言語差」『韓国語教育論講座』第1巻 くろしお出版、2007年。

中島仁「外来語表記法をめぐって」『韓国語教育論講座』第1巻 くろしお出版、2007年。

文嬉眞「分断国家における言語の異質化—韓国と北朝鮮の綴字法と語彙を中心に」『愛知学院大学語研紀要』29-1、2004年。

文嬉眞「北朝鮮における言語政策—『第1次金日成教示』の全文翻訳」『愛知学院大学語研紀要』35-1、2010年。

文嬉眞「北朝鮮における言語政策—『第2次金日成教示』の全文翻訳」『愛知学院大学語研紀要』36-1、2011年。

文嬉眞「北朝鮮における言語政策—金正日の『第1次談話』・『第2次談話』・『第3次談話』の全文翻訳」『愛知学院大学語研紀要』38-1、2013年。

국어사정위원회［北朝鮮］国語査定委員会『조선말규범집 朝鮮語規範集』2010年。

국어사정위원회［北朝鮮］国語査定委員会『외국말적기법 外来語表記法』2012年。

김범주, 허철웅『혼자서 배울수 있는 조선말 ひとりで学べる朝鮮語（1）You Can Learn Korean by Yourself』조선출판물수출입사 朝鮮出版物輸出入社、2015 年。
김범주, 허철웅『혼자서 배울수 있는 조선말 ひとりで学べる朝鮮語（2）You Can Learn Korean by Yourself』조선출판물수출입사 朝鮮出版物輸出入社、2015 年。
문화체육관광부［韓国］文化体育観光部『한글 맞춤법 ハングル正書法』2017 年。

1）本章で非母語話者用の教材を取り上げるのは、同資料の分析を通して北朝鮮における言語の特徴のみならず、同国が対外的に示そうとしている各種国家政策がある程度、分析可能であると考えるためである。なお、次節でも述べるように日本国内では北朝鮮の言語（教育）を扱った論考が多くないことに鑑みて、本章では当該言語の特性について把握するための基礎的資料を提供することももう一つの目的とする。
2）外来語の表記法については、中島（2007）も参照。
3）以降、本章における和訳は本章の筆者による。
4）同名の書籍は 1994 年にロシア語版、1995 年に英語版、2017 年に中国語（簡体字）版が刊行されている。
5）第 1 編から第 3 編では基本的に［重要表現の提示（2 文）］→［2 者による会話本文（課によって 5～12 往復程度）］→［語彙］→［文法・表現解説］→［練習問題］という構成を採用している。一方、第 4 編では対話文が提示されておらず、各場面において典型的に用いられる文や語彙を羅列・紹介するという構成になっている（第 2 巻では、これに加えて諺や笑い話を紹介するコラムが挿入されている）。
なお、語彙や文法・表現は体系的に扱うというよりは、あくまで会話本文の附属的役割という色彩が強く、当該課に出てきたものを簡単に紹介するにとどまっている（ただし、当該課内に出現しない語彙、あるいは既出の語彙であっても、重要なものは語彙欄で繰り返し取り上げるという方針が貫かれている）。つまり、本文会話には未習の文法事項や語彙・表現が比較的多く現れており、あくまで実用会話を重視した教材であることが窺える。
6）1988 年に文教部（当時）により告示されたものの改訂版。
7）北朝鮮の朝鮮語学において用いられる語尾や接尾辞の総称。用言に結合する要素のみならず、体言に結合する助詞類（体言語尾）も含む。
8）単独で用いることなく、前に必ず何らかの単語を伴って用いられる名詞。韓国の国語学では의존 명사（依存名詞）。
9）このほかに表記と発音が一致しない例としては、날자（日付［1:73］＊날짜）、부를가요？（呼びましょうか？［1:45］＊부를까요？）、잠간만（少々、しばらく［2:80］＊잠깐만）などがある。これらは北朝鮮でも韓国で表記するように発音されるため、表記と発音に乖離が生じることになる。なお、このような差異が生じるのは、韓国では表音主義を採用する一方で、北朝鮮では形態主義を採用することによる。
10）아래사람（目下の人［1:41］*아랫사람）における아래－（下の～）の場合も合成

語の前部要素ではなく、接頭辞として扱っている（ただし、この場合はㅅが挿入されない）。

11） 원주필（ボールペン）は、漢語の圓珠笔を朝鮮漢字音で借用した語。本書では펜〔pen〕[2:10] の使用も確認されるが、원주필とともにその英訳は和製英語であるballpen となっている（この正しい英語表現は、ballpoint pen）。ところで漢語からの影響を受けていると思われる語には、ほかにも료해하기 위하여〔了解―〕（理解／把握するために [2:184]*이해하기 위해）が確認された。

12） 며칠（何日）については、「원래《몇일》이던것이《일》의《이》가 모음이므로《몇》의《ㅊ》가 이어져《며칠》로 되였다 [1:77]」（もともと「몇일」であったのものが「일」の「이」が母音であるため、「몇」の「ㅊ」が続き「며칠」になった）との記載があるが、この説明には無理がある。며칠は中期朝鮮語においては며츨という語形であったが、19 世紀以降、몃칠～며칠と変化したとみるのが一般的である。

13） 第 2 巻のコラム（笑い話）の中では、있사와요？（ありますか？ [2:166]）、이상하우다（おかしいですよ [2:166]）、씻을데가 많소？（洗うところが多いのですか [2:190]）、그럼 우리 어머니가 오셨댔군요.（では、うちのお母さんがいらっしゃっていたのですねぇ [2:136]）など多様な終止形語尾や接尾辞の使用が確認できる。

14） 母音語幹用言に限られる。このほかに語幹末母音がㅔ、ㅓの場合、および하다もこれに該当する（「正書法〈北〉」第 11 項）。

15） 宿泊に関しては、外国人が宿泊可能なホテル（固有名詞）が例文中で使用されている。例えば、창광산호텔（蒼光山ホテル [2:100]）、고려호텔（高麗ホテル [1:159]）、마식령호텔（馬息嶺ホテル [1:159]）、평양호텔（平壌ホテル [1:200]）など。なお、전자오락관〔電子娯楽館〕（電子ゲームセンター [1:105]）、교예극장〔巧芸劇場〕（サーカス [2:165]）、우편국（郵便局 [1:167]）、상점（商店 [1:167]）など北朝鮮において外国人が訪問しうる場所も紹介されている。

16） 렬차（列車）が含まれる表現としては、このほかに국제렬차（国際列車 [1:196]）、급행렬차（急行列車 [2:104]）、렬차식당〔列車食堂〕（食堂車 [2:105]*식당칸）など。

17） 닭알（卵）が含まれる表現としては、このほかに생닭알（生卵 [2:119]*날계란）、반숙한 닭알（半熟卵 [2:122]*반숙 계란）など。

18） 本書における에스키모（アイスクリーム）の英訳は icecream ではなく eskimo。과일청량음료（シャーベット）の英訳は sherbet。

19） 本書に現れる主な職業名は、次のとおり：

학자선생〔学者先生〕学者さん [1:129]
건설자　建設者 [1:133]
간호원〔看護員〕看護師 [1:133]
사진사〔写真師〕写真家 [1:183]
참사〔参事〕議員 [1:190]
교원　教員 [2:11]
사무원　事務員 [2:11]
지배인　支配人 [2:12]
기사장〔技士長〕チーフエンジニア [2:12]
접대원〔接待員〕ホールスタッフ [2:12]
료리사〔料理師〕調理師 [2:12]
과학자　科学者 [2:13]
안내원〔案内員〕ガイド [2:24]

책임비행사〔責任飛行士〕飛行機のキャプテン［2:98］

20） 英訳をみると、동무は comrade、선생は Mr/Mrs/Ms/Miss。なお、동무には이것은 동무에게 줄 선물입니다.（これは友達にあげる贈り物です［2:93]）のように「友達」という意味もある。

21） 金日成の誕生日を記念する祝日。このほかにも명절（名節）として광명성절，공화국창건기념일，당창건기념일，3.8 국제부녀절（光明星節、共和国創建記念日、党創建記念日、3.8 国際女性デー）［1:115, 118］などが紹介されている。また、第 2 巻の巻末には主要な祝日が整理されている。

22） 英訳も Kim Il Sung University のように首席名の部分がゴシック体で書かれている。

23） 語彙欄には、대외경제성（対外経済省［1:163]）という語もみえる。

24） 英訳においては、centre（中心）、trousers（ズボン）などイギリス英語の使用が徹底されている。

25） 本書の中国語（簡体字）版は 2017 年に刊行されている（注 4 参照)。なお、本書では漢字語や外来語といった借用語に対し、漢字や原語表記が一切、提示されていない。

26） このほかに米国に関連した語彙の使用が認められるのは、아메리카대륙（アメリカ大陸［2:179]）のみ。日本に関する記述も一切みられない。

27） ただし、조선돈으로 바꾸어줄수 있습니까？（朝鮮の金に換えることができますか［2:130]）という例文もみられた。

（北朝鮮研究との出会い）

筆者は学部時代に朝鮮語を専攻し、大学院でも朝鮮語を主要な研究テーマとして学位論文を執筆したが、そこで扱ったのは主に韓国・ソウルを中心とする変種であり、北朝鮮の言語については論文を書いたことがない。しかし、大学に職を得るようになってからは、中国や旧ソ連地域などで言語調査をする機会が多くなり、その過程で否応なく北朝鮮の方言を参照することも増えていった。そして、それに伴って当該変種に対する知識も徐々に蓄積されていった。

例えば、中国朝鮮族の言語を分析する場合、吉林省においては咸鏡道《ハムギョンド》（東北）方言を、遼寧省においては平安道《ピョンアンド》（西北）方言を基層とする話者が多く存在する。特に老年の話者の発話を分析する際には、辞書にも出ていないような古い語形が現れることがあるが、周囲に質問できる人もいないため、まず平壌文化語の表現を確認したあとは、北朝鮮の文献や古語辞典、ありったけの方言辞典を集めて意味を構築していくことになる。いつか北朝鮮に行って、こうした語形が本国ではどのように使われているか確認してみたいものだが、そんな日は訪れるのだろうか。

このように筆者の北朝鮮の言語との関わりは、必然的に周辺的なものからのアプローチとならざるをえなかったのだが、それでも（朝鮮民族の言語としての）朝鮮語の多様性、あるいは移動する人々と言語・社会の関係を考えるのに十分な材料を提供してくれた。そういう意味では、非常にやりがいのある研究であると考えている。

ところで、北朝鮮の友好国を訪れると、北朝鮮人に遭遇することがある。例えば、瀋陽（中国）の西塔やウラジオストク（ロシア）のキタイスキー市場などには北朝鮮人の出稼ぎ労働者の姿がみられる。彼らは左胸にバッジをつけており、集団で行動しているので、見た目にはわかりやすいが、一様に警戒心が強い。たまに屋台や飲食店で同席することがあると、（当方を現地人だと思ってか）話しかけられることがあり、ちょっとした話で盛り上がることもある。この過程で自分の中の「宿題」が自然と解決されることもあるが、こうした対話ができるかは国際情勢によって可変的である。また、北朝鮮の言語コミュニケーション文化は韓国のそれと大きく異なる点にも注意が必要である。ちょっとした雑談をするのもなかなか大変なのである。

（髙木丈也）

執筆者紹介（掲載順）

礒﨑敦仁（いそざき　あつひと）※編者
慶應義塾大学法学部教授。慶應義塾大学大学院法学研究科政治学専攻後期博士課程単位取得退学。主要著作：『北朝鮮と観光』（毎日新聞出版、2019年）、『最新版　北朝鮮入門―金正恩時代の政治・経済・社会・国際関係』（共著、東洋経済新報社、2024年）。

松浦正伸（まつうら　まさのぶ）
福山市立大学都市経営学部准教授。ソウル大学大学院政治外交学科外交学専攻修了。
主要著作：『北朝鮮帰国事業の政治学―在日朝鮮人大量帰国の要因を探る』（明石書店、2022年）、「『疑似環境』と政治―北朝鮮帰国事業における総連と北朝鮮ロビーの役割を中心として」（日本国際政治学会『国際政治』第187号、2017年）。

三村光弘（みむら　みつひろ）
新潟県立大学北東アジア研究所教授。大阪大学大学院法学研究科博士後期課程修了。主要著作：『現代朝鮮経済―挫折と再生への歩み』（日本評論社、2017年）、『コリアの法と社会』（共著、日本評論社、2020年）。

上野　遼（うえの　りょう）
慶應義塾大学大学院政策・メディア研究科後期博士課程中途退学。主要著作：「朝鮮民主主義人民共和国における産業の情報化―金正恩時代の農業への情報通信技術導入を中心として」（慶應義塾大学大学院政策・メディア研究科修士学位論文、2023年）、「朝鮮で注目される農業生産の情報化」（宮塚コリア研究所『祝杯』20号、2022年、33-38頁）。

鈴木琢磨（すずき　たくま）
毎日新聞客員編集委員。大阪外国語大学朝鮮語学科卒業。主要業績：『テポドンを抱いた金正日』（文春新書、2006年）、『金正日と高英姫―平壌と大阪を結ぶ「隠された血脈」』（イーストプレス、2005年）。

森　類臣（もり　ともおみ）
摂南大学国際学部准教授。同志社大学大学院社会学研究科メディア学専攻博士後期課程退学。主要著作：『韓国ジャーナリズムと言論民主化運動―『ハンギョレ新聞』をめぐる歴史社会学』（日本経済評論社、2019年）、『北朝鮮の対外関係―多角的な視角とその接近方法』（共編著、晃洋書房、2022年）。

横溝未歩（よこみぞ みほ）
朝鮮映画研究者。神戸大学大学院国際協力研究科後期博士課程退学。一般財団法人ラヂオプレスで北朝鮮報道のモニタリングに従事。700篇以上の北朝鮮映画を鑑賞。『Pen—平壌、ソウル』No. 490（CCCメディアハウス、2020年2月）などへの寄稿多数。

髙木丈也（たかぎ たけや）
慶應義塾大学総合政策学部専任講師。東京大学大学院人文社会系研究科博士課程修了。
主要著作：『中国朝鮮族の言語使用と意識』（くろしお出版、2019年）、『日本語と朝鮮語の談話における形式と機能の関係—中途終了発話文の出現を中心に』（三元社、2018年）。

慶應義塾大学
東アジア研究所叢書
KEIO INSTITUTE OF EAST ASIAN STUDIES
KIEAS

慶應義塾大学東アジア研究所叢書
北朝鮮を解剖する
——政治・経済から芸術・文化まで

2024年11月25日　初版第1刷発行

編著者————礒﨑敦仁
発行者————大野友寛
発行所————慶應義塾大学出版会株式会社
〒108-8346　東京都港区三田2-19-30
TEL〔編集部〕03-3451-0931
〔営業部〕03-3451-3584〈ご注文〉
〔　〃　〕03-3451-6926
FAX〔営業部〕03-3451-3122
振替　00190-8-155497
https://www.keio-up.co.jp/
装　丁————鈴木　衛
カバー写真提供—朝鮮通信＝時事（2024年8月28日撮影）
印刷・製本——株式会社理想社
カバー印刷——株式会社太平印刷社

Printed in Japan　ISBN 978-4-7664-2996-1